Konzepte und Verfahren der Technikfolgenabschätzung

Georg Simonis (Hrsg.)

Konzepte und Verfahren der Technikfolgenabschätzung

Herausgeber
Prof. Dr. Georg Simonis
FernUniversität in Hagen
Deutschland

ISBN 978-3-658-02034-7   ISBN 978-3-658-02035-4 (eBook)
DOI 10.1007/978-3-658-02035-4

Die Deutsche Nationalbibliothek verzeichnet diese Publikation in der Deutschen Nationalbibliografie; detailierte bibliografische Daten sind im Internet über http://dnb.d-nb.de abrufbar.

Springer VS
© Springer Fachmedien Wiesbaden 2013
Das Werk einschließlich aller seiner Teile ist urheberrechtlich geschützt. Jede Verwertung, die nicht ausdrücklich vom Urheberrechtsgesetz zugelassen ist, bedarf der vorherigen Zustimmung des Verlags. Das gilt insbesondere für Vervielfältigungen, Bearbeitungen, Übersetzungen, Mikroverfilmungen und die Einspeicherung und Verarbeitung in elektronischen Systemen.

Die Wiedergabe von Gebrauchsnamen, Handelsnamen, Warenbezeichnungen usw. in diesem Werk berechtigt auch ohne besondere Kennzeichnung nicht zu der Annahme, dass solche Namen im Sinne der Warenzeichen- und Markenschutz-Gesetzgebung als frei zu betrachten wären und daher von jedermann benutzt werden dürften.

Lektorat: Verena Metzger, Stefanie Loyal

Gedruckt auf säurefreiem und chlorfrei gebleichtem Papier

Springer VS ist eine Marke von Springer DE. Springer DE ist Teil der Fachverlagsgruppe Springer Science+Business Media.
www.springer-vs.de

Inhalt

Tabellen- und Abbildungsverzeichnis 9

Georg Simonis
1 **Einführung** 11
1.1 Thema und Lernziele 11
1.2 Multidisziplinäres Projekt Technikfolgenabschätzung 12
1.3 Aufbau dieses Bandes 16

Ortwin Renn
2 **Auf dem Weg zu einer sozialökologischen Fundierung der Technikfolgenabschätzung** 21
2.1 Einleitung 21
2.2 TA im Schnittpunkt von Natur und Kultur 22
2.3 Konstruktivistische und realistische Ansätze in der Technikforschung 25
2.4 Kennzeichen eines sozialökologischen Ansatzes in der Technikfolgenforschung 27
2.5 Zusammenfassung und Ausblick 30

Erik Aarden und Daniel Barben
3 **Science and Technology Studies** 35
3.1 Introduction 35
3.2 Background and Origins of STS 37
3.3 Four Principles of STS 39
3.4 STS, Technology Assessment and Anticipation 45

Arnim von Gleich

4 Prospektive Technikbewertung und Technikgestaltung zur Umsetzung des Vorsorgeprinzips ... 51

4.1 Auf dem Weg zu einer Reflexiven Modernisierung? ... 51
4.2 Möglichkeiten und Grenzen der Partizipation in der Technikbewertung und -gestaltung ... 53
4.3 Technologiebezogene und kontextbezogene Quellen für Chancen und Risiken ... 54
4.4 Handlungsspielräume als Grund für möglichst frühes Ansetzen ... 56
4.5 Wissensprobleme der Technikbewertung ... 57
4.6 Schritte zur Umsetzung des Vorsorgeprinzips ... 59
4.7 Technologische Quellen für Nicht-Wissen und Nicht-Wissbarkeit – Das Kriterium der Eingriffstiefe ... 60
4.8 Wissensgrundlagen für begründete ‚große Besorgnis' ... 64
4.9 Technikgestaltung und gerichtete Innovationsprozesse ... 65
4.10 Leitbilder in der Technikentwicklung ... 67
4.11 Zusammenfassung ... 68

Stephan Lingner

5 Rationale Technikfolgenbeurteilung ... 75

5.1 Einführung: Anlass, Geschichte und Institutionalisierung ... 75
5.2 Grundlagen und Konzeption ... 77
5.3 Zur Praxis der Technikfolgenbeurteilung ... 84
5.4 Zusammenfassung ... 88

Armin Grunwald

6 Parlamentarische Technikfolgenabschätzung ... 91

6.1 Technikfolgenabschätzung als Politikberatung ... 91
6.2 Aufgaben parlamentarischer Technikfolgenabschätzung ... 92
6.3 Realisierungen parlamentarischer Technikfolgenabschätzung ... 94
6.4 Wirkung parlamentarischer Technikfolgenabschätzung ... 100
6.5 Perspektiven und Herausforderungen ... 102

Gabriele Abels und Alfons Bora
7 Partizipative Technikfolgenabschätzung und -bewertung 109
7.1 Begriff 109
7.2 Aufgabe: Partizipative TA als integratives Instrument 111
7.3 Demokratietheoretische Begründungen 112
7.4 Formate: Bürger und Experten in unterschiedlicher Besetzung 114
7.5 Leistungsfähigkeit: Möglichkeiten und Grenzen partizipativer TA . . . 117
7.6 Resümee 121

Stefan Kuhlmann
8 Strategische und konstruktive Technikfolgenabschätzung 129
8.1 Einleitung 129
8.2 Warum strategische und konstruktive Technikfolgenabschätzung? . . . 130
8.3 Analyse von Technologiedynamik, Innovationsprozess
und Governance als Baustein von KTA 132
8.4 Strategische Intelligenz, die Rolle von Studien und von Foren 136
8.5 KTA – Deliberation als Ausweg? Offene Fragen 139

Axel Zweck
9 Technikbewertung auf Basis der VDI-Richtlinie 3780 145
9.1 Einführung 145
9.2 Betriebliche Praxis der Technikbewertung
und die VDI-Richtlinie 3780 149
9.3 Definition und Strukturierung des Themas 151
9.4 Folgenabschätzung 152
9.5 Bewertung 156
9.6 Entscheidung 158
9.7 Ausblick und Hinweise auf Methoden 158

Georg Simonis
10 Technology Governance 161
10.1 Gegenstand 161
10.2 Begriff 162
10.3 Institutionalisierung von Technology Governance 164
10.4 Analysemodell 169
10.5 Formen 174
10.6 Leistungsfähigkeit 178

Autorinnen und Autoren 187

Tabellen- und Abbildungsverzeichnis

Tabelle 1	Partizipative Verfahren der TA	123

Abbildung 1	Reichweitendifferenz zwischen Handlungen und Wissen	63
Abbildung 2	Schildkrötenmodell	66
Abbildung 3	Ansätze der Technikbewertung und -gestaltung nach Innovationsphasen	69
Abbildung 4	Collingridge-Dilemma	133
Abbildung 5	Schematische Darstellung der Rekonfiguration eines technologischen Regimes	134
Abbildung 6	Forum zur Deliberation soziotechnischer Themen	136
Abbildung 7	Ablauf der Intervention	137
Abbildung 8	Technologiedreieck	164
Abbildung 9	Zusammenhang zwischen FuE und Wirtschaftswachstum	167
Abbildung 10	Strukturschema politischer Technology Governance	171
Abbildung 11	Akteure des deutschen Forschungs- und Innovationssystems	172
Abbildung 12	Handlungsfelder politischer Technology Governance	174
Abbildung 13	Koordinationsformen	176
Abbildung 14	Technikfolgenabschätzung als Ressource von Technology Governance	179

Einführung 1

Georg Simonis

1.1 Thema und Lernziele

Dieses Buch bietet einen Überblick über die gängigsten Konzepte und Verfahren der Technikfolgenabschätzung (TA). Ursprünglich konzipiert als Lehrmodul des infernum-Studienganges der FernUniversität in Hagen, werden mit dem vorliegenden Buch die Grundlagen und Arbeitsweisen der TA-Forschung für ein erweitertes Publikum aufbereitet. In neun Kapiteln werden die verschiedenen Forschungs- und Handlungsfelder des transdisziplinären Forschungs- und Beratungsprogramms, das sich unter der Überschrift der Technikfolgenabschätzung versammeln lässt, vorgestellt. Dabei wird aus jeweils unterschiedlichen Problem- und Untersuchungsperspektiven auch die gemeinsame normative Basis verdeutlicht. Es geht darum, unter Mobilisierung möglichst des gesamten, zu einem bestimmten Zeitpunkt vorhandenen und generierbaren Wissens, Entscheidungen über den Einsatz oder auch Nichteinsatz einer Technologie zu ermöglichen, die das Gemeinwohl bestmöglich fördern. Im Zentrum des Bandes stehen zwei Fragen, warum erstens die Nachfrage nach Entscheidungsverfahren, in deren Rahmen Beratungsleistungen zur Abschätzung der möglichen Folgen von Technologien erbracht werden, zunimmt und warum zweitens diese Nachfrage, trotz quantitativ vermehrter und qualitativ verbesserter Beratungsinstrumente, immer nur ansatzweise und vorläufig befriedigt werden kann.

Zwischen Technik und Gesellschaft besteht eine enge und unauflösliche Wechselwirkung. Studierende eines interdisziplinären Studiengangs, der den Schutz der Umwelt aus sozial- und rechtswissenschaftlicher wie auch aus natur- und technikwissenschaftlicher Perspektive behandelt, sind im Prinzip mit dieser Wechselwirkung vertraut. Dennoch ist eine Technik determinierte Weltsicht weit verbreitet. Die technischen Systeme erscheinen als der dominierende Faktor, der die Umwelt und die Gesellschaft verändert. Das Forschungs- und Beratungspro-

Enge Wechselwirkung zwischen Technik und Gesellschaft

gramm der Technikfolgenabschätzung wirkt hier als Korrektiv. Denn nicht alleine formen technische Systeme, genauer ihre Invention, Erzeugung, Nutzung und Entsorgung, die moderne Gesellschaft, sondern auch umgekehrt – und das ist weniger im Bewusstsein verankert – prägt jede Gesellschaft die von ihr produzierten und genutzten technischen Systeme, die daher auch als sozio-technische Systeme bezeichnet werden. Allerdings ist nicht offenkundig, was unter dem Konzept der gesellschaftlichen Prägung genau zu verstehen ist. Die sozial- und geisteswissenschaftliche Technikforschung befasst sich mit der Erklärung dieses Problemzusammenhangs. Dabei konkurrieren, wie so häufig in den Sozialwissenschaften, mehrere Theorien und Betrachtungsweisen.

Gesellschaftliche Perspektive auf Technik und Gesellschaft und ein weiteres Lernziel

Im Zentrum des vorliegenden Bandes steht also das Spannungsverhältnis zwischen Technik und Gesellschaft aus dem Blickwinkel der Gesellschaft. Aus dieser Perspektive sind die technischen Systeme und Verfahren, die wir in der Arbeitswelt und in der Lebenswelt gebrauchen, immer als Ergebnis sozialer (gesellschaftlicher) Prozesse zu begreifen. Diese Prozesse zu isolieren, zu analysieren und zu erklären, ist ein hochkomplexes Unterfangen, da zahlreiche Faktoren mit sehr unterschiedlicher Wirkmächtigkeit eine Rolle spielen (Dolata 2011). Zu erwähnen sind hier Faktoren wie das technologische Wissen und die technischen Designs der Ingenieure, die technischen und ökonomischen Vorgaben der produzierenden Unternehmen und der Logistikkette wie auch die Wünsche der Nutzer und Anwender und nicht zuletzt die rechtlichen, politischen, administrativen, kulturellen und lokalen gesellschaftlichen Anforderungen, die technische Systeme erfüllen müssen, damit sie in einer Gesellschaft verwendet werden können. Aus der TA-Perspektive betrachtet, wird Technik zu einem speziellen sozialen System, das nicht nur gesellschaftlich erzeugt wird, sondern auch mit Absicht von unterschiedlichsten Akteuren gestaltet wird. Ein weiteres wichtiges Lernziel dieses Kurses besteht in der Vermittlung der Einsicht, dass sozio-technische Systeme gestaltbar wie auch gestaltungsbedürftig sind, damit sie den an sie gestellten gesellschaftlichen Anforderungen tatsächlich genügen.

1.2 Multidisziplinäres Projekt Technikfolgenabschätzung

Fragestellung der TA-Forschung

Auf dieser Grundlage beschäftigen sich die verschiedenen Ansätze der TA-Forschung mit der Frage, wie sich die Chancen von Technologien, gesellschaftliche Probleme zu bewältigen, vergrößern lassen, ohne dabei ungewollte Risiken und Nebenwirkungen eingehen zu müssen (Renn 2007, Grunwald 2010, Decker 2012). Die Untersuchung dieser Fragestellung verlangt von der TA-Community einen sehr spezifischen Blickwinkel und besondere Arbeitsmethoden, die sie von anderen Akteuren, die Technik gestalten, unterscheidet, insbesondere von vielen Ingenieuren, produzierenden Unternehmen und Akteuren, die dem traditionellen wissenschaftlich-technologischen Fortschrittsparadigma sowie den Signalen und Zwängen bestehender Märkte verhaftet sind. Bei allen Differenzen zwischen den von der Gemeinschaft der TA-Forscher verfolgten TA-Ansätzen[1] ist ihnen ein normativer Bezug auf das gesellschaftliche Gemeinwohl gemeinsam. Sie interessieren sich dafür, wie sich durch die Gestaltung technischer Systeme und ihrer Anwendungskontexte der Nutzen von Technologien für die Gesellschaft optimieren lässt. Diese Arbeitsperspektive hat für das TA-Projekt eine konfliktträchtige Situation zur Folge. Nur allzu leicht wird ihm vorgeworfen, den wissenschaftlich-technischen Fortschritt zu bremsen und innovationsfeindlich zu sein. Dieser Vorwurf ist zwar prinzipiell falsch, hat aber häufig einen wahren Kern, weil bestimmte Techniklinien als risikoreicher oder innovativer als andere bewertet werden. Die Ergebnisse der TA-Forschung finden daher fast zwangsläufig gesellschaftlichen Einspruch, wenn sie mit etablierten wirtschaftlichen Interessen, mit bestimmten gesellschaftlichen Wertvorstellungen und politisch-institutionellen Machtinteressen konfligieren:

- Das multidisziplinäre Projekt der Technikfolgenabschätzung beruht auf einer gemeinwohlorientierten Forschungs- und Analyseperspektive. Ihre Aussagen und Gestaltungsempfehlungen müssen letztlich universalisierbar sein. Nur diese normative Grundorientierung kann verhindern, dass nicht Teile der heimischen oder der sich globalisierenden Gesellschaft von den Vorteilen einer Technik ausgeschlossen werden. Negative Folgewirkungen und Risiken dürfen nicht strukturbedingt einseitig und ungerecht verteilt sein. Mit dieser kollektiven und universalisierbaren Werten verpflichteten Weltsicht und Untersuchungsperspektive steht das TA-Projekt in einem Spannungsverhältnis zu Forschungsparadigmen, in denen Strategien der individuellen Nutzenmaximierung den Ausgangspunkt theoretischer und empirischer Analysen bilden, also zu unterschiedlichen Rational-Choice-Konzeptionen, in denen individuelle Akteure (Menschen, Unternehmen, Organisationen, Staaten) mit den ihnen zur Verfügung stehenden Mitteln ihr Eigeninteresse bestmöglich (rational) verfolgen und die nicht ohne Zwang die Konsequenzen ihres Handelns für die kollektive Wohlfahrt berücksichtigen. Zwischen den Ergebnissen der TA-Forschung und betrieblichen Innovationsprojekten besteht zwangsläufig ein Spannungsverhältnis. *Gemeinwohlorientierte Forschungs- und Analyseperspektive*
- Die Ermittlung und Bewertung der möglichen (wahrscheinlichen) Folgen der Produktion und Nutzung technischer Systeme und Verfahren erfolgt in einem mehrdimensionalen Analyseraum. Für Analyse und Bewertung technischer Artefakte und Verfahren einschließlich technischer Dienstleistungen hat sich das Kriterium der Nachhaltigkeit mit seinen drei Dimensionen (Wirtschaftlichkeit, Umweltverträglichkeit, Sozialverträglichkeit) als Ausgangspunkt, dem weitere Kriterien (Dimensionen), wie die Demokratie- und *Mehrdimensionaler Analyseraum*

---

1   Einen guten Überblick vermitteln die regelmäßigen Aktivitäten des deutschsprachigen TA-Netzwerks (http://www.netzwerk-ta.net/), über die auf der Homepage des Netzwerkes fortlaufend berichtet wird.

Kulturverträglichkeit, beizufügen sind, breit durchgesetzt. Die Gewichtung der Analysedimensionen mit ihren je spezifischen Wertzuweisungen ist regelmäßig strittig und erfordert spezielle konsensbildende Verfahren. Als eine besondere Herausforderung erweist sich dabei die Untersuchung und Bewertung intertemporaler Veränderungen, da bei langen Betrachtungszeiträumen die Unsicherheit der Aussagen zunimmt und die notwendige Annahme konstanter Bewertungskriterien hinfällig wird. Zwischen dem technikzentrierten Fortschrittsglauben und der die Ambivalenz von Technik analysierenden TA-Forschung besteht gleichfalls ein unvermeidbares Spannungsverhältnis.

Unsicheres Wissen und der Umgang damit
- TA-Forschung verwendet ein breites Spektrum von Methoden, um ihre Aussagen über die Größenordnung und Höhe möglicher Risiken und über die Chancen von Innovationen, bestimmte Probleme zu lösen und sich auf den Märkten zu behaupten, abzusichern. Doch viele Aussagen gründen auf Annahmen, Wahrscheinlichkeitsvermutungen, auf unsicherem Wissen und auf dem Wissen, dass Wissen noch nicht vorhanden ist. Die Erschließung von Möglichkeitsräumen macht eine Wissenschaft angreifbar, da nur allzu leicht hypothetische Aussagen über die Zukunft als Prognosen und Realitätsbehauptungen missverstanden werden. Zur methodischen Absicherungen von praktischen Empfehlungen bei ungewisser Faktenlage beruft sich die TA-Forschung auf das Vorsorgeprinzip. Aus der Sicht der besorgten Technikforschung, die Risiken von der Gesellschaft abwenden möchte, stellt das Prinzip der Vorsorge eine Basisnorm dar, die es ermöglicht auch in Situationen unsicheren Wissens und hoher Ungewissheit Handlungsempfehlungen, insbesondere für politische Akteure, zu formulieren. Aus der Sicht von denjenigen Akteuren, deren Handlungen durch Vorsorgemaßnahmen beschränkt werden, erscheint Vorsorge als Einschränkung der Freiheit und Gefährdung des Fortschritts oder der nationalen Konkurrenzfähigkeit.

Reorientierung zur problemzentrierten Betrachtungsweise
- Um das Unsicherheits- und Vorsorgedilemma zu mindern, hat sich die TA-Forschung reorientiert. Die Technik zentrierte Analyseperspektive wird zunehmend von einer stärker problemzentrierten Betrachtungsweise ergänzt. So beschäftigen die durch den unsachgemäßen, vor allem aber durch den gesellschaftlich normierten, also sachgemäßen, Gebrauch von Technik erzeugten ökologischen und gesellschaftlichen Probleme immer mehr die TA-Forschung. Da es einen großen Unterschied macht, ob vor möglichen negativen Folgen einer Technologie gewarnt wird oder ob Lösungen für bereits eingetretene Probleme erarbeitet werden, hat sich die Akzeptanz des TA-Forschungsprogramms in der Öffentlichkeit verbessert. Hinzu kommt, dass auch die TA-Forschung von dem Siegeszug des Institutionalismus ergriffen wurde. Der Aufbau von Institutionen (Governancestrukturen) zur Vermeidung und Kompensation Technik bedingter Schäden und Gefahren gewinnt gegenüber der direkten Gestaltung sozio-technischer Systeme an Bedeutung. Zwischen auf der einen Seite den Vorschlägen der TA-Forschung zur Reform von Governancestrukturen zur Verminderung Technik bedingter Risiken

sowie zur Sicherung von Nutzungspotenzialen neuer Technologien (Innovationen) und auf der anderen Seite den Struktur konservativen Interessen von Vertretern etablierter Institutionen und Governanceformen besteht ebenfalls ein potenziell aufbrechendes Konfliktverhältnis.

Das TA-Forschungsprogramm findet daher zwangsläufig unter kritischer Beobachtung seitens der Wissenschaft und der Wirtschaft, von Politik und Gesellschaft statt. Es muss in der Öffentlichkeit und vor allem bei möglichen Geldgebern in Politik und Wirtschaft um Verständnis für sein Anliegen werben. Dabei wird es von gesellschaftlichen Tendenzen unterstützt, die reflexive Technikforschung als Instrument der Problembewältigung hilfreich erscheinen lassen:

Gründe für TA als hilfreiches Instrument

- Die Überbeanspruchung der Natur und der Ressourcen des Globus durch eine immer noch zunehmende Weltbevölkerung zwingen dazu, mit den Ressourcen effizienter umzugehen und drohenden Gefährdungen des sozioökologischen Gleichgewichts durch einen angepassteren Einsatz von Technik zu begegnen.

  Überbeanspruchung der Natur

- Speziell der anthropogen verursachte Klimawandel legt sowohl eine Transformation der auf fossilen Ressourcen basierenden Energiesysteme wie auch eine geplante Adaption der Wirtschafts- und Gesellschaftssysteme an die sich wandelnden klimatischen Bedingungen nahe. Beide Aufgaben erfordern vorausschauenden und reflektierten Einsatz neuer Technologien.

  Klimawandel

- Von der schnellen Diffusion neuer technischer Systeme sind immer mehr Menschen betroffen. Die Sozialverträglichkeit (u. a. Kostenverteilung, Nutzungskompetenz) wie auch die Akzeptanz dieser Entwicklung stellen sich nicht von alleine ein, sondern erfordern politische und ökonomische Ressourcen. Die Sicherung von Akzeptanz und sozialer Akzeptabilität gesellschaftlicher Modernisierungs- und Transformationspolitik benötigen Wissensbestände, zu deren Generierung die TA-Forschung beitragen kann.

  Sicherung von Akzeptanz notwendig

- Herstellung und Angebot innovativer Produkte und Dienstleistungen, die zur Bewältigung globaler Problemlagen unverzichtbar sind, bilden insbesondere für Länder mit einem hohen Lohnniveau eine Grundlage zur Sicherung ihrer internationalen Wettbewerbsfähigkeit. Zur Fokussierung der öffentlichen Forschungs-, Entwicklungs- und Bildungspolitik auf zukünftige Probleme und Märkte, die von privaten Unternehmen noch nicht erschlossen werden, können die Ergebnisse sozialwissenschaftlicher Technikforschung und Analyse wichtige Anhaltspunkte liefern.

  Beitrag zur Wettbewerbsfähigkeit

- Die Governance der modernen technisierten Mehrebenengesellschaft (globale, regionale, nationale, lokale Regime der Regulierung, Kontrolle und Förderung von Technik) wird zunehmend komplexer. Das Management von Technology Governance zur Sicherung der Leistungsfähigkeit der einzelnen Regime wie auch des Zusammenwirkens der verschiedenen Governancestrukturen zur Vermeidung von Blockaden gewinnt an Bedeutung. Analyse

  Komplexere Governance

und Opitimierung von Technology Governance sind aber wesentliche Elemente des TA-Forschungsprogramms.

1.3 Aufbau dieses Bandes

Beiträge in diesem Band: Theoretische Grundlagen ...

Die in diesem Band versammelten TA-Ansätze reagieren auf diese Anwendungskontexte jeweils in einer sehr eigensinnigen Art und Weise: Ortwin Renn arbeitet in seinem Beitrag „Auf dem Weg zu einer sozialökologischen Fundierung der Technikfolgenabschätzung" die sozialökologischen Grundlagen des TA-Programms heraus, wobei er dessen Transdisziplinarität, Problemorientierung, Praxisbezogenheit und partizipative Anlage hervorhebt. Strategien der Technikbewertung müssten so angelegt sein, dass sie „zwischen Vorsicht und Wagnis den richtigen Mittelweg" finden. Das nachfolgende Kapitel von Erik Aarden und Daniel Barben gibt einen Überblick über die grundlegenden Annahmen des Forschungsprogramms der „Science and Technology Studies" (STS), das sich gegen jeden technologischen Determinismus richtet und die Konstituierung der modernen technologischen Kultur in Wechselwirkung mit wissenschaftlich-technologischen Entwicklungen zu erfassen versucht. Die Forschungsergebnisse von Science and Technology Studies bilden heute eine unbestrittene theoretische Grundlage von TA. Da Technologie von sozialen, politischen, ökonomischen und kulturellen Faktoren konstituiert (geprägt) wird – wie auch umgekehrt Technologien soziale, politische, ökonomische und kulturelle Verhältnisse erzeugen –, kann bereits auf die Entstehung neuer Technologien gestaltend eingewirkt werden, vor allem können mögliche Entwicklungspfade der technologischen Entwicklung erkundet werden. Mit dieser Möglichkeit und Handlungsoption beschäftigt sich das nachfolgende Kapitel von Arnim von Gleich, das die prospektive Technikanalyse vorstellt.

Überblicke über Ansätze der TA-Forschung und ...

Die nachfolgenden Kapitel geben einen Überblick über die wichtigsten Ansätze der TA-Forschung. Stephan Lingner gibt einen Einblick in das Konzept der rationalen Technikfolgenbeurteilung, das von der Europäischen Akademie zur Erforschung von Folgen wissenschaftlich-technischer Entwicklungen Bad Neuenahr-Ahrweiler seit 1996 entwickelt wurde. Die Adressaten dieses TA-Ansatzes sind in erster Linie die einschlägigen Wissenschaftler und Wissenschaftlerinnen selbst, also die Akteure des wissenschaftlich-technischen Systems und erst in zweiter Linie die Akteure der anderen gesellschaftlichen Teilsysteme aus Politik, Öffentlichkeit und Wirtschaft. Die Adressaten der parlamentarischen Technikfolgenabschätzung, in deren Konzeption Armin Grunwald einführt, sind dagegen eine zentrale Gruppe von Akteuren des politischen Systems, die gewählten Volksvertreter, die vor allem auf der nationalen, aber auch auf der europäischen wie auf den regionalen Ebenen, im Bereich der Legislative technologiepolitische Entscheidungen zu treffen haben. Anschließend geben Gabriele Abels und Alfons Bora einen Einblick in die partizipative Technikfolgenabschätzung und -bewertung, die entstanden ist, um Legitimationsdefizite technologiepolitischer Entscheidungen der Exekutive durch unterschiedliche Formen der Beteiligung an den Prozessen der Willensbildung und Implementation aufzufangen. Die Adressaten partizipativer TA sind sowohl die Regierungen und Behörden, die technologiepolitische Entscheidungen zu treffen haben, als auch die betroffene und interessierte Bürgerschaft. Die strategische und konstruktive Technikfolgenabschätzung findet dagegen in erster Linie in Unternehmen statt, die langfristige Entscheidungen über die Erzeugung und über den Einsatz neuer Technologien zu treffen haben und die daran interessiert sind, zusammen mit den Beschäftigten eine wirtschaftliche wie auch sozialverträglich optimierte Entwicklung des eigenen Produktionssystems abzusichern. Strategische TA wird aber nicht nur von der Wirtschaft, sondern auch von der politisch-adminsitrativen Exekutive in Anspruch genommen, sei es, dass eigene Inhouse-Kapazitäten zur Verfügung stehen, was selten der Fall ist, sei es, dass externe Beratungseinrichtungen mit entsprechenden Fähigkeiten in Anspruch genommen werden. Abgeschlossen wird die Übersicht über unterschiedliche TA-Ansätze durch einen Beitrag von Axel Zweck, der das vom VDI entwickelte Konzept der Technikbewertung, insbesondere die VDI-Richtlinie 3780, vorstellt. Adressaten dieser Konzeption von TA sind neben den Unternehmen die wissenschaftlich-technischen Vereine, deren wichtigste Aufgabe in der Festlegung von Techniknormen besteht, die in einem aufwändigen Verfahren für allgemeinverbindlich erklärt werden.

Das Werk wird abgerundet durch eine Einführung in die Analyse von Technology Governance durch den Herausgeber. Das Konzept wird primär aus politikwissenschaftlicher Perspektive behandelt. Dabei wird herausgearbeitet, dass Technology Governance ein analytisches Untersuchungsinstrument ist, das der Politikfeldforschung zugerechnet werden kann, die sich mit der Entstehung, der Konsensfindung, der Koordination, Steuerung und Implementation sowie dem Impact politischer Entscheidungen in unterschiedlichen Handlungsfeldern der Politik befasst. Bezogen auf das Handlungsfeld der Technologiepolitik bildet das Konzept Technology Governance einen übergreifenden Analyseansatz, der es ermöglicht, die verschiedenen TA-Formen als Beratungsleistungen und Beratungsoptionen für die Akteure, die in der Politik zusammenwirken, zu verstehen, um deren Handlungsrationalität zu steigern. Mit dieser Ausrichtung kann Technology Governance auch als ein normativer Politikansatz verstanden werden, dem es darum geht, die Leistungsfähigkeit der Technologiepolitik durch den Einbau reflexiver (wissenschaftlich basierter) Instrumente und Institutionen zu verbessern.

die Analyse von Technology Governance

Die verschiedenen Beiträge des Bandes lassen deutlich werden, dass TA immer aus drei Komponenten besteht: Forschung, Bewertung (Bewertungsverfahren) und Beratung, wobei das Mischungsverhältnis der drei Komponenten sehr unterschiedlich ausfällt. Ohne Forschung ist die Ermittlung möglicher ökologischer, sozialer, ökonomischer, politischer und kultureller Folgen technischer

Drei Komponenten von TA: Forschung, Bewertung und Beratung

Systeme überhaupt nicht möglich. Zur Analyse des möglichen Beitrags neuer Techniken zur Bewältigung gesellschaftlicher Problemlagen ist die Generierung neuen Wissens unumgänglich. Die zweite Komponente von Technikfolgenabschätzung bezieht sich auf die Bewertung der Nutzungs- und Gestaltungsformen sozio-technischer Systeme sowie der Effektivität, Effizienz und Akzeptabilität (Legitimität) technologiepolitischer Handlungsprogramme der öffentlichen Hand. Bewertung kann mit sehr unterschiedlichen Methoden und in vielfältigsten Verfahren erfolgen. Je anwendungsnäher TA-Forschung angelegt ist, einen desto größeren Stellenwert gewinnen die Bewertungsverfahren und vor allem die Verfahren in einer bestimmten Bezugsgruppe (Unternehmen, Forschergruppe, Bürgerversammlung, Partei, Parlament, betroffene Bevölkerung), einen Konsens über die Bewertung zu erzielen. Schließlich bilden die Ergebnisse der TA-Forschung keinen Selbstzweck, wie das Wissen der nicht-anwendungsbezogenen Grundlagenforschung. Da jedoch die Wissenschaftler, die dieses neue Wissen erzeugen, in der hoch arbeitsteilig organisierten modernen Gesellschaft nicht gleichzeitig an den Schalthebeln der Macht in Politik, Wirtschaft und Gesellschaft sitzen, müssen die Forschungsergebnisse an interessierte Akteure, also an die Adressaten des Forschungsprogramms, vermittelt werden. Eine mögliche Form der Ergebnisvermittlung ist die gezielte Politikberatung, die allerdings voraussetzt, dass die Beratung angefordert wird und erwünscht ist. Eine andere Form der Vermittlung besteht in der Annahme einer ideellen Beratungssituation seitens der Wissenschaft. In diesem Falle nimmt die Forschung an, dass es in der Öffentlichkeit, in der Wissenschaft, aber auch in Politik und Gesellschaft potenzielle Adressaten einer Beratung gibt. In wie weit diese Vermutung richtig ist, stellt sich erst später heraus, falls die Forschungsergebnisse einen Beitrag zu einer wissenschaftlichen oder politischen Debatte zu liefern vermögen.

TA stellt auf der Grundlage dieser drei Komponenten einen reflexiven Mechanismus zur Governance Technik basierter Wissensgesellschaften bereit. Wir können TA als reflexiven Mechanismus begreifen, weil ihr Forschungsprogramm eine praktische und anwendungsbezogene Dimension enthält. Die Reflexion der gesellschaftlichen und ökologischen Folgen der wissenschaftlich-technischen Zivilisation bleibt nicht folgenlos. Ihre Ergebnisse fließen kontinuierlich und systematisch über institutionalisierte Beratungspunkte in die Governance der gesellschaftlich genutzten technischen Systeme mit ein. Auf diese Weise kann TA einen wichtigen Beitrag zur Stabilisierung des für die Menschheit zuträglichen sozial-ökologischen Gleichgewichts leisten.

Literatur

Decker, Michael (Hg.) (2012): Der Systemblick auf Innovation. Technikfolgenabschätzung in der Technikgestaltung. Berlin: edition sigma.

Dolata, Ulrich (2011): Wandel durch Technik. Eine Theorie soziotechnischer Transformation. Frankfurt am Main: Campus.

Grunwald, Armin (2010): Technikfolgenabschätzung – eine Einführung. 2. Aufl. Berlin: edition sigma.

Renn, Ortwin (2007): Risiko. Über den gesellschaftlichen Umgang mit Unsicherheit. München: Oekom.

Auf dem Weg zu einer sozialökologischen Fundierung der Technikfolgenabschätzung

2

Ortwin Renn

2.1 Einleitung

Auf den ersten Blick erscheint die Technikfolgenforschung als ein primärer Aufgabenbereich der Ingenieur- und Naturwissenschaften, der durch sozialwissenschaftliche Studien bestenfalls angereichert werden kann. Allerdings kann die Erforschung der physischen Folgen technischer Interventionen in Gesellschaft und Umwelt nicht ausschließlich auf die Auswirkungen auf Mensch, Gesundheit und Natur bezogen sein, sondern muss bereits bei den Ursachen für das Handeln ansetzen. Wer Technologien einsetzt, nutzt oder entwickelt, trifft als Individuum oder als Teil eines Kollektivs eine Entscheidung, die wiederum soziale, kulturelle und motivationale Ursachen hat (Adams 2003; Bell 2012: 190). Dabei lassen sich drei Schnittmengen zwischen der physischen und der kulturellen Welt differenzieren (Mathies/Homburg 2001: 96; Renn et al. 2007: 122 f.):

Soziale Verantwortung durch Technikeinsatz

- zum Ersten die natürlichen Voraussetzungen des sozialen Handelns (Ressourcen, Energie, Fläche, Lebensräume);
- zum Zweiten die Folgen menschlichen Verhaltens auf naturgegebene Kreisläufe, Prozesse und Strukturen, einschließlich biologischer Veränderungen im Menschen selbst (etwa Gesundheitsbelastungen) und
- zum Dritten die Rückkopplungen dieser Interventionen auf kulturelles Selbstverständnis, soziale Prozesse und gesellschaftliche Strukturen (kulturelle Identität).

Zweifelsohne sind alle drei Dimensionen eng und unabdingbar mit Erkenntnissen aus den Naturwissenschaften verbunden. Denn ohne hinreichende Kenntnis der Struktur und Dynamik natürlicher Systeme bleibt die Abschätzung der anthropogenen Ursachen und Folgen von Technikeinsatz spekulativ. Doch die

Naturwissenschaftliche Kenntnisse notwendig

Fokussierung auf die Reaktionen natürlicher Systeme auf menschliche Interventionen reicht nicht aus, um die Wechselwirkung adäquat zu erfassen (Becker et al. 1999: 7 ff.; Rosa/Dietz 2010: 8).

Wechselwirkungen und menschliche Reaktionen

Wechselwirkungen entstehen aus dem energetischen, materiellen oder kommunikativen Austausch der Glieder einer Wirkungskette. Bezogen auf TA sind dies die Aktionen der Menschen und die Reaktionen der verschiedenen Umwelten (natürlich, sozial, kulturell) sowie die vielfältigen Rückkopplungsschleifen zwischen diesen Elementen. Erst die Existenz menschlicher Verhaltensweisen, deren Folgen signifikante Veränderungen oder Anpassungsprozesse der verschiedenen Umwelten auslösen, bildet die Voraussetzung dafür, dass überhaupt erklärungs- und prognosebedürftige Veränderungen der Umwelten eintreten. Darüber hinaus reagieren Menschen auf die von ihnen ausgelösten Veränderungen mit einem mehr oder weniger angepassten Satz von Handlungsweisen, die wiederum Rückwirkungen auf die natürliche und die soziokulturelle Umwelt haben (Weber 2006: 194 f.).

Zwei Komponenten: Umweltfolgen und menschliches Verhalten

Als Fazit bleibt festzuhalten, dass Technikfolgenforschung beide Komponenten vereinen muss. Zum einen die Folgen technischer Interventionen auf die natürliche und sozio-kulturelle Umwelt, zum anderen die Wahrnehmung, Abwägung und Bewertung menschlichen Verhaltens, das auf diese Umwelten einwirkt (Rip 2006: 92 f.). Benötigt wird also eine Technikfolgenforschung, die diese beiden Komponenten systematisch einbezieht und dabei die Wechselwirkung selbst zum vorrangigen Gegenstand der Forschungen macht (Becker et al. 1999: 14 f.; Becker 2003: 172). Dazu scheint der sozialökologische Ansatz besonders geeignet zu sein.

2.2   TA im Schnittpunkt von Natur und Kultur

Analytische Trennung von Natur und Umwelt

Um den sozialökologischen Ansatz für ein integratives Konzept der Risikoforschung näher bestimmen zu können, sind noch einige grundlegende Überlegungen voranzustellen. Zunächst soll von einer analytischen Trennung zwischen Natur und Umwelt ausgegangen werden (Mohr 1995: 29 ff.). Umwelt wird hier als die für menschliche Zwecke und nach menschlichen Plänen gestaltete Natur verstanden (Kasperson et al. 1995: 7). Neben der natürlichen Umwelt gibt es auch eine soziale und kulturelle Umwelt, die wiederum in Wechselwirkung mit der natürlichen Umwelt und ihrer Wahrnehmung durch den Menschen steht. Das „Natürliche" bezeichnet dabei die Phänomene, die auch ohne die Handlungen bzw. Eingriffe von Menschen existieren und ihre Wirkungskraft entfalten (Böhme 2002: 28 ff.). In der Moderne haben die intensiven Wechselwirkungen zwischen Natur und Kultur zu einer Hybrid-Entwicklung einer anthropogen gestalteten Natur geführt (Becker 2003: 183 und 186). Kulturelle Systeme benutzen einen Teil der natürlichen Phänomene (etwa Rohstoffe oder nachwachsende Ressourcen), um sich durch Arbeit gestaltete Umwelten (naturnahe und naturferne) zu schaffen. Der Mensch kann dabei seine Umwelt bewusst entwerfen, nach seinen Bedürfnissen und Wünschen gestalten und dabei auch Symbolen Ausdruck geben (z. B. französischer Garten im Gegensatz zum englischen Landschaftsgarten). Darüber hinaus transzendiert der Mensch seine konkrete Umwelt räumlich und zeitlich durch Sprache, Schrift, Wissenschaft und Kunst. Jede Umwelt ist immer ein Produkt der Wahrnehmung und damit sozial und kulturell vermittelt (Scholz 2011: 38).

Nur anthropogen veränderte Umwelten boten die Voraussetzung dafür, dass die Bevölkerung über das Maß von Jäger- und Sammlerkulturen (mit weniger als einer Person pro Quadratkilometer) wachsen konnte und dass sich gleichzeitig eine individuell verankerte Ethik (mit gleichen Lebens- und Entfaltungschancen für jedes Individuum) als Richtschnur kollektiven Handelns herausbildete (Mohr 1995: 53; Kasperson et al. 1995: 17). Die Schaffung künstlicher Umwelten vor allem durch den Einsatz von Technik bedeutet also keinen Sündenfall der Menschheit, sondern bildet vielmehr eine anthropologische Notwendigkeit für ein Lebewesen, das zum rationalen und ethischen Handeln befähigt ist. Die kulturelle Gestaltung der Natur setzt aber die Existenz von Leitbildern und Vorstellungen über Ursachen und Wirkungen voraus. Beides ergibt sich im sozialen Prozess der Wertbildung und der Wissensgenerierung. Die Erforschung dieser Prozesse bildet traditionell den Kern der Sozial- und Kulturwissenschaften (Catton/Dunlap 1978: 42; Meyer 2001: 165).

Schaffung künstlicher Umwelten: anthropologische Notwendigkeit

Die Funktionalisierung von Natur zur produktiven Umwelt hat ihren Preis. Auf der einen Seite werden Mitkonkurrenten um die gleichen Ressourcen (vor allem Fläche und Nutzpflanzen) systematisch zurückgedrängt und in ihrer Existenz gefährdet. Auf der anderen Seite werden durch den „künstlichen Metabolismus" von Produktion und Konsum Ressourcen verbraucht und Reststoffe in die Umwelt entlassen, die wiederum auf die natürlichen Prozesse (meist negativ) einwirken. Niemand zweifelt daran, dass menschliche Aktivitäten zwangsläufig diesen Preis einfordern, es sei denn, man wolle die ursprünglichen Jäger- und Sammlerkulturen wieder aufleben lassen. Die Frage aller sinnvollen Umweltpolitik ist deshalb, welches Maß an Zurückdrängung unserer Mitkonkurrenten und welches Maß an Naturbelastung man hinnehmen bzw. anstreben muss, um ein langfristiges Überleben der Menschheit in humanen Verhältnissen (dies ist die Idee der Nachhaltigkeit) zu gewährleisten und gleichzeitig Natur und naturnahe Umwelt so weit wie möglich zu erhalten bzw. zu entlasten (Ott/Döring 2004, 337 ff.; Renn et al. 2007: 25 ff.; WBGU 2011: 31).

Folgewirkungen der Funktionalisierung von Natur

Frage nach dem Maß an Naturbelastung

Die Entscheidung zwischen der Wahl der tolerierbaren Eingriffstiefe in die natürlichen Kreisläufe mit den damit verbundenen negativen und unsicheren Folgen auf der einen und der Intensität der erwünschten Wirkung für vorgegebene gesellschaftliche Zwecke auf der anderen Seite ist die Schlüsselfrage vorausschauender Technikfolgenforschung. Welche Folgen sind mir, den anderen und der Natur zumutbar im Vergleich mit dem Nutzen, der mit dem Einsatz der Technik erwartungsgemäß eintreten wird?

Schlüsselfrage vorausschauender Technikfolgenforschung

Zwei Voraussetzungen: Wissen über Konsequenzen und über ethische Maßstäbe

Ein solcher Abwägungsprozess setzt zweierlei voraus: Wissen über die Konsequenzen der jeweiligen Eingriffe (naturwissenschaftliche und technische Risikoforschung) und Wissen über die Wünschbarkeit und ethische Begründbarkeit von Maßstäben, um das „rechte" Maß für die Abwägung zu finden (Akademie der Wissenschaften zu Berlin 1992: 38 ff. 347 ff. und 435 ff.; Renn 2008: 173 ff.). Die Sozial- und Kulturwissenschaften können dieses „rechte" Maß nicht bestimmen und auch nicht aus ihren Wissensbeständen ableiten. Sie können jedoch *katalytische Hilfestellung* leisten, um den Prozess der Maßfindung nach sozialer und kultureller Wünschbarkeit zu strukturieren (Jaeger et al. 2001: 239 ff.). Der Soziologe Ulrich Beck hat dies folgendermaßen zum Ausdruck gebracht:

> „Doch alle Kunst der Experten kann niemals die Frage beantworten: Wie wollen wir leben? Was die Menschen noch hinzunehmen bereit sind und was nicht mehr, dies folgt aus keiner technischen oder ökologischen Gefahrendiagnose. Diese Frage muß vielmehr zum Gegenstand eines globalen Gesprächs der Kulturen gemacht werden. Genau hierauf zielt eine zweite, kulturwissenschaftliche Sicht. Sie besagt: Ausmaß und Dringlichkeit der ökologischen Krise schwanken mit der intra- und interkulturellen Wahrnehmung und Wertung" (Beck 1996: 119).

Fünf Ziele einer integrativen TA

Als Fazit bleibt festzuhalten, dass eine als integrative verstandene TA fünf wesentliche Ziele verfolgen sollte (vgl. Dunlap et al. 1994; Becker et al. 1999: 8 f.; Renn et al. 2007: 129 f.):

- Systematische Erkenntnisse über den Prozess der Wissensgenerierung und den Prozess der Wertbildung hinsichtlich der Veränderungen und der technischen Eingriffe des Menschen in Natur und Gesellschaft zu gewinnen und mit diesen Erkenntnissen zur *Reflexion über das Mensch-Technik-Natur-Verhältnis* und über die kulturell bestimmte Selektion von Chancen und Risiken beizutragen.
- Wissen über Prozesse und Verfahren zu gewinnen, mit deren Hilfe soziale *Abwägungen* über das sozial wünschbare und ethisch begründbare Maß an Eingriffstiefe technischer Interventionen nach rational nachvollziehbaren und politisch legitimierbaren Kriterien vollzogen werden können.
- Die Bedingungen und Folgen institutioneller Verfahren und organisatorischer Strukturen zur *Regelung und Steuerung von individuellen und kollektiven Entscheidungen über Entwicklung, Einsatz und Nutzung von Techniken* unter Berücksichtigung von externen Effekten zu erforschen und aus diesen Erkenntnissen heraus die Möglichkeiten von sachlich angemessenen, kommunikationsfähigen und Legitimation schaffenden Lösungen im Rahmen gesetzlicher Vorschriften, öffentlicher und privater Planungen sowie informeller Aushandlungsprozesse auszuloten.
- Die Prozesse und Strukturen der *Technikgenese* zu verfolgen und allgemeine Muster der Entwicklung neuer Techniken ausfindig zu machen, mit dem Ziel,

die Struktur der Technikgenese transparent zu machen und die damit verbundenen Veränderungen im Verhältnis Mensch-Umwelt und in Bezug auf die einhergehenden ökologischen, ökonomischen, sozialen und kulturellen Chancen und Risiken aufzuzeigen.
- Die *Hemmnisse und Barrieren,* aber auch die Möglichkeiten und Anreize, die auf die Realisierung subjektiv empfundener Einsichten in entsprechendes Verhalten auf individueller wie auf kollektiver Ebene einwirken, systematisch zu erforschen und dazu konstruktive Vorschläge zu erarbeiten.

2.3 Konstruktivistische und realistische Ansätze in der Technikforschung

Was als Technikfolgen im Sinne der zukünftigen Reproduktions- und Entwicklungsfähigkeit für Natur, Mensch und Umwelt wahrgenommen wird, ergibt sich nicht aus der Technik selbst, sondern aus den Selektions- und Rezeptionsprozessen, die kulturell überformt sind. Gleichzeitig haben Interventionen Folgen für die Natur, die unabhängig von der Intension des Handelns und unabhängig von der Wahrnehmung des Menschen vonstattengehen.

An diesem Punkt unterscheidet sich der sozial-ökologische TA-Ansatz deutlich von einer konstruktivistisch post-modernen Auffassung, die davon ausgeht, menschliche Erkenntnis beruhe grundsätzlich auf kultureller Zuschreibung (Überblicke in Rosa 1998: 18 ff.; Scholz 2011: 38 f.; Bell 2012). Die konstruktivistische Schule geht davon aus, dass die von Menschen aufgestellten Behauptungen über den Zustand der Welt soziale Konstruktionen sind, die auf Grund sozialer Normen und verinnerlichter Weltbilder im Rahmen eines kulturellen Rahmens konsistent und verbindlich gemacht werden, dabei aber keinen Anspruch auf Isomorphie, d. h. einer naturgetreuen Abbildung der Wirklichkeit, nicht einmal auf Homomorphie, d. h. einer Annäherung des Wissens an die Wirklichkeit, erheben (Buttel/Taylor 1992; Hillgartner 1992: 42 ff.). Sie sind keineswegs beliebig, ergeben sich aber nicht aus der extern gegebenen Natur der beobachteten Dinge, sondern aus zugeschriebenen Eigenschaften auf der Basis sozialer Übereinkünfte. Konstruktivisten beziehen diese Überlegungen nicht nur auf kausale Modelle des menschlichen Verhaltens, sondern auch auf Wirkungsketten in Umwelt und Natur (Jasanoff 1999: 150). Statt von Natur sprechen sie meist von Naturbildern.

Konstruktivistischer TA-Ansatz

Im Gegensatz zum konstruktivistischen Lager sind die Realisten der Überzeugung, dass es die methodischen Regeln der empirischen Beweisführung erlauben, zumindest eine Ähnlichkeit zwischen den real gegebenen Eigenschaften von Objekten und deren Beschreibungen durch Wissensträger herzustellen (Dunlap 1980; Freudenburg/Gramling 1989; Rosa 1998; Rosa 2008). Diese Ähnlichkeit stellt sich vor allem als Resultat eines kontinuierlichen Überprüfungsprozesses von Hypothesen (Prognosen) durch ein organisiertes Wissenschafts-

Realistischer TA-Ansatz

system ein. Die Realisten sehen das Verhalten des Menschen durch objektiv gegebene Veränderungen in der natürlichen Umwelt beeinflusst und thematisieren demnach die Wechselwirkungen zwischen physischen Veränderungen bzw. Belastungen auf der einen und sozialen Verhaltensweisen auf der anderen Seite. Dazu ein Zitat:

> „If our discipline is going to make substantial contributions to understanding the social causes and consequences of global environmental change, we must adopt a truly ecological perspective that sensitizes us to the role that our species plays in the global ecosystem ... we must develop a full-blown ‚ecological sociology' that studies the complex interdependencies between human societies and the ecosystems (from local to global) in which we live" (Dunlap/Catton 1994, 23 f.).

Theoretischer Standort der Technikfolgenforschung ist umstritten

Die Auseinandersetzung zwischen Konstruktivisten und Realisten beflügelt bis heute die Debatte um den theoretischen Standort der Technikfolgenforschung (Hamilton 1996; Horlick-Jones/Sime 2004; Bell 2012). Es ist naheliegend anzunehmen, dass beide Extreme, der naive Realismus wie der radikale Konstruktivismus, logisch stringent kaum gerechtfertigt werden können. Der radikale Konstruktivismus führt leicht in den Teufelskreis des alles relativierenden Solipsismus (alle Wissensbehauptungen haben die gleichen Geltungsansprüche); ein naiver Realismus führt zur Leugnung der Angewiesenheit menschlicher Erkenntnis auf kulturelle Vermittlung und Deutung (Giddens 1978: 251; Searle 1995: 191; Rosa 1998: 34; Renn 2008: 3).

Position der sozial-ökologischen Perspektive: moderater Realismus

Die sozial-ökologische Perspektive verfolgt in der Regel eine Position, die in der Literatur als moderater Realismus beschrieben wird. Dabei wird davon ausgegangen, dass natürliche Regelungssysteme unabhängig von unserem Erkenntnisvermögen existieren und wirken (Renn et al. 2007: 132; Renn 2008: 3 ff.). Darüber hinaus besitzen wir geeignete Erkenntnisinstrumente, um unsere Vorstellungen von der Realität an real ablaufenden Prozessen zumindest in bestimmten Grenzen (den sogenannten Kontextbedingungen wie z. B. Zeit, Ort, intervenierende Variablen) zu testen, um unsere Wissensbestände und die real erwartbaren Folgen sukzessiv anzugleichen. Wenn wir beispielsweise die objektiv gegebenen Folgen natürlicher Regelsysteme nicht realitätsgerecht erkennen, können wir auch nicht problem-adäquat reagieren. Insofern ist es eine der vordringlichen Aufgaben aller wissenschaffenden Institutionen, Selektionsregeln aufzustellen, die eine Annäherung zwischen Wissen und realen Abläufen ermöglichen.

2.4 Kennzeichen eines sozialökologischen Ansatzes in der Technikfolgenforschung

Ein moderat realistischer Ansatz ist auf Grund all dieser Erwägungen auch ein erstes wesentliches Kennzeichen des von mir vertretenen Verständnisses einer sozialökologischen Technikfolgenforschung. Wie die Wortschöpfung „sozialökologisch" bereits suggeriert, geht es um die Integration von sozialen Prozessen der Wahrnehmung und des Handelns mit den Auswirkungen und Rückwirkungen dieses Handelns auf Natur und Umwelt (Becker et al. 2001; Meyer 2001: 163 ff.; Becker 2003: 185 f.; Renn et al. 2007: 123). Der Ausgangspunkt ist dabei, dass diese Aus- und Rückwirkungen real sind und unabhängig von Wissen, Beobachtung und Erkenntnisvermögen des Menschen wirken. Eine Definition des sozial-ökologischen Ansatzes findet sich bei Becker:

1. moderat realistischer Ansatz

> „Soziale Ökologie ist die Wissenschaft von den Beziehungen der Menschen zu ihrer jeweiligen natürlichen und gesellschaftlichen Umwelt. In der sozial-ökologischen Forschung werden die Formen und die Gestaltungsmöglichkeiten dieser Beziehungen in einer disziplinenübergreifenden Perspektive untersucht. Ziel der Forschung ist es, Wissen für gesellschaftliche Handlungskonzepte zu generieren, um die zukünftige Reproduktions- und Entwicklungsfähigkeit der Gesellschaft und ihrer natürlichen Lebensgrundlagen sichern zu können". (Becker 2003: 171)

Definition

Die Aufgabe der Integration von wissenschaftlicher Selbstbeobachtung und Objektbeobachtung steht also am Beginn der sozialökologischen Perspektive. Sozialökologische Technikfolgenforschung ist selbst-reflexiv und selbstkritisch gegenüber ihren Erkenntnisansprüchen. Dies ermöglicht es ihr, über den Tellerrand des Relativismus hinauszuschauen und die ausgewählten Wechselbeziehungen zwischen Natur, Umwelt und Kultur in laufender Annäherung intersubjektiv gültig wiedergeben zu können (ähnlich in Dunlap/Catton 1994; Becker et al. 1999; Gallopin et al. 2001).

Das zweite wesentliche Kennzeichen des sozialökologischen Ansatzes ist die Verbindung von Erkenntnis und Abwägung (IRGC 2005: 36 ff.). Neben der Selektions- und Deutungsleistung der Kultur im Hinblick auf Technikgenese und Folgenwahrnehmung geht es ja bei der Entwicklung und der Nutzung von Techniken um den Aufbau einer Abwägungskultur, die bei dem Vergleich von Chancen und Risiken eine zentrale Rolle spielt. Abwägung umfasst die beiden Komponenten Folgewissen und Bewertung nach Wünschbarkeit und ethischer Akzeptabilität (Vecchione 2011: 229). Wertungen fließen nicht nur in den faktischen Prozess der Abwägung ein, über den man wertfrei forschen könnte, sondern sind bereits in der Konstruktion von Abwägungsprozessen immanent angelegt (Stirling 2006: 237).

2. Verbindung von Erkenntnis und Abwägung

Die dritte Komponente sozial-ökologischer Forschung umfasst die methodische Herangehensweise, welche in der Literatur oftmals als transdisziplinär

3. transdisziplinäre methodische Herangehensweise

bezeichnet wird (Mittelstraß 2003; Nowotny 1999: 102 ff.; Pohl 2003; Scheringer et al. 2005; Pohl/Hirsch Hadorn 2006: 68 ff.; Scholz 2011: 15–28 und 373–404). Dieser Begriff umfasst bei aller Unterschiedlichkeit der jeweiligen Standpunkte folgende zentralen Aspekte:

a) eine über Methoden der Einzeldisziplin hinausgehende methodische Vorgehensweise;
b) eine an Problemen und nicht an Phänomenen orientierte Herangehensweise;
c) eine enge Verbindung von theoretischen und praktischen Fragestellungen und
d) eine Mitwirkung der vom jeweiligen Problem betroffenen Personen und Gruppen am Forschungsprozess (rekursive Partizipation).

Auf diese vier Aspekte soll im Folgenden näher eingegangen werden.

a) zur Wahl der Forschungsmethoden

zu a) Bei der Wahl der Forschungsmethoden ist vor allem der Schwerpunkt auf die Erfassung der Beziehungen zwischen sozialen und physischen Einflussgrößen zu legen (Becker et al. 1999, 4). So kann man etwa in der Ernährungsforschung Ergebnisse von medizinischen Untersuchungen an Blutproben mit Befragungen über Essverhalten und einem stadtökologischen Profil des Wohnumfeldes des jeweils Betroffenen in Beziehung setzen (Zwick 2011). Transdisziplinäre Methodik ist nicht auf die Neuentwicklung von innovativen disziplinenübergreifenden Forschungsinstrumenten angewiesen, denn vielfach ist eine intelligente Mischung von disziplinären (bewährten) Methoden, die aufeinander bezogen sein müssen, durchaus ausreichend.

b) konstruktivistisches Element

zu b) Die problemorientierte Herangehensweise nimmt bewusst die Schlussfolgerung aus der Konstruktivismusdiskussion auf, dass Phänomene erst dann ins Visier der Gesellschaft gelangen, wenn mit ihnen ein Interesse oder ein Problembewusstsein verbunden ist (Beck 2009). Probleme werden somit sozial und kulturell definiert. Sie umfassen die Wahrnehmung eines Zustandes, der als unbefriedigend empfunden wird, und weisen auf die empfundene Notwendigkeit hin, Optionen im Sinne von Interventionen zu entwickeln, die diesen Zustand verbessern helfen sollen. Selten haben Menschen, von Neugier einmal abgesehen, Interesse an einem singulären Phänomen. Sie wollen vielmehr Wissen sammeln und dafür einsetzen, ein Problem zu verstehen und mögliche Lösungen zu erarbeiten. Wissen wird, wie Helga Nowotny bemerkt, „nach Maß hergestellt, als Antwort auf die Spezifikationen, die im konkreten Fall erst erarbeitet werden müssen" (Nowotny 1999: 71). Probleme umfassen in der Regel mehrere aufeinander bezogene Phänomene, die oft Gegenstand unterschiedlicher Disziplinen sind.

c) Praxisbezug

zu c) Verbunden mit der problemorientierten Herangehensweise ist der Praxisbezug (Redclift 1999; Becker et al. 2001: 149 f.; Mittelstraß 2003: 23 f.). Sozialökologische Forschung will nicht nur Wissen zum Verständnis von Problemen, sondern auch zu ihrer Lösung generieren und dieses an der Wirklichkeit testen. Die praktische Bewährung steht dabei immer im Zusammenhang mit der Qualität des eingesetzten Wissens. Praxisbezug darf jedoch nicht als Entschuldigung für ungenügende Forschungsqualität missbraucht werden. Die Güte- und Qualitätskriterien für Wissensgenerierung und -selektion müssen auch bei der transdisziplinären Forschung erfüllt sein (Bergmann et al. 2005; Scholz 2011: 401). Allerdings stellt sich bei transdisziplinärer Forschung stets die Frage, wie exakt das generierte Wissen sein muss, um praktisches Handeln initiieren zu können.

zu d) Das letzte und auch in der Literatur besonders kontrovers diskutierte Kennzeichen der sozialökologischen Forschung ist der partizipative Ansatz (Redclift 1999; Kasemir et al. 2003; Welp/Stoll-Kleemann 2006; Renn 2008: 273 ff.; Scholz 2011: 388 ff.). Vor allem wenn es darum geht, Probleme auszuwählen, Wissensbestände zu orten, Optionen zu entwickeln und zu bewerten, führt kein Weg daran vorbei, diejenigen an dem Forschungsvorhaben zu beteiligen, die von dem Problem direkt und indirekt betroffen sind. Denn die Definition des Problems, die Frage nach den Werten und Interessen, die durch das Problem berührt werden, die Sammlung von Wirkmechanismen, die als Lösungen in Betracht kommen und erst recht deren Bewertung setzen nicht nur Folgewissen, sondern auch Orientierungswissen im Sinne von normativen Vorgaben und Vorlieben voraus (Jäger/Scheringer 1998; Jahn 2005). Diese Vorgaben können legitimer Weise nicht aus der Forschung selbst abgeleitet werden, sondern müssen sich aus dem gesellschaftlichen Diskurs ergeben. Insofern bedingt transdisziplinäre Forschung auch den Einbezug betroffener Personen und Gruppen in den Prozess der Erkenntnisfindung und der Bewertung. Im Bereich der Technikfolgenforschung ist bereits diese Transformation vom klassischen zum konstruktiven bis hin zum partizipativen Ansatz bekannt und wird auf europäischer Ebene auch vielfach angewandt (Grunwald 2000; Hagendijk/Irwin 2006).

d) partizipativer Ansatz

Die Gefahr des partizipativen Ansatzes besteht in der Vermengung von faktischem Wissen, normativer Orientierung, Wertvorstellungen und Interessen (Gethmann 2001). Folgt man der hier vertretenen moderat realistischen Perspektive, dann ist eine analytische Differenzierung in unterschiedliche Wissens- und Bewertungskategorien unerlässlich. Für die sozialökologische Forschung hat sich dabei eine Aufteilung in drei Wissenskategorien bewährt (Daschkeit 2006: 38; Pohl/Hirsch Hadorn 2006: 36):

Gefahr des partizipativen Ansatzes

Drei Wissenskategorien

- *Orientierungswissen:* Welche normative Grundlage wollen wir als Orientierungsmarken für unser eigenes Handeln akzeptieren und welcher Zielhorizont ergibt sich daraus für das spezifische Problem, das behandelt werden soll?
- *System- und Erklärungswissen:* Welche Zusammenhänge bestehen zwischen den Größen, die in das Zielsystem einfließen? Wie ist die Ausgangslage? Wie lassen sich Ausgangslage und Ziellage sinnvoll miteinander vergleichen?

Orientierungswissen

System- und Erklärungswissen

Transformations- und Handlungswissen

- *Transformations- und Handlungswissen:* Welche Maßnahmen sind geeignet, nach den Maßstäben der Effektivität, Effizienz und Akzeptabilität die angestrebten Ziele und erwünschten Zustände zu erreichen?

Gestaltung des Forschungsprozesses

Eine besondere Herausforderung besteht darin, den im sozialökologischen Verständnis notwendigen integrativen Forschungsprozess so zu gestalten, dass auf der einen Seite die analytische Trennung in Wissensbestände und Bewertungen aufrecht erhalten bleibt, aber gleichzeitig das prozedurale „In-Beziehung-Setzen" von Analyse und Bewertung über den Gesamtverlauf des Prozesses gelingt. Das bedeutet für den konkreten Forschungsprozess, dass es verschiedene Partizipationsprinzipien und -verfahren geben muss, um den impliziten Anforderungen der unterschiedlichen Wissenskategorien sowie den Integrationsanforderungen von Wissen und Bewertung gerecht zu werden (vgl. die „Ladder of participation" in Renn 2008: 280).

2.5 Zusammenfassung und Ausblick

Drei Forderungen

Was bedeuten diese abstrakten Überlegungen zur sozialökologischen Perspektive für die Technikfolgenforschung? Eine sozialökologische Fundierung von TA muss sich an drei Forderungen messen lassen:

a) Der Integration von System-, Orientierungs- und Transformationswissen als Voraussetzung dafür, dass die von der Gesellschaft als Problem erkannten Zusammenhänge in ihren komplexen Ursache-Wirkungsketten und ihrer normativen Einbettung in der Gesellschaft erkannt und möglichst realitätsnah beschrieben werden können.
b) Der prozeduralen Verzahnung von Wissensgenerierung und -selektion mit individuellen und kollektiven Bewertungsprozessen, ohne dass es zu einer unzulässigen Vermengung von Erkenntnis und Interesse kommt.
c) Der Synthese von theoretischem Anspruch auf Erklärung mit dem praktischen Anspruch auf Wirksamkeit, wobei die Qualitätskriterien für Wissensgenerierung und -selektion für faire und kompetente Urteilsbildungsverfahren eingehalten werden müssen.

Absicherung gegen alle technischen Risiken und Nebenwirkungen unmöglich

Es ist weder möglich noch wünschenswert, dass sich die Gesellschaft gegen alle technischen Risiken und Nebenwirkungen absichert, zumal mit Risiken auch Chancen verbunden sind. Der amerikanische Soziologe Aaron Wildavsky hat dieses Dilemma mit dem treffenden Satz „*No risk is the highest risk of all*" beschrieben (Wildavsky 1990). Aus diesem Grunde ist es notwendig, zum einen Strategien der Technikbewertung anhand nachvollziehbarer Kriterien zu entwickeln sowie umzusetzen und zum anderen durch eine *kluge Verbindung von Politikinstrumenten* eine effektive und gleichzeitig effiziente Form der Folgenbewältigung im Sinne einer Risikoreduktion zu erzielen (WBGU 1999). Es gilt also, zwischen *Vorsicht und Wagnis* den richtigen Mittelweg zu finden (Renn 2008: 179).

Nach der obigen Analyse ist ein sozial-ökologischer Ansatz dafür geeignet und erfolgversprechend. Dieser Ansatz ist transdisziplinär, problemorientiert, praxisbezogen und partizipativ angelegt. Im Rahmen der Transdisziplinarität ist eine Integration von System, Orientierungs- und Transformationswissen Voraussetzung für einen rationalen und problemgerechten Umgang mit Technologien. Besonderes Augenmerk liegt dabei auf der Verknüpfung von Sachwissen zur multi-dimensionalen Charakterisierung der zu erwartenden Technikfolgen mit neuen Formen des Umgangs mit Unsicherheiten (Resilienz) und einem normativen Orientierungswissen zur Bestimmung der Akzeptabilität neuer Technikentwicklungen und zur Reflexion der Folgen technischer Durchdringung für unser kulturelles Selbstverständnis.

Geeignet für Analyse: sozial-ökologischer Ansatz

Literatur

Adams, M. (2003): The Reflexive Self and Culture, in: British Journal of Sociology 54, 2: 221–238.

Akademie der Wissenschaften zu Berlin (1992): Umweltstandards. Berlin: De Gruyter.

Beck, U. (1996): Weltrisikogesellschaft, Weltöffentlichkeit und globale Subpolitik. Ökologische Fragen im Bezugsrahmen fabrizierter Unsicherheiten, in: A. Diekmann/C. C. Jaeger (Hg.), Umweltsoziologie, Sonderheft 36 der Kölner Zeitschrift für Soziologie und Sozialpsychologie. Opladen: Westdeutscher Verlag, 119–147.

Beck, U. (2009): World Risk Society as Cosmopolitan Society: Ecological Questions in a Framework of Manufactured Uncertainties, in: E.-A. Rosa/A. Diekmann/Th. Dietz/C. C. Jaeger (Hg.): Human Footprints on the Global Environment: Threats to Sustainability. Cambridge: MIT Press, 47–82.

Becker, E. (1999): Fostering Transdisciplinary Research into Sustainability in the Age of Globalization: A Short Political Epilogue, in: E. Becker/T. Jahn (Hg.) Sustainability and the Social Sciences. London: Zed Books, 284–288.

Becker, E. (2003): Soziale Ökologie: Konturen und Konzepte einer neuen Wissenschaft. In: G. Matschonat/A. Gerber (Hg.): Wissenschaftstheoretische Perspektiven für die Umweltwissenschaften. Weikersheim: Margraf, 165–196.

Becker, E./Jahn, Th./Schramm, E., unter Mitarbeit von D. Hummel und I. Stieß (1999): Sozial-ökologische Forschung – Rahmenkonzept für einen neuen Förderungsschwerpunkt. Frankfurt am Main: Institut für sozial-ökologische Forschung.

Becker, E./Jahn, Th./Hummel, D./Stiess, I./Wehling, P. (2001): Sustainability: A cross-disciplinary concept for social-ecological transformations, in: J. T. Klein/W. Grossenbacher-Mansuy/R. Häberli/A. Bill/R. W. Scholz/M. Welti (Hg.): Transdisciplinarity: Joint problem solving among science, technology, and society. Basel: Birkhäuser, 147–152.

Bell, M. (2012): An Invitation to Environmental Sociology. 4th edition. Thousand Oaks. Sage.

Bergmann, M./Brohmann, B./Hoffmann, E./Loibl, M. C./Rehaag, R./Schramm, E./Voß, J.-P. (2005): Qualitätskriterien transdisziplinärer Forschung – Ein Leitfaden für die formative Evaluation von Forschungsprojekten. ISOE Studientext. Frankfurt am Main: Institut für sozial-ökologische Forschung.

Böhme, G. (2002): Die Natur vor uns. Naturphilosophie in pragmatischer Hinsicht. Die Graue Reihe Band 33, Baden Baden: Nomos.

Buttel, F. H./Taylor, P. J. (1992): Environmental Sociology and Global Environmental Change: A Critical Assessment, in: Society and Natural Resources, 5, 3: 211–230.

Catton, W. R./Dunlap, R. E. (1978): Environmental Sociology: A New Paradigm, in: The American Sociologist, 13,1: 41–49.

Daschkeit, A. (2006): Von der naturwissenschaftlichen Umweltforschung zur Nachhaltigkeitswissenschaft?, in: GAIA, 15, 1, 37–43.

Dunlap, R. E./Catton, W. R. (1994): Struggling with human exemptionalism: The rise, decline and revitalization of environmental sociology, in: The American Sociologist, 25, 1: 5–30.

Dunlap, R. E., Lutzenhiser, L. A./Rosa, E. A. (1994) Understanding Environmental Problems: A Sociological Perspective in: B. Bürgenmeier (Hg.) Economy, Environment, and Technology: A Socio-Economic Approach. Armonk and New York: Sharpe, 27–49.

Freudenburg, W. R./Gramling, R. (1989): The Emergence of Environmental Sociology, in: Sociological Inquiry, 59, 4: 439–452.

Gallopin, G. C./Funtowicz, S./O'Connor, M./Ravetz, J. R. (2001): Science for the 21st Century: From Social Contract to the Scientific Core, in: International Journal of Social Science, 53, 168: 219–229.

Gethmann, C. F. (2001): Participatory Technology Assessment: Some Critical Questions, in: M. Decker (Hg.) Interdisciplinary in Technology Assessment: Implementation and its Chances and Limits. Heidelberg/Berlin: Springer, 3–14.

Giddens, A. (1978): Positivism and its Critics, in: T. Bottomore and R. Nisbet (Hg.) A History of Sociological Analysis. New York: Basic Books, 237–286.

Grunwald, A. (2000): Partizipative Technikfolgenabschätzung wohin? Einführung in den Schwerpunkt, in: TA-Datenbank-Nachrichten, 9, 3: 3–10.

Hagendijk, R./Irwin, A. (2006): Public Deliberation and Governance: Engaging with Science and Technology in Contemporary Europe, in: Minerva, 44, 2: 167–184.

Hannigan, J. A. (1995): Environmental Sociology: A Social Constructivist Perspective. Camden and New York: Routledge.

Hillgartner, S. (1992): The Social Construction of Risk Objects: Or, How to Pry Open Networks of Risk, in: J. F. Short/L. Clarke (Hg.) Organizations, Uncertainties, and Risk. Boulder, CO: Westview, 39–53.

Horlick-Jones, T./Sime, J. (2004): Living on the Border: Knowledge, Risk and Transdisciplinarity, Futures, 36, 4: 441–456.

IRGC, International Risk Governance Council (2005): White paper on risk governance. Towards an integrative ppproach. Autor: O. Renn with Annexes by P. Graham. IRGC: Geneva.

Jaeger, C. C./Renn, O./Rosa, E. A./Webler, Th. (2001): Risk, Uncertainty and Rational Action. London: Earthscan.

Jaeger, J./Scheringer, M. (1998): Transdisziplinarität: Problemorientierung ohne Methodenzwang, in: GAIA, 7, 1, 10–25.

Jahn, T. (2005): Soziale Ökologie, kognitive Integration und Transdisziplinarität, in: TA-Technikfolgenabschätzung in Theorie und Praxis, 14, 2: 32–38.

Jahn, Th./Sons, E. (2001): Der neue Förderschwerpunkt Sozial-ökologische Forschung des BMBF, in: TA-Datenbank-Nachrichten, 10, 4: 90–97.

Jasanoff, S. (1999): The Songlines of Risk, in: Environmental Values, Special Issue: Risk, 8, 2: 135–152.

Kasemir, B./Clark, W. C./Gardner, M. T./Jaeger, C. C./Jaeger, J./Wokaun, A. (2003): Public participation in sustainability science. Cambridge, MA: Cambridge University Press

Kasperson, R. E./Kasperson, J. X./Turner, B. L./Dow, K./Meyer, W. B. (1995): Critical Environmental Regions: Concepts, Distinctions, and Issues, in: J. X. Kasperson/R. E. Kasperson/B. L. Turner (Hg.): Regions at Risk: Comparisons of Threatened Environments. Tokyo, New York/Paris: United Nations University Press, 1–41.

Mathies, E./Homburg, A. (2001): Umweltpsychologie. In: F. Müller-Rommel unter Mitwirkung von H. Meyer (Hg.): Studium der Umweltwissenschaften: Sozialwissenschaften. Berlin und Heidelberg: Springer, 95–124.

Meyer, H. (2001): Quo vadis? Perspektiven der sozialwissenschaftlichen Umweltforschung, in: F. Müller-Rommel unter Mitwirkung von H. Meyer (Hg.): Studium der Umweltwissenschaften: Sozialwissenschaften. Berlin und Heidelberg. Springer, 153–168.

Mittelstraß, J. (2003): Von der Einheit der Wissenschaft zur Transdisziplinarität des Wissens, in: G. Matschonat/A. Gerber (Hg.): Wissenschaftstheoretische Perspektiven für die Umweltwissenschaften. Weikersheim: Margraf, 13–27.

Mohr, H.-J. (1995): Qualitatives Wachstum. Losung für die Zukunft. Stuttgart/Wien: Weitbrecht.

Nowotny, H. (1999): Es ist so. Es könnte auch anders sein. Frankfurt am Main: Edition Suhrkamp.

Ott, K./Döring, R. (2004): Theorie und Praxis starker Nachhaltigkeit. Marburg. Metropolis.

Pohl, Ch. (2003): Zwischen Wissenschaft und Gesellschaft, in: G. Matschonat/A. Gerber (Hg.): Wissenschaftstheoretische Perspektiven für die Umweltwissenschaften. Weikersheim: Margraf, 145–164.

Pohl, Ch./Hirsch Hadorn, G. (2006): Gestaltungsprinzipien für die transdisziplinäre Forschung – Ein Beitrag des td-net. München: Ökom Verlag.

Redclift, M. (1999): Dance with the Wolves? Sustainability and the Social Sciences, in: E. Becker and T. Jahn (Hg.): Sustainability and the Social Sciences. London: Zed Books, 267–273.

Renn, O. (2008): Risk Governance: Coping with Uncertainty in a Complex World. London: Earthscan.

Renn, O./Schweizer, P. J./Dreyer, M./Klinke, A. (2007): Risiko. Über den gesellschaftlichen Umgang mit Unsicherheit. München: Oekom.

Rip, A. (2006): A Co-evolutionary Approach to Reflexive Governance – and Its Ironies, in: J. P. Voß/D. Bauknecht/R. Kamp (Hg.): Reflexive Governance for Sustainable Development. Cheltenham: Edward Elgar, 82–100.

Rosa, E. (1998): Metatheoretical Foundations for Post-Normal Risk, in: Journal of Risk Research, 1, 1: 15–44.

Rosa, E. A. (2008): White, Black and Grey: Critical Dialogue with the IRGC's Framework for Risk Governance, in: O. Renn/K. Walker (Hg.): The IRGC Risk Governance Framework: Concepts and Practice. Heidelberg/New York: Springer, 112–165.

Rosa, E. A./Dietz, T. (2010): Global Transformation: Passage to a New Ecological Era, in: E. A. Rosa/A. Diekmann/T. Dietz/C. C. Jaeger (Hg.): Human Footprints on the Global Environment. Cambridge, MA: MIT Press, 1–45.

Scheringer, M./Valsangiacomo, A./Hirsch Hadorn, G./Pohl, Ch./Ulbrich Zürni, S. (2005): Transdiziplinäre Umweltforschung: eine Typologie, in: GAIA, 14, 2: 192–195.

Scholz, W. W. (2011): Environmental Literacy in Science and Society: From Knowledge to Decisions. Cambridge, MA: Cambridge University Press.

Searle, J. R. 1995: The construction of social reality. New York: Free Press

Stirling, A. (2006): Precaution, Foresight and Sustainability: Reflection and Reflexivity in the Governance of Science and Technology, in: J. P. Voß/D. Bauknecht/R. Kamp (Hg.): Reflexive Governance for Sustainable Development. Cheltenham: Edward Elgar, 225–272.

Vecchione, E. (2011): Science for the Environment: Examining the Allocation of the Burden of Uncertainty, in: European Journal of Risk Regulation, 2, 2, 227–239.

WBGU, Wissenschaftlicher Beirat der Bundesregierung Globale Umweltveränderungen (1999): Welt im Wandel. Strategien zur Bewältigung globaler Umweltrisiken. Jahresgutachten 1998. Berlin: Springer.

WBGU, German Advisory Council on Global Change (2011): World in Transition: A Social Contract for Sustainability. Berlin: WBGU.

Weber, K. M. (2006): Foresight and Adaptive Planning as Complementary Elements in Anticipatory Policy Making: A Conceptual and Methodological Approach, in: J. P. Voß/D. Bauknecht/R. Kamp (Hg.): Reflexive Governance for Sustainable Development. Cheltenham: Edward Elgar, 189–221.

Welp, M./Stoll-Kleemann, S. (2006): Integrative Theory of Reflexive Dialogues, in: S. Stoll-Kleemann/M. Welp (Hg.): Stakeholder Dialogues in Natural Resources Management: Theory and Practice. Heidelberg/Berlin: Springer, 43–78.

Wildavsky, A. (1990): No Risk is the Highest Risk of All, in: T. S. Glickman/M. Gough (Hg.) Readings in Risk. Washington, D. C.: Resources for the Future, 120–127.

Zwick, M. M. (2011): Die Ursachen der Adipositas im Kindes- und Jugendalter in der modernen Gesellschaft, in: M. M. Zwick/J. Deuschle/O. Renn (Hg.): Übergewicht und Adipositas bei Kindern und Jugendlichen. Wiesbaden: VS Verlag, 71–90.

Science and Technology Studies 3

Erik Aarden und Daniel Barben

3.1 Introduction

In this chapter, we will provide an outline of science and technology studies (STS), including a comparative view on technology assessment (TA), seeing the two as distinct yet related fields of inquiry. We will thus not elaborate on the different institutional contexts that have shaped the respective developments of TA and STS. However, it is important to note a key difference in this regard. While TA was established in the political domain, first and foremost in order to strengthen the capacities of the political system, mainly parliaments, to assess the future significance of particular developments in science and technology, especially with respect to funding or regulatory decisions, STS predominantly gained shape as an academic endeavor across various disciplines.

STS and TA: related fields of inquiry

As TA has traditionally been the field of inquiry most concerned with the potential opportunities and impacts of emerging technologies, STS has explicitly placed the mutual constitution of technology and society on the agenda. Some of the most noteworthy similarities and differences between the two fields of inquiry follow from this observation. Both TA and STS are motivated by the observation that science and technology are so pervasive in contemporary societies that very few, if any, domains of social and political life are not affected by the dynamics of technological change. Both fields direct their interest primarily towards novel, so-called "new and emerging" technologies and their (unintended) social consequences in an attempt to understand – and possibly manage – the pervasive social influence of technology (but see Edgerton, 2006 for a critique). In analyzing the dynamics of technological change, both TA and STS furthermore address a number of similar issues, such as the environmental and health risks created by new technologies, the question of how regulation can contribute to finding a balance between different interests and norms towards or the costs

On the STS agenda: mutual constitution of technology and society

and benefits of new technologies, and the problem of how the general public can build an informed opinion on and become engaged with issues relating to new technologies that initially are only known and available to a small community of experts (for a critique of and an alternative view on the "public understanding of science" see, for example, Barben, 2010).

Different strategies on understanding

Despite these overlaps and similarities, TA and STS pursue essentially different strategies in understanding and addressing the dynamics of technological change and the relation between technology and society. Since the main objective of TA is to identify the potential opportunities and ramifications of new and emerging fields of science and technology, an implicit assumption of linear causality can often be found in TA. TA thereby often departs from (at least slightly) determinist notions of technological change, which then assume that technology progresses are more or less autonomously and that technology "drives" social change (Marx & Smith, 1994). Some of this thinking is reflected in TA's focus on developing explicit strategies for intervening in technology development as well as its methods of expert-based, rational assessment of consequences of new technologies. Grunwald describes this focus of TA as a prospective orientation aimed at identifying, evaluating and redirecting the social consequences of technological change (Grunwald, 2008). While contemporary TA rejects the determinist notion that technology is irrevocably autonomous and directive to social change, it usually conceives of technological change in terms of "social impact", which it seeks to steer in desired directions on the basis of scientific-prospective and primarily expert-based evaluations. STS scholars, on the other hand, have explicitly come to question technological determinism, instead developing a set of analytic principles that places the interactive mutual constitution of the technical and social at its center. STS is thus interested in identifying how social and technological (or socio-technical) realities emerge simultaneously. Consequently, the political agenda of STS questions these realities at the fundamental level of how they create new distributions of resources, individual identities, rights and responsibilities – rather than on the social mitigation and stimulation of technical opportunities and impacts.

Structure of the article

Our outline of STS and the contribution it can make to the assessment of emerging socio-technical configurations will start out from describing some of the origins of STS that are rooted in an increased interest in the social dimensions of science and technology in the second half of the 20th century. Next we will outline four analytic principles of STS that offer a valuable supplement and corrective to impact-oriented approaches to TA. In a concluding section we will further explore these supplements and correctives, offering some links between STS and TA as well as approaches to engagement with emerging techno-scientific futures that arose from STS.

3.2 Background and Origins of STS

Modern science is widely considered to have separated itself from philosophy and other approaches to try and understand the universe we live in with the development of methods of objective observation and experimentation in the Scientific Revolution of the 17th and 18th centuries. Ever since, fields such as the philosophy of science have tried to identify what distinguishes science from other intellectual endeavors. For a long time, the answer to this question was sought in particular characteristics of the scientific method, as for example described in the writings of early 20th century empiricists and Karl Popper's famous challenge to empiricism in terms of falsification (Chalmers, 1999). Over the course of the 20th century, however, the boundary between science and other products of human history such as religion and culture was increasingly sought in the social institutionalization of science. While still considered to be a special kind of activity, science was thus increasingly understood as a social phenomenon.

Science and other intellectual endeavors

Two seminal figures in producing this social view of science are Thomas Kuhn and Robert Merton. Kuhn, a physicist turned historian of science, was one of the first to challenge the idea that science is characterized by a continuous accumulation of knowledge. In his book *The Structure of Scientific Revolutions*, Kuhn describes how most of the time scientists are working on solving puzzles that account for a gap in their knowledge of the natural world (Kuhn, 1962). In solving these puzzles, there may be experimental and observational data that are in conflict with what they expect on the basis of prior knowledge, but such "anomalies" are commonly explained in terms of mistakes in their measurements or observations. Only when the anomalies become too great in number to ignore, scientists start to question the very framework of their puzzle. They then enter a period of revolutionary science, in which the very fundamentals of their worldview (which Kuhn famously called "paradigm") come under scrutiny. An outcome of such a revolutionary period is usually that one paradigm is replaced by another, which means that pre-revolutionary scientific theories (such as Aristotelian mechanics) become unintelligible for scientists working under the new (e.g., Newtonian) paradigm. With his perspective on scientific revolutions Kuhn suggested that things such as routines, beliefs, and social hierarchies mattered in science, a suggestion that has been further elaborated in STS.

Thomas Kuhn: scientific revolution and ...

Where Kuhn developed a view of the history of science that was at least partially social, Merton made the social relations within science into a central theme in his work. Merton is particularly known for his description of the collective norms of science, which he described as the ingredients to an institutional ethos that positively distinguishes science from other forms of human enterprise (Merton, 1973). The norms Merton attributes to science are universalism (meaning that science functions independent of the scientists' background), communism (referring to the common ownership of knowledge in the scientific community), disinterestedness (meaning that results are reported as they are,

Robert Merton: collective norms of science

regardless of how they relate to personal interests), and organized skepticism (meaning that new claims are not taken for granted and only believed once they are well established). These are norms for how scientists (should) interact, not of how to do scientific research per se. Merton's work has been criticized by early STS work describing them as an ideology rather than an adequate description of scientific conduct (Mulkay, 1976). Nevertheless, by turning the attention of sociologists to practices and institutions within science, Merton also laid some groundwork for subsequent social studies of science and technology.

Challenged position of science after World War II

Kuhn and Merton thus opened science up to sociological investigation, although they did so while continuing the "boundary work" distinguishing science from other forms of social life (Gieryn, 1995). However, in the decades following World War II, their distinctive positioning of science became increasingly difficult to maintain. This was particularly so in relation to technology. On the one hand, the traditional distinction between science as the discovery of facts and accumulation of knowledge and technology as the (less highly regarded) application of that knowledge became increasingly problematic. De Solla Price, for example, observed how science in the post-war period grew increasingly "big" (De Solla Price, 1965). His idea of big science refers to the growing size and budgets of research consortia, but also to the increasing use of large machinery in conducting experiments. At the same time, philosophers of technology as well as the general public grew increasingly skeptical about the optimism that had long been linked to technical developments. Concerns about the risks of nuclear energy, environmental damage resulting from industry and traffic, and health concerns around materials as diverse as asbestos and pesticides gave rise to an alternative, much less positive perspective on technological change. Increasingly, the notion that technological change automatically meant progress was questioned (Marx, 1987).

Two different perspectives on science, technology, and society

These changes led to two different but related perspectives on science, technology, and society. One was the continuation of the philosophical, sociological and historical intellectual program of investigating the dynamics of science. This program grew increasingly skeptical about the special status science had thus far enjoyed, and its separation from the applied domain of technology and engineering in particular. The other perspective emerged from concerns among scientists and the broader public about the social impacts of uncontrolled scientific and technological development. Here the objective was to develop strategies for investigating and altering these social impacts. These two perspectives got increasingly intertwined in STS from the 1980s onwards. Scholars working in this field increasingly recognized that social shaping of scientific and engineering practices could not be separated from the way science and technology affect society. STS therefore developed several perspectives describing science, technology and society as seamlessly integrated in "socio-technical" ensembles or networks. Wiebe Bijker, for example, proposes to investigate contemporary social reality as a "technological culture" (Bijker, 2010 [1995]). According to Bijker, the phrase technological culture is both ontologically and methodologically significant. Ontologically, it describes our contemporary world, which is deeply penetrated and defined by science and technology, most accurately. Methodologically, it builds on this observation to argue that any significant understanding of the contemporary human condition will have to depart from, or at least account for, the intricate interrelations and mutual shaping of technology and society. The idea of technological culture thereby implies a research program for STS. In the next section, we will describe this program in more detail, identifying four principles that have been developed in the course of the field's brief history. Collectively, these four principles provide an approach for better understanding how the socio-political constitution of contemporary cultures is created in interaction with technological change (Jasanoff, 2003a).

3.3   Four Principles of STS

(1) Principle of symmetry: As indicated above, pioneers in the social studies of science such as Kuhn and Merton mainly addressed the dynamics of science as a social institution. They were interested in identifying the institutions and norms that accounted for the special position of science as a social enterprise. What these authors considered to be outside the scope of sociological investigation was how the *contents* of scientific knowledge came about. However, in the early 1970s a group of philosophers, sociologists, and historians of science developed the idea that the content of scientific knowledge could be subjected to social analysis as well. In addition, they felt that the status of particular knowledge claims as "facts" was unsatisfactory as an explanation. As this group of scholars argued, scientific controversies evolved exactly around the question which of several claims should be considered to be "true." Since the truth of a particular claim often is the outcome of a controversy, truth can never be the decisive factor in resolving a controversy (i.e., the quality of truth of one claim rather than of another is an effect of the resolution of a controversy, not its cause). Moreover, these scholars used extensive case studies of scientific discoveries and controversies to show that rarely, if ever, undisputable experimental evidence sufficed to settle a controversy. The argument is to some extent the same as it was for conflicting truth claims, since the question of which kind of evidence and even which kind of experiment is most appropriate to settle a controversy may itself be controversial. Thus, these scholars maintained that explanations for the success and failure of particular truth claims should be sought outside the practices of experimentation and deliberation in science.

These scholars, in order to understand how scientific facts were created, proposed that it was necessary to apply a systematic analytical approach to all knowledge claims. This approach was most systematically elaborated by David Bloor in the form of a "strong program in the sociology of knowledge" (Bloor,

Margin notes:
(1) Principle of symmetry
The Contents of scientific knowledge

Aim: to understand how scientific facts were created
David Bloor

1991 [1976]). Bloor's aim was to develop a theory that identifies general principles for the social origins of scientific knowledge. Such sociology of knowledge should follow four "tenets" that Bloor understands to be similar to those used in other scientific disciplines. These tenets prescribe that the analyst should give a causal account of where beliefs or knowledge claims originated; that the account must be impartial with regard to the truth or falsity of a claim; that explanation should be symmetrical across true and false beliefs and that the sociology of knowledge should be reflexive, that is, applicable onto itself (Bloor, 1991 [1976], p. 7). Particularly the *principle of symmetry* is of interest to us. It prescribes that the same type of explanation should be provided for true and false beliefs, and thus challenges the broadly shared idea that only false claims need a social explanation. What this notion of symmetry thus accomplishes is that it does no longer seek to explain a *status aparte* for science that is assumed to exist *a priori*. Instead, by departing from the assumption that scientific knowledge is by nature superior to other forms of knowing, the strong program places science on an equal footing with other human activities, making it part of the fabric of contemporary societies.

Example showing the significance of the principle of symmetry

The significance of this notion of symmetry might be demonstrated with an example drawn from a classic work in STS. In their book *Leviathan and the Air Pump*, historians of science Shapin and Schaffer investigate how the experimental scientific method became the definitive way to produce scientific knowledge in 17th century England (Shapin & Schaffer, 1985). They position the efforts of Robert Boyle to promote the experimental method against an alternative approach rooted in philosophical reasoning, which was championed by Thomas Hobbes. As they argue, it is not *a priori* clear that the study of natural phenomena through controlled measurement and observation produces superior scientific knowledge. Rather, Boyle's experimental approach was initially less successful than one might assume, with his pumps frequently showing leakages and unexpected results. Nevertheless, Boyle was more successful than Hobbes in garnering support for his scientific method by employing material, literary and social technologies. Boyle used demonstrations of his air pump experiments, reports describing and explaining experiments and their results and the support of a selective group of authoritative and supportive individuals (i. e., the newly established Royal Society) as tools to promote the credibility and trustworthiness of his approach vis-à-vis the one proposed by Hobbes. Moreover, his theory of scientific knowledge relied on reasonable agreement about the existence of particular experimental "matters of fact," rather than Hobbes' insistence on absolute and indisputable truth. In the aftermath of the English Civil War, the latter approach was associated with ideological conflict, while the former was more in line with contemporary attempt to acquiesce ideological differences and find a workable social order. Thus, the organization of the broader polity mattered for the selection of a preferred organization of the scientific community and a theory of scientific knowledge.

(2) Principle of interpretative flexibility: The investigation of interconnections between scientific knowledge and social order in early STS research was expanded into the domain of technology in the 1980s. The social study of technological innovation to some extent followed from the agenda of science studies, aiming to lay bare the social nature of processes of technological change (MacKenzie & Wajcman, 1999). However, the study of social shaping of technology also emerged in response to public concerns about the risks associated with new technologies and philosophical perspectives presenting technology as hegemonic, instrumental forms of applied science. Authors such as Ellul, Mumford and Heidegger primarily associate technology with material recreations of existing relations of power and therefore analyze technology primarily in terms of its effects (Sismondo, 2010). Yet similar to what happened in the sociology of science, some historians and sociologists of technology in the 1970s and 1980s developed an interest in the origins and trajectories of technological artifacts. Students of the pathways of technological change soon began to develop perspectives of technological change as a social process. Similar to the idea of symmetry between truth and falsity in science, these scholars rejected notions of technological progress and improved functionality as explanatory factors for the emergence of new technologies. Instead, they argued that the question which technology functions "better" depends on how the purpose of a particular artifact or system is defined in the course of innovation processes.

A particularly influential approach that draws directly from the sociology of scientific knowledge is the social construction of technology (SCOT) approach (Bijker 1995). Here, new technologies emerge through processes of variation and selection, building on the perceived shortcomings of existing technologies. Central to our argument and the SCOT approach is the *principle of interpretive flexibility,* which implies that various social groups attach different meanings and purposes to an artifact. Among other things, this means that groups differ in what they consider the function of a particular technology to be. On the basis of their divergent interpretations of one and the same artifact, social groups will seek to improve that artifact in different ways. These varying attempts to try and improve an artifact result in a variety of alternative designs, each of which performs better on particular functions considered to be important by certain social groups. While with hindsight some of these alternatives are considered historical anomalies, they were originally intended as serious suggestions for improvement. The selection of one of the alternatives as the new norm is then the result of social closure processes, in which only one or few of the alternatives survive. Closure is the result of stabilization and reduction of the interpretive flexibility of an artifact. It is brought about through negotiation processes in which different forms of power are at play, including the "semiotic" power to redefine the concerns of particular social groups in accordance with the characteristics of one of the available designs. Closure is not self-evident, nor can it be reduced to a dominant social group's exercise of "hard" power. Despite our tendency to see a logical sequence in the history of technological development leading up to what we use today, the SCOT approach thus reminds us that the technology surrounding us could very well have been otherwise.

Example

The classic example with which the SCOT perspective was first introduced is the history of the bicycle in the 19th century (Pinch & Bijker, 1984). Pinch and Bijker focus their story on the well-known Ordinary bicycle, the machine with a high front wheel and low rear wheel that looks amusingly uncomfortable to us today. This bicycle had quite different problems in the eyes of distinctive social groups. In particular, the authors describe the views of two social groups. On the one hand, there were the "young men of means and nerves" for whom the bicycle was a device for showing skill and speed. The purpose of a bicycle was thus to go as fast as possible, which was only mastered by a select group. In accordance with this view, there was a brief period in the 19th century in which the challenging features of the Ordinary bicycles (its slender frame and distinctive wheel sizes) where exaggerated. This made the bicycle into a machine that required ever more skill to master. On the other hand, however, women found the Ordinary bicycle exceedingly uncomfortable (particularly on the bad roads at the time) and inappropriate to ride on. For women, the bicycle was a means of transportation that should be safe and comfortable. To accommodate their wishes, the safety bicycle was developed, with wheels of roughly equal size and the addition of air tires as some of its most important characteristics. Eventually this design, which is a lot like the bicycles we know today, became the dominant design – one of the reasons being that designers succeeded in convincing the "young men of means and nerves" of the possibility of reaching high velocity on air tires. Thus, where bicycle designs initially moved in two very different directions based on divergent notions of the machine's purpose, one design eventually stabilized and came to dominate due to social processes of closure.

(3) Principle of co-production: Early STS work contributes greatly to our understanding of the social shaping of science and technology, yet provides far less insight into what science and technology mean for society. Although the question of how science and technology influence society has been elaborated in STS as well, in various perspectives that combine insight into the social shaping of science and technology with a sense for how science and technology shape the realities we experience in everyday life. One of these perspectives is known as Actor Network Theory (ANT). Bruno Latour, one of the authors of this approach, takes the study of the Boyle-Hobbes controversy in *Leviathan and the Air Pump* as an example to explain ANT. In his essay *We have never been modern*, Latour (1993) argues that the material and epistemological factors that contributed to a particular social constitution should be explained in terms similar to those used to describe the social origins of Boyle's success. According to Latour, an important shortcoming of both theories of modernity and social constructivist perspectives of science and technology remains the *a priori* distinction between nature and culture. The distinction between categories of the natural and

the cultural is misdirected, he says, since modernity is characterized by the proliferation of "networks of natural-cultural hybrids." Separating the natural from the cultural, or the human from the non-human, is thus an act of "purification" that denies the networked relations between them. Nature and culture should therefore analytically be treated on an equal footing, an expansion of the idea of symmetry into what Latour and colleagues call "generalized symmetry." This idea of generalized symmetry builds on the analytical tenets proposed by Bloor, but includes that not only "true" and "false" claims, but also "natural" and "social" phenomena should be described while using a single repertoire (Callon, 1986). Thus, in ANT the social and the natural collectively emerge from the efforts of human and non-human actors in building networks of both social and natural facts and artifacts.

The ANT perspective has been criticized within STS for the way it relies on the activities of central network builders, its attribution of intentions and strategies to non-human actors, and the absence of cultural and historical factors preceding actor-networks. An alternative perspective on the mutual constitution of science, technology, and society that does account for differences between various kinds of actors and cultural and historical context can be described as the *principle of co-production*. This principle refers to how "the realities of human experience [increasingly] emerge as the joint achievements of scientific, technological and social enterprise" (Jasanoff, 2004, p. 17). It implies that the way contemporary societies choose to regulate and organize their public affairs cannot be understood separately from how they attempt to know these affairs and that intervention in these affairs is simultaneously a matter of political choice and technological design. The idea of co-production thus also breaks radically with simplistic discourses of impact – of science and technology on society, or society on science and technology – replacing one-sided causal explanations with a perspective of simultaneous emergence and contingency (a distinct yet related perspective has been offered by an approach to regime analysis which focuses on the material, institutional, discursive, and practical dimensions in which science and technology are configured in society; see Barben, 2007). This perspective of co-production thereby includes some of the earlier observations related to symmetry and interpretive flexibility by investigating variations in cultural responses to and configurations of scientific and technological projects. Such analyses show how things could be, and in many cases are, different depending on the particularities of socio-technical contexts (see e.g. Jasanoff, 2005). The "idiom of co-production" describing the interactive formation of social and technical realities thus identifies links between ways of knowing and socio-political orders at local, national and global levels.

Criticism of ANT

Alternative perspective: principle of co-production

A broad variety of case studies support the central thesis of co-production, describing current socio-technical phenomena in terms of mutually constitutive interactions. One example of such studies describes how the Intergovernmental Panel on Climate Change (IPCC) emerged from the simultaneous polit-

Example: emergence of the IPCC

ical and scientific definition of what climate change entails (Miller, 2004). The very concept of climate first emerged as the statistical aggregation of weather measurements at a local level. "Climate" was thus a local phenomenon that only gained significance as a globally active system in the 1980s. This new, global understanding of climate as well as the recognition that changing climatic circumstances deserved global political attention was not least an outcome of the establishment of the IPCC in those years. Thus, the IPCC became responsible for aggregating the state of scientific knowledge of a global climate system that at least partially existed because the panel was there to assess it. But the foundation of the IPCC did not only contribute to a revised understanding of climate. The way the remit of the IPCC was spelled out, actors were incorporated and responsibilities were distributed also played a large role in establishing a boundary between scientific assessment of climate science and political engagement in climate policy. By rooting its work in calculations, climate models, and scenarios of climate change, the work of the IPCC made particular political questions technical (e.g., by defining the problem of climate change in terms of global temperature increases rather than in terms of its consequences for local livelihoods). At the same time, it also created a sharp separation between the scientific and political dimensions of climate change, for example by institutionally separating the work of national delegates from that of climate scientists. By thus establishing both scientific credibility and political legitimacy for one institution in the context of global climate change, the IPCC contributes to the formation of a new scientific and social global order.

(4) Principle of democratization

(4) Principle of democratization: Since core issues for STS research are various notions of symmetry and contingency, it should not be surprising that STS analysts often also link stories of co-production to the politics of science and technology. More a matter of engagement than of methodological orientation, we could describe this political position as a *principle of democratization*. What the example of the IPCC thus also shows is that where scientific and political social orders are mutually established, some perspectives are always excluded. In the case study of the IPCC, it becomes clear that rises in average temperature create problems with rising sea levels and diminishing agricultural yields that particularly hit vulnerable communities in developing countries; the fact that such consequences are placed outside the IPCC's purview thus means that the "assessment-based" approach does not address these communities' or countries' gravest concerns.

Voice to the general public, marginalized groups, and experts

Some of the foremost STS scholars have argued that when we take the symmetry between various ways of knowing and constructing the world we live in seriously, this means we should give voice to the general public and marginalized groups as well as experts. Sheila Jasanoff, for example, has argued that the uncertainties and complexities surrounding contemporary socio-technical challenges can no longer only be addressed by means of scientific assessment and evaluation. She therefore argues for supplementing these tools with so-called "technologies of humility" that are open to including life experiences and lay beliefs in decision-making on science and technology (Jasanoff, 2003b). Similarly, Brian Wynne has accused initiatives to engage the "lay public" in decision-making on contentious new fields of research and engineering (many of which were inspired by earlier STS work) of "hitting the notes, but missing the music" (Wynne, 2006). Hereby, Wynne indicates how many initiatives towards public engagement or public dialogue in the UK still revolve around educating the public, rather than allowing the public to provide alternative perspectives on science and technology.

The question of how "laypeople" can contribute to decision-making and assessment of scientific and technological developments is at the heart of Wynne's work. Wynne argues for a balance between the cognitive and cultural dimensions of risk assessment and the inclusion of alternative forms of knowledge in risk assessment. Assessment procedures tend not to recognize uncertainties that are more fundamental and wide-ranging than those that can be calculated or established by scientific means. Forms of experience and knowledge that do not correspond with the institutional and epistemic expectations of formal technical expertise tend to be ignored, meaning that valuable dimensions of the socio-cultural effects science and technology may have are not recognized. Wynne famously explores this problem in a study of how sheep farmers in the English Cumbria region are affected by expert assessments of nuclear contamination risks (Wynne, 1996). He describes how scientific risk assessment models fail to account for elements of sheep behavior and soil characteristics well known to the farmers, resulting in misdirected advice and social and economic devastation among farmers. Moreover, he traces the farmers' mistrust of experts to past experiences with earlier mistakes made in expert assessments, and a history of secrecy and misinformation in the interactions between farmers and experts. Wynne thus shows how the social, economic, and cultural effects of science and technology range far beyond the powers of rational, quantitative assessment. The lesson to be drawn here is that technological change requires inclusive and expansive forms of evaluation, looking at socio-technical complexities, uncertainties and contingencies. We conclude this chapter with a discussion of some of the integrative approaches to anticipating and assessing socio-technical futures proposed in STS.

Wynne: inclusion of alternative forms of knowledge in risk assessment

3.4 STS, Technology Assessment and Anticipation

Science and technology are constitutive of as well as constituted by the social, political, economic, and cultural orders of the world we live in. To understand the consequences of emerging technologies in interaction with their socio-cultural surroundings, the interdisciplinary field of STS therefore proposes to understand contemporary forms of social order in terms of technological culture.

STS focuses on complexities, uncertainties, and contigencies

This idea of technological culture implies a rejection of linear and deterministic explanations of technological change as well as of the usefulness of forms of assessment exclusively focusing on the social "impact" of new technologies. Instead, STS focuses on the complexities, uncertainties and contingencies that surround the emergence of our socio-technical futures. The four principles of STS presented above therefore teach us that various expectations and visions of our socio-technical futures are conceivable, meaning that the different voices behind alternative perspectives on possible or desirable futures need to be heard. For the assessment of emerging technologies this message implies that the possibility of variation needs to be recognized. Before making a commitment to one scenario prioritized by expert knowledge technology assessment should therefore seek to "open up" the multiplicity of possible paths towards various possible futures (Stirling, 2008).

Constructive Technology Assessment

Some attempts to develop a perspective extending beyond the mere evaluation of technology's social impact have been made in TA. One example is the perspective of constructive technology assessment (CTA), which seeks to actively shape better paths for technology development. Key points of CTA are to simultaneously engage with potential benefits and risks of new technologies early on. This so-called upstream engagement calls for early consideration of potential impacts in constructive interaction among actors concerned with technology development, possible future users and other communities that could be affected by new technologies (Rip et al., 1995). From this basic orientation of CTA, several forms of participatory upstream assessment have emerged in an attempt to make technology development more responsive to social concerns. In addition, some analysts of socio-technical change have argued that new technologies can only achieve socially desirable effects when their diffusion is aligned with socio-cultural change in both their direct context of application and the broader social environment. This perspective on "socio-technical transitions" has gained some momentum in complex policy domains such as sustainable development (Geels, 2004). Furthermore, the role of promises and expectations in the emergence of new technologies has increasingly been recognized and the assessment of "visions" of possible and desirable socio-technical futures presented as a new direction for TA (Grin & Grunwald, 2000).

Intertwined: emergence of new technologies and social change

While these perspectives recognize the importance of contextualization and inclusiveness to designing socially robust technologies, they remain centered around the question of how technology produces social effects. An approach more firmly grounded in the STS principles described above would see the emergence of new technologies as more integrated with social change. Such a perspective would explore socio-technical futures in full, without necessarily privileging technology's role in shaping such futures. For such "future assessment" it is important to recognize that the future is fundamentally unknowable. So-called "future presents" (i.e., the current realities of times to come) are the outcome of past and present decisions and developments, building on both continuities and discontinuities from our current presents, which we can impossibly predict. Any serious engagement with potential socio-technical futures will therefore have to focus on "present futures," our current representations of what the future could or should look like (Adam & Groves, 2007). Present representations of possible futures are relevant in the way expectations about what the future might hold guide current action. Moreover, such present futures are contested, since the existing variation in articulations of what the future may bring and how we should engage with those possibilities form an important subject of political conflict (Brown et al., 2000). In order to evaluate potential socio-technical futures and their political contestation, future assessments should therefore not only produce their own articulations of possible and desirable futures, but also investigate the epistemic and political models underlying other present futures.

Explorations of and engagement with possible and desired socio-technical futures requires strategies of "anticipatory governance" (Barben et al., 2007). Such strategies may be informed by both TA and STS. For example, building on CTA, an approach to TA has been developed (named RTTA, Real-Time Technology Assessment, see Guston and Sarewitz, 2002) combining as key functions futures-related *foresight, integration* of diverse interdisciplinary knowledge, and *participation* of different social constituencies. At the same time, such strategies need to become effective in relevant locations of technology development in society, such as laboratories or research clusters. To this end, appropriate ensembles have to be created that allow for realizing the key functions just mentioned. Hereby, STS can help identify such locations and shape such ensembles, while providing opportunities for STS researchers (and TA specialists as well) to engage with anticipating and assessing future science and technology in society in innovative, collaborative, and reflexive ways.

> Required: strategies of "anticipatory governance"

References

Adam, Barbara, Chris Groves. 2007. *Future Matters: Action, Knowledge, Ethics.* Leiden: Brill.

Barben, Daniel, Erik Fisher, Cynthia Selin, Dave Guston. 2007. Anticipatory Governance of Nanotechnology: Foresight, Engagement, and Integration. In: Hackett, Ed, Olga Amsterdamska, Michael Lynch, Judy Wajcman (Hrsg.), *The Handbook of Science and Technology Studies. Third Edition.* Cambridge: The MIT Press. 979–1000.

Barben, Daniel. 2007. Changing Regimes of Science and Politics: Comparative and Transnational Perspectives for a World in Transition. In: *Science and Public Policy,* 33(1): 55–69.

Barben, Daniel. 2010: Analyzing Acceptance Politics: Towards an Epistemological Shift in the Public Understanding of Science and Technology. In: *Public Understanding of Science,* 19(3): 274–292

Bijker, Wiebe. 1995. *Of Bicycles, Bakelites, and Bulbs: Towards a Theory of Socio-technical Change.* Cambridge: The MIT Press.

Bijker, Wiebe. 2010 [1995]. Democratisation of Technological Culture. In: Bijsterveld, Karin (Hg.), *Science and Technology Studies at Maastricht University: An Anthology of Inaugural Lectures.* Maastricht: Maastricht University Press.

Bloor, David. 1991 [1976]. *Knowledge and Social Imagery.* Chicago: University of Chicago Press.

Brown, Nik, Brian Rappert, Andrew Webster. 2000. *Contested Futures: A Sociology of Prospective Technoscience.* Farnham: Ashgate.

Callon, Michel. 1986. Some Elements of a Sociology of Translation: Domestication of the Scallops and the Fishermen of St. Brieuc Bay. In: Law, John. *Power, Action, and Belief: A New Sociology of Knowledge?* London: Routledge. 196–223.

Chalmers, Alan. 1999. *What is This Thing Called Science?* Indianapolis: Hackett Publishing.

De Solla Price, Derek. 1965. *Little Science, Big Science.* New York: Columbia University Press.

Edgerton, David. 2006. *The Shock of the Old. Technology and Social History Since 1900.* Oxford: Oxford University Press.

Geels, Frank. 2004. Understanding system innovations: a critical literature review and a conceptual synthesis. In: Elzen, Boelie. Frank Geels, Kenneth Green (Hg.), *System Innovation and the Transition to Sustainability: Theory, Evidence and Policy.* Cheltenham: Edward Elgar 19–47.

Gieryn, Tom. 1995. Boundaries of Science. In: Jasanoff, Sheila, Gerald Markle, James Peterson, Trevor Pinch (Hg.), *The Handbook of Science and Technology Studies.* Thousand Oaks: Sage. 393–443.

Grin, John, Armin Grunwald. 2000. *Vision Assessment. Shaping Technology in 21st Century Society: Towards a Repertoire for Technology Assessment.* Berlin: Springer.

Grunwald, Armin. 2008. *Technik und Politikberatung. Philosophische Perspektiven.* Frankfurt am Main: Suhrkamp Verlag.

Guston, David H., Daniel Sarewitz. 2002. Real-Time Technology Assessment. In: *Technology in Society.* 24(1-2): 93–109.

Jasanoff, Sheila. 2003a. In A Constitutional Moment. Science and Social Order at the Millenium. In: Joerges, Bernward, Helga Nowotny (Hg.), *Social Studies of Science and Technology: Looking Back, Ahead.* Dordrecht: Kluwer Academic Publishers, 155–180.

Jasanoff, Sheila. 2003b. Technologies of Humility: Citizen Participation in Governing Science. In: *Minerva.* 41(3): 223–244.

Jasanoff, Sheila. 2004. Ordering Knowledge, Ordering Society. In: Jasanoff, Sheila (Hg.), *States of Knowledge: The Co-production of Science and Social Order.* Abingdon: Routledge. 13–45.

Jasanoff, Sheila. 2005. *Designs on Nature. Science and Democracy in Europe and the United States.* Princeton: Princeton University Press.

Kuhn, Thomas. 1962. *The Structure of Scientific Revolutions.* Chicago: The University of Chicago Press.

Latour, Bruno. 1993. *We Have Never Been Modern.* Cambridge: Harvard University Press.

MacKenzie, Donald, Judy Wajcman. 1999. *The Social Shaping of Technology*. Second Edition. Buckingham: Open University Press.

Marx, Leo, Merritt Roe Smith. 1994. *Does Technology Drive History? The Dilemma of Technological Determinism*. Cambridge: The MIT Press.

Marx, Leo. 1987. Does Improved Technology Mean Progress? In: *Technology Review*. 71: 33–41.

Merton, Robert. 1973. The Normative Structure of Science. In: Merton, Robert, *The Sociology of Science: Theoretical and Empirical Investigations*. Chicago: University of Chicago Press. 267–278.

Miller, Clark. 2004. Climate Science and the Making of a Global Political Order. In: Jasanoff, Sheila (Hg.), *States of Knowledge: The Co-production of Science and Social Order*. Abingdon: Routledge. 46–66.

Mulkay, Michael. 1976. Norms and Ideology in Science. In: *Social Science Information*. 15: 637–656.

Pinch, Trevor, Wiebe Bijker. 1984. The Social Construction of Facts and Artefacts: Or How the Sociology of Science and the Sociology of Technology Might Benefit Each Other. In: *Social Studies of Science*. 14(3): 399–441.

Rip, Arie, Tom Misa, Johan Schot. 1995. *Managing Technology in Society: The Approach of Constructive Technology Assessment*. London: Pinter Publishers.

Shapin, Steven, Simon Schaffer. 1985. *Leviathan and the Air-Pump. Hobbes, Boyle and the Experimental Life*. Princeton: Princeton University Press.

Sismondo, Sergio. 2010. *An Introduction to Science and Technology Studies*. Second Edition. Chichester: Wiley-Blackwell.

Stirling, Andy. 2008. "Opening Up" and "Closing Down": Power, Participation, and Pluralism in the Social Appraisal of Technology. In: *Science, Technology & Human Values*. 33(2): 262–294.

Wynne, Brian. 1996. May the Sheep Safely Graze? A Reflexive View of the Lay-Expert Knowledge Divide. In: Lash, Scott, Bronislaw Szerszynski, Brian Wynne (Hg.), *Risk, Environment and Modernity. Towards an New Ecology*. Thousand Oaks: Sage. 44–83.

Wynne, Brian. 2006. Public Engagement as a Means to Restore Public Trust in Science. Hitting the Notes, But Missing the Music? In: *Community Genetics*. 9(3): 211–220.

4 Prospektive Technikbewertung und Technikgestaltung zur Umsetzung des Vorsorgeprinzips

Arnim von Gleich

4.1 Auf dem Weg zu einer Reflexiven Modernisierung?

Moderne Gesellschaften haben in den vergangenen Jahrzehnten wesentlich dazu gelernt, was den Umgang mit neuen risikobehafteten Technologien anbelangt. Das Vorsorgeprinzip, das lange umstritten war (und dies in Auseinandersetzungen innerhalb der Welthandelsorganisation WTO insbesondere mit den Vereinigten Staaten von Amerika immer noch ist) gewinnt an Bedeutung[1]. Das erste Chemikaliengesetz in Deutschland stammte aus dem Jahr 1978, rund

Herausbildung des Vorsorgeprinzips

---

[1] Schon zu Beginn der deutschen Umweltpolitik wurden drei Grundprinzipien formuliert: Das Verursacher-, das Kooperations- und das Vorsorgeprinzip (Hartkopf, Bohne 1983). Das Vorsorgeprinzip erfordert vorsorgende Maßnahmen zur Abwehr oder Minderung potenzieller Gefährdungen, wenn zwar schon ‚Gründe für eine große Besorgnis' existieren, aber noch kein gesichertes Wissen. Die Europäische Kommission formulierte in ihrer ‚Mitteilung zur Anwendung des Vorsorgeprinzips' das Ziel, „einen Grundkonsens darüber [zu] erzielen, wie wissenschaftlich noch nicht in vollem Umfang erfassbare Risiken bewertet und eingeschätzt werden können bzw. wie ein entsprechendes Risikomanagement aussehen könnte und die Öffentlichkeit über diese Risiken informiert werden sollte (S. 3). „Wird ein Tätigwerden für notwendig gehalten, so sollten die auf dem Vorsorgeprinzip beruhenden Maßnahmen u. a.:
- verhältnismäßig sein, also dem angestrebten Schutzniveau entsprechen;
- diskriminierungsfrei anwendbar sein;
- auf bereits getroffene ähnliche Maßnahmen abgestimmt sein;
- daraufhin geprüft worden sein, welche Kosten und welcher Nutzen mit einem Tätigwerden bzw. Nichttätigwerden verbunden sind (diese Prüfung sollte sofern dies zweckmäßig und möglich ist – eine wirtschaftliche Kosten-/Nutzen-Analyse umfassen);
- überprüft werden, sobald neue wissenschaftliche Daten vorliegen;
- eine Bestimmung derjenigen ermöglichen, die die für eine umfassendere Risikobewertung erforderlichen wissenschaftlichen Beweise beibringen müssen" (Kommission der EU 2000, S. 4 f.; im Original Hervorhebungen).

100 Jahre nach der Einführung der synthetisch-organischen Chemie[2]. Das Gentechnikgesetz von 1990 wurde hingegen schon zu einem Zeitpunkt beraten und verabschiedet, zu dem noch kaum gentechnische Produkte auf dem Markt waren. Voraus gegangen war eine intensive, auch Stakeholder und externe Sachverständige einbeziehende, Beratung in einer Enquete-Kommission des Deutschen Bundestags (vgl. Enquete-Kommission 1987). Im Fall der Nanotechnologien wurden die Mitglieder der NanoKommission der Bundesregierung (vertreten waren Bundesministerien, Bundesoberbehörden, Landesbehörden, Unternehmen und Verbände, Umwelt- und Verbraucherschutzorganisationen, Kirchen und die Wissenschaft) auch schon zu einem Zeitpunkt einberufen, zu dem noch kaum nanotechnologische Produkte und Verfahren auf der Basis von Nanomaterialien auf dem Markt waren (2006–2011). Die Arbeit der NanoKommission näherte sich dem Ideal einer ‚Reflexiven Modernisierung', wie sie insbesondere von Beck und Giddens skizziert wurde (vgl. Beck/Giddens/Lash 1996), schon recht gut an. Sie verkörperte eine ‚neue Innovationskultur', wie sie ihrem Vorsitzenden Wolf Michael Catenhusen vorschwebte. Als Voraussetzung und Hintergrund für ihren intensiven, auf Kompromisse und Konsens zielenden Diskurs können zwei Aspekte besonders herausgehoben werden: Zum einen die gesellschaftliche Erfahrung, dass zivilgesellschaftliche Akteure mit entsprechender Resonanz in der Öffentlichkeit ganze Technologielinien zu blockieren in der Lage sind, wie das bei der Grünen Gentechnik der Fall war und noch ist[3]. Zum anderen ein ergebnisoffener Diskurs, weil sich noch keine klaren Positionen zur grundsätzlichen Bewertung dieser Technologielinie verfestigt hatten. Die Mitglieder der NanoKommission haben sich in den fünf Jahren ihrer Beratungen in wesentlichen Punkten aufeinander zu bewegt. Herauszuhebende Ergebnisse sind der Leitfaden für Unternehmen zum verantwortungsvollen Umgang mit Nanomaterialien, die vorsorgeorientierten Bewertungskriterien und das Leitbild Nachhaltige Nanotechnologie (green nano; vgl. NanoKommission 2008 und 2011). Ein deutlicher Wermutstopfen war allerdings die unzureichende Rückwirkung der Kommissionsergebnisse in die Gesellschaft. Der Leitfaden wurde in dieser Form nur von wenigen Unternehmen und Unternehmensverbänden aufgegriffen, eine Initiative zur Ausarbeitung von OECD-Richtlinien für ein ‚preliminary assessment' wurde von den VertreterInnen Deutsch-

---

2 Es handelte sich um die erste technologiebezogene Regelung, die die Einführung (das Inverkehrbringen) von Chemikalien regelte (regulation push). Regelungen zu erkennbaren Wirkungen in den Anwendungsbereichen, insbesondere zum Arbeits- und Umweltschutz, gab es schon seit Mitte des 19. Jahrhunderts (regulation pull).

3 Dass diese Blockade möglich war, beruhte auf mindestens drei Voraussetzungen: 1. Eine Mindestresonanz in der (medialen) Öffentlichkeit für den von Umwelt-, Gesundheits- und Verbraucherschutzgruppen gespeisten Diskurs über etwaige Gefährdungen, 2. ein kaum erkennbarer Nutzen für die Endverbraucher (Nutzenclaims für gentechnische Verfahren in der Ernährungskette betrafen nur den Anbau, die Weiterverarbeitung und den Handel) sowie 3. reichlich gentechnikfreie Alternativen auf dem Markt.

lands nicht gestartet, und die Bundesregierung präsentierte ihr aktualisiertes Nanotechnologieprogramm völlig ohne Bezugnahme auf die Ergebnisse der NanoKommission.

4.2 Möglichkeiten und Grenzen der Partizipation in der Technikbewertung und -gestaltung

Stakeholderdialoge und Partizipationsprozesse sind für die reflexive Einführung Neuer Technologien und eine neue Innovationskultur wichtig, aber nicht ausreichend. Der Technik- und Wissenschaftsfolgenforschung kommt eine mindestens ebenso wichtige Rolle zu. Stakeholder bringen zwei wichtige Aspekte in die neue Innovationskultur ein. Sie sind zum einen ‚Sachverständige' für ihre Lebenswelt, und sie vertreten zum anderen ein Anliegen (stake), insbesondere des Gesundheits-, Sicherheits- und Umweltschutzes[4], sowie ethische, rechtliche, soziale und weitere Anliegen[5]. Zivilgesellschaftliche Stakeholder thematisieren meist Gerechtigkeitsfragen, Fragen des Zugangs (access) und der Zurechenbarkeit (accountability) insbesondere im ökonomischen Bereich (Monopolbildung, Verschiebungen in der internationalen Arbeitsteilung, Verdrängung von alternativen Lösungen, Patente). Weitere Themen sind Missbrauchsmöglichkeiten sowie militärische oder terroristische Einsatzmöglichkeiten. Der Kanon der von Stakeholdern in den Diskurs eingebrachten Implikationen ist mittlerweile vergleichsweise breit und ausdifferenziert. Es entsteht allerdings auch der Eindruck, dass diese Aspekte mehr oder minder für jede Neue Technologie beziehungsweise jede Innovation in Anschlag gebracht werden können. Sie müssten durch technologiespezifische Aspekte ergänzt werden. Letztere können im Übrigen früh im Innovationsprozess große Besorgnis erregen und somit eine Voraussetzung für Vorsorgemaßnahmen erzeugen. Schließlich sind beide Zugänge, der Zugang über die gesellschaftlichen Wirkungen und der Zugang über das Bewirkende, die Technologie selbst, für eine reflexive Modernisierung gleich wichtig. Stakeholder können aber neben der Einbringung von bedenkenswerten Aspekten auch bei der wissenschaftlich betriebenen Folgenforschung eine wichtige Rolle spielen, und zwar dort, wo die zukünftigen Auswirkungen einer Neuen Technologie von den gesellschaftlichen Umgangsformen mit dieser bestimmt werden. Dies betrifft beispielsweise die Szenarienentwicklung für Diffusionsprozesse und Nutzerverhalten oder die partizipative Erstellung von Modellen und Simulationen.

Bedeutung der Stakeholder

---

4   Im Englischen Health, Safety and Environment (HSE).
5   Im Englischen Ethical, Legal, Social and other Aspects (ELSA).

4.3 Technologiebezogene und kontextbezogene Quellen für Chancen und Risiken

Sozialwissenschaftliche und naturwissenschaftliche Technikfolgenforschung

Innovationen können definiert werden als das erfolgreiche Zusammentreffen einer neuen oder verbesserten Möglichkeit mit einem gesellschaftlichen Bedarf. In ähnlicher Weise werden sowohl die Chancen als auch die mit der Einführung neuer Technologien verbundenen Risiken zum einen durch die neuen oder verbesserten technischen Möglichkeiten und zum anderen durch die Anwendungsziele und Anwendungskontexte der darauf basierenden Produkte und Prozesse konstituiert. Zur Bewertung der letzteren wurde soeben die Rolle der Stakeholder hervorgehoben. Aber auch das Einbringen der Erfahrungen und Anliegen von Stakeholdern wird zur Identifikation von Anwendungs- und kontextbezogenen Gefährdungen allein nicht ausreichen. Auch auf dieser Seite ist wissenschaftliche Technikbewertung und Technikfolgenforschung nötig. Insofern kann idealtypisch von zwei Hauptblickrichtungen der Technikfolgenforschung gesprochen werden. Die eher sozialwissenschaftlich ausgerichtete Technikfolgenforschung konzentriert sich stark auf die gesellschaftlichen Wirkungen (ELSA) von technischen Innovationen[6]. Die ingenieur- und naturwissenschaftliche Technikfolgenforschung fokussiert eher auf das Bewirkende, die Technologie selbst[7]. Beide TA-Richtungen sind mit gesellschaftlichen Akteuren in den jeweiligen Innovationssystemen im Gespräch. Beide können (und sollen eventuell) Politikberatung betreiben. Die ingenieurwissenschaftliche Technikfolgenforschung ist allerdings besonders auf den (Fach-)Dialog mit den Wissenschaftlern in den Forschungsinstitutionen und den Entwicklern in den Unternehmen angewiesen. Wobei auch diese Dialoge sowohl analytische Seiten haben (um herauszubekommen, was die WissenschaftlerInnen wirklich tun) als auch beeinflussende (aufzeigen, welche Pfade ihnen offen stehen, was sie tun könnten). Zumindest bei den Technikfolgen, die sich erst aus dem Anwendungskontext und dem Nutzerverhalten ergeben, ist auch die ingenieurwissenschaftliche Technikfolgenforschung auf die Einbeziehung weiterer gesellschaftlicher Gruppen angewiesen, dann aber erst in einer späteren Phase des Innovationszyklus, wenn wenigstens ansatzweise die Anwendungskontexte zu erkennen sind.

Anwendungs- und technologiefokussierter Technikfolgendiskurs

Ein wichtiger Unterschied zwischen dem anwendungsfokussierten und dem technologiefokussierten Technikfolgendiskurs (ohne konkretisiertem Anwendungsbezug) besteht allerdings darin, dass die technologiebezogenen Analysen sehr viel früher zu belastbaren Aussagen über Nutzen- und Gefährdungspotenziale führen können, als die Analyse von und der Diskurs über Chancen und Ri-

---

6 Was nicht ausschließt, dass sie sich, wie z. B. in der Technikgeneseforschung, auch der Technik, also dem Bewirkenden, zuwendet.
7 Aber durchaus auch auf Wirkungen, insbesondere die eher ingenieurwissenschaftlich erfassbaren Wirkungen technischen Versagens und die eher naturwissenschaftlich erfassbaren gesundheitlichen und ökologischen Wirkungen (HSE).

siken, die sich erst in einer späteren Innovationsphase zeigen können, wenn die Produkte, Prozesse und ihre Anwendungsziele und -kontexte klar sind. Solange die auf der neuen Technologie basierenden Produkte und Prozesse noch nicht bekannt und noch nicht auf dem Markt sind, solange sie noch keinen vollständigen Produktlebenszyklus durchlaufen haben, lassen sich nur schwer Aussagen über ihre gesellschaftlichen Wirkungen machen. Wobei Aussagen über technische (Sicherheits-), gesundheitliche und ökologische Risiken sozusagen zeitlich auf halber Strecke zwischen Aussagen über technische Gefährdungspotenziale und Aussagen über gesellschaftliche Wirkungen liegen[8]. Aussagen über Nutzen- und Gefährdungspotenziale sind aufgrund ihrer Technologiebezogenheit auf der Basis einer Stoff- und/oder Technologiecharakterisierung schon sehr früh, z. T. schon im Forschungsstadium, möglich[9]. Aussagen über Risiken sind hingegen auf zusätzliche Informationen über Expositionen und Eintrittswahrscheinlichkeiten angewiesen. Diese sind aber nur auf der Basis von Erfahrungen und Statistiken oder von Modellen und Simulationen zu bekommen[10]. Während also die meisten Stakeholderdiskurse und weite Teile der sozialwissenschaftlichen Technikfolgenforschung erst dann zu spezifischeren Aussagen kommen können, wenn die Prozesse und Produkte gesellschaftlich eingeführt sind[11], eröffnet sich für die ingenieurwissenschaftliche (technologiefokussierte) Technikfolgenforschung schon sehr früh im Forschungs- und Entwicklungsprozess ein breites Spektrum technologiespezifischer Fragestellungen mit Blick auf die aus den technischen Funktionalitäten erwachsenden Nutzen- oder Gefährdungspotenziale. Die technologiespezifischen Leistungen, die neuen und/oder verbesserten technologischen Funktionalitäten sind schließlich die Basis für die mit der jeweiligen Technologie verbundenen Hoffnungen und Befürchtungen.

---

8   Von Gefährdungs- und Nutzenpotenzialen wird hier gesprochen, solange nur Informationen über die technischen Funktionalitäten, als das Bewirkende, vorliegen. Von Chancen und Risiken sollte insofern erst gesprochen werden, wenn ausreichend Informationen über Anwendungsziele, Anwendungsbedingungen, Expositionen und Eintrittswahrscheinlichkeiten vorliegen.
9   Und wenn wir uns die Versprechungen vergegenwärtigen, die in den letzten Jahren mit fast jeder neuen Technologielinie verbunden wurden (von der Altlastensanierung, über die Lösung der Energieprobleme bis zu Heilung von Krebs und Alzheimer), wird hiervon durch die Forscher und Entwickler, nicht zuletzt mit der Hoffnung auf üppige Fördergelder, ja auch rege Gebrauch gemacht.
10 Hier wird die versicherungswirtschaftliche (Risiko ist eine Funktion von Eintrittswahrscheinlichkeit und potenzieller Schadenshöhe) und die toxikologische Risikodefinition (Risiko ist eine Funktion von Gefährdungspotenzial und Exposition) zugrunde gelegt.
11 Eine mögliche Alternative bestünde darin, gesellschaftliche ‚Verarbeitungsweisen' der von neuen Technologien ausgehenden (Stör-)Impulse systematischer zu untersuchen. Das wären dann möglicherweise Untersuchungsdesigns, die den naturwissenschaftlichen ähneln, mit denen den Wirkungen von genetisch modifizierten Organismen (GMOs) auf Ökosysteme oder den Wirkungen von Treibhausgasen auf das Klima nachgespürt wird.

4.4 Handlungsspielräume als Grund für möglichst frühes Ansetzen

Das Collingridge-Dilemma:

Ein möglichst frühes Ansetzen der Technikbewertung und -gestaltung im Innovationsprozess hat wesentliche Vorteile. In frühen Phasen sind die Gestaltungsspielräume noch groß. Ohne allzu hohe Kosten können Korrekturen und Richtungswechsel vorgenommen und alternative Pfade eingeschlagen werden.

Inhalte und

In späteren Phasen, wenn schon Prototypen erarbeitet wurden und die Markteinführung ansteht, nehmen die Pfadabhängigkeiten deutlich zu und die Handlungsspielräume entsprechend ab. Dieses vielfach als Collingridge-Dilemma

Kritik

(vgl. Grunwald 2010, S. 165, Collingridge 1980) bezeichnete Problem besteht darin, dass in einer frühen Innovationsphase die Gestaltungsspielräume groß, aber die Wissensmöglichkeiten über Technikfolgen gering sind. In späteren Innovationsphasen kann man zwar über Expositionen, Eintrittswahrscheinlichkeiten, den Produktlebenszyklus, Anwendungsziele und Anwendungskontexte erheblich mehr in Erfahrung bringen, dann sind aber die großen Investitionen schon getätigt und Veränderungen nur noch teuer zu erkaufen ('sunk costs'). Hier scheint allerdings die Rede vom Collingridge-Dilemma vergleichsweise unreflektiert an dem der Technikfolgenabschätzung von Anfang an unterstellten Prognosedilemma anzuknüpfen. Damit wird aber unterstellt, dass der Kern der Wissensprobleme der Technikbewertung im Noch-Nicht-Wissen bestünde, und dass die Technikbewertung auf Prognosen aus sei. Beides soll hier bestritten werden.

Vier etablierte Methoden der Technikbewertung

Wenn wir uns die etablierten Methoden der Technikbewertung näher ansehen, scheint für den ersten Teil diese Unterstellung, die Bedeutung des Noch-Nicht-Wissens, einiges zu sprechen. *Ökobilanzen,* als etablierteste und international normierte Methode (ISO 14040/14044), haben nachweislich einen immensen Wissensbedarf. Die erforderlichen Informationen zu Stoff- und Energieströmen über den gesamten Produktlebenszyklus sind nur retrospektiv exakt zu bekommen, wenn die Prozesse etabliert sind, die Produkte auf dem Markt eingeführt sind und auch schon ihr Lebensende (Entsorgung oder Recycling) erreicht haben. Es gibt allerdings inzwischen auch schon auf der Ökobilanzmethodik aufbauende Ansätze für eine prospektive Vorgehensweise[12]. Diese prospektiven 'Ökoprofile' arbeiten allerdings mit zahlreichen Annahmen und in ihrer fortschrittlichsten Form mit Produktanwendungsszenarien (vgl. Wigger, von Gleich 2012). Sie können damit den Anforderungen der ISO 14040/14044 formell nicht genügen, liefern aber prospektives Wissen. Vergleichbares gilt, wie oben schon erwähnt, für die in ähnlicher Weise international genormten Vorgehensweisen der *(Öko-)Toxikologie.* Die im Wesentlichen durch OECD-Richtlinien (vgl. OECD o. J.) vorgeschriebenen (öko-)toxikologischen Tests benötigen

---

12 Vgl. die Ansätze zur Consequential LCA (Heijungs et al. 2009) sowie zu Ökoprofilen (Steinfeldt 2012).

meist mehrere Jahre und selbst dann fehlen meist noch Expositionsdaten. D. h. ihre Ergebnisse bieten nur Gefährdungspotenziale[13]. Exakte Expositionsdaten sind aber erst zu haben, wenn sie ‚vor Ort' gemessen werden können. Immerhin werden derzeit auch in der (Öko-)Toxikologie schon prospektive Ansätze entwickelt, die schneller zu vorläufigen Ergebnissen kommen können, bevor die langwierigen toxikologischen Tests abgeschlossen sind. Auf der Seite des Gefährdungspotenzials geschieht dies über Stoffcharakterisierungen, die, z. B. auf der Basis der physikalisch-chemischen Eigenschaften von Stoffen zu einer vorläufigen Einstufung führen können (vgl. Pade 2012). Auf der Seite der Expositionen geschieht dies durch Abschätzungen von Freisetzungen auf der Basis von Produktanwendungsszenarien und darauf aufbauenden Ausbreitungsmodellen. Auch die *Kosten-Nutzen-Analyse* als dritte etablierte Technikbewertungsmethode sieht sich früh im Innovationsprozess vor extreme Wissensprobleme gestellt, und zwar nicht erst dann, wenn sie auch externe Kosten einzubeziehen versucht. Eine interessante Ausnahme bildet die vierte etablierte Methode, die *Umweltverträglichkeitsprüfung*. Sie wurde von Anfang als prospektive Methode konzipiert, als Wirkungsabschätzung vor dem Eingriff in die Ökosysteme, die jeweils als bekannt vorausgesetzt werden. Auch hier wird im Wesentlichen mit Modellen und Szenarien gearbeitet.

Wir können also festhalten, dass es auf der Basis einer genaueren Analyse der technischen Funktionalitäten (Technikcharakterisierung) auf der Seite des Bewirkenden sowie auf der Basis von Modellen, Simulationen und Szenarien auf der Seite der Einsatzbedingungen durchaus möglich ist, sehr früh im Innovationsprozess Informationen über Nutzen- und Gefährdungspotenziale sowie über Expositionen und Eintrittswahrscheinlichkeiten, und damit über Chancen und Risiken, zu erlangen. Es müssen allerdings Abstriche in der Exaktheit (Evidenz) der Aussagen gemacht werden.

Zwischenergebnis

4.5 Wissensprobleme der Technikbewertung

Auch der zweite Teil der Kritik an den Unterstellungen des Collingridge Dilemmas, die hier vertretene These, dass die Wissensprobleme der Technikbewertung nicht adäquat als Prognoseproblem gefasst werden können, bedarf der näheren Erläuterung. Es sind drei Argumente, die diese These stützen sollen. Das erste Argument besteht darin, dass, wenn man Technikfolgenabschätzung als

Wissensprobleme können nicht adäquat als Prognoseprobleme erfasst werden: drei Argumente

---

13 Ein weiterer unter Innovationsgesichtspunkten nicht unproblematischer Effekt intensiver toxikologischer Tests sind dadurch sich selbst verstärkende Pfadabhängigkeiten. Wenn man schon so viel Aufmerksamkeit, Arbeit und Geld in die Charakterisierung und Testung eines bestimmten Stoffes gesteckt hat, ist es naheliegend mit diesem Stoff in dieser getesteten Form auch weiter zu arbeiten. Mögliche Alternativen bleiben schon sehr früh unberücksichtigt.

Prognose versteht, das Vorsorgeprinzip nicht angemessen berücksichtigt wird. Letzteres konzentriert sich, vor dem Hintergrund des nicht umgehbaren Nicht-Wissens, auf einen angemessen Umgang mit demselben. Ein zweites Argument bezieht sich darauf, dass das Nicht-Wissen nicht auf das erkennende Subjekt reduziert werden darf. Wichtige Quellen für eine Ausdehnung des Nicht-Wissens über Technikfolgen liegen in der Technik selbst (ihrer Eingriffstiefe und Wirkmächtigkeit) und können deshalb auch durch Technikwahl und Technikgestaltung vermindert werden (nicht allein durch vermehrtes Wissen über Technikfolgen). Eine weitere Quelle für Nicht-Wissen liegt in der Komplexität der Systeme, in die eingegriffen wird[14]. Schließlich betrifft ein drittes Argument ein in der Rede vom Collingridge-Dilemma implizit transportiertes Missverständnis über das Verhältnis von Wissen und Handeln. Auch der Umgang mit der Zukunft als Versuch einer Prognose ist dabei verengt. In der Zukunftsforschung dominiert heute ein eher explorativer Umgang mit möglichen Zukünften in Form von Szenarien. Erfolgreiche Prognosen sind allenfalls in Grenzfällen möglich, in denen das Wirklichkeitsfeld hochdeterminiert oder die Trends vergleichsweise stabil sind (z. B. Bevölkerungsentwicklung). Mit Blick auf das Verhältnis von Wissen und Handeln liegt das Missverständnis darin, dass davon ausgegangen wird, dass technikgestalterisches Handeln im Wesentlichen auf gesichertem Wissen aufbaue. Genau dies ist aber in der Praxis bei fast allen Innovationen nur sehr eingeschränkt der Fall. Wer die mit Innovationen verbundenen Chancen realisieren möchte, muss die Begrenztheit seiner Wissensmöglichkeiten über Wirkungen akzeptieren und eher lernen, mit Unsicherheiten angemessen umzugehen. Die meisten Innovationsprojekte sind bekanntlich nicht von Erfolg gekrönt.

Unterschiedliche Gültigkeitsansprüche

Eine interessante Erfahrung bis hinein in die NanoKommission betrifft den Umstand, dass von UnternehmensvertreterInnen aber auch von VertreterInnen staatlicher Stellen an Aussagen über Nutzenpotenziale oder mögliche Chancen von Innovationen oft geringere Gültigkeitsansprüche als an Aussagen über Gefährdungspotenziale beziehungsweise mögliche Risiken gestellt werden[15]. Zusammenfassend kann festgehalten werden: Rationales Entscheiden und Handeln auf der Basis gesicherten und (fast) vollständigen Wissens ist auch in der

---

14 Beide nicht vor allem subjektive Quellen für Nicht-Wissen, der ‚Charakter der Technologie' und die ‚Komplexität der Systeme', in die eingegriffen wird, werden im Abschnitt 4.7 Technologische Quellen für Nicht-Wissen und Nicht-Wissbarkeit – Das Kriterium der Eingriffstiefe intensiver diskutiert.

15 Tatsächlich ist es immer noch sehr verbreitet, dass über Chancen durch Neue Technologien großzügig Thesen in den Raum gestellt und bei etwaigen Risikoüberlegungen sofort wissenschaftliche Belege gefordert werden. Ein wesentlicher Hintergrund dafür, dass sich eine derartige Haltung einbürgern konnte, dürfte darin liegen, dass an staatlich regulatorische Entscheidungen (die lange Zeit als die wichtigste, wenn nicht einzige, Konsequenz von Aussagen der Technikfolgenabschätzung angesehen wurden) höhere Geltungsansprüche gestellt werden als an (als ‚privat' angesehene) unternehmerische Entscheidungen (s. Kapitel 9 Technikbewertung in diesem Band).

'Wissensgesellschaft' eher die Ausnahme als die Regel[16]. Im Sinne einer ‚reflexiven Modernsierung' wäre es daher vernünftig, nicht immer wieder unerfüllbare Wissensanforderungen aufzustellen[17], sondern angemessene Formen des Umgangs mit dem nicht vermeidbaren Nicht-Wissen zu entwickeln. Ein weiter gehender Zugang setzt an der Gestaltung und Auswahl von Technologien an. Technologien können das Ausmaß des Nicht-Wissens technologisch erhöhen (z. B. durch hohe Eingriffstiefe und Wirkmächtigkeit) oder auch vermindern (z. B. durch eine Orientierung am Vorbild Natur).

4.6 Schritte zur Umsetzung des Vorsorgeprinzips

Interessant ist, dass die Umsetzung des Vorsorgeprinzips in der gesellschaftlichen Realität schneller voranschreitet, als die zugehörige Debatte in der Technikfolgenabschätzung. Immerhin hat es in den vergangenen Jahren etliche wichtige Beiträge zur gesellschaftlichen Umsetzung des Vorsorgeprinzips gegeben, zugegebenermaßen mehr in Europa als in den USA. Dabei wird – als Begründung für eine große Besorgnis als Grundlage für Vorsorgemaßnahmen – in der Regel auf Informationen über Technologien oder Stoffe zurückgegriffen, die auch schon sehr früh im Innovationsprozess vorliegen (Stoff- und Technikcharakterisierung). Zu den weitreichendsten Maßnahmen dürfte die Etablierung eines sogar wirkungsunabhängigen (expositionsfokussierten) Vorsorgeprinzips in der Europäischen Chemikalienverordnung REACH gehören. REACH ordnet an, dass Stoffe einen besonderen Zulassungsprozess durchlaufen müssen, allein aufgrund der Tatsache, dass sie sehr persistent und sehr bioakkumulativ (vpvb: very persistent and very bioaccumulative) sind. Sie werden auch ohne konkreten Verdacht auf mögliche adverse Wirkungen als „besorgniserregende Stoffe" eingestuft (vgl. Umweltbundesamt o. J. a). Zudem durchlaufen neue Substanzen in Abhängigkeit von der jährlichen Produktionsmenge ein so genanntes „Exposure-based Waiving" und „Exposure-Triggered Testing", um basierend auf dem Gesamtexpositionspotenzial ausgesuchte Testendpunkte für die Gefährdungsermittlung zu priorisieren (vgl. Vermeire et al. 2010 und Bruinen de Bruin et al. 2008). Bei diesen Regelungen handelt es sich geradezu um einen Durchbruch für das Vorsorgeprinzip. Als Hintergründe können die problematischen Erfah-

Umsetzung des Vorsorgeprinzips:

Beispiel REACH

---

16 Selbst in Gerichtsverfahren werden Urteile auf der Basis bloßer Indizien gefällt. Warum sollte dies nicht in der Technikfolgenabschätzung möglich sein? Wenn wir das Vorsorgeprinzip wirklich umsetzen wollen, steht also in der Technikfolgenabschätzung eine Debatte über unterschiedliche ‚Grade der Evidenz' von Wissen als Grundlage für vorläufige Einstufungen und über eine darauf aufbauende Abstufung von (ebenfalls vorläufigen) vorsorgeorientierten Maßnahmen und Gestaltungsoptionen an.

17 Seien es ‚Beweise' für die Gefährlichkeit oder die Ungefährlichkeit von Innovationen oder seien es ‚Beweise' über deren Wirksamkeit mit Blick auf die Erfüllung allgemein geteilter gesellschaftlicher (Nachhaltigkeits-)Ziele.

rungen mit Fluor-Chlor-Kohlenwasserstoffen (FCKWs) und mit *persistent organic pollutants* (POPs) herangezogen werden[18]. Die Freisetzung von Stoffen mit einer hohen Persistenz und Bioakkumulation führt (in Verbindung mit hoher Mobilität in den Umweltmedien) automatisch zu einer hohen Umweltexposition. Damit wird regulativ wohl zum ersten Mal ein besonderes Gewicht auf die zweite Hälfte der ökotoxikologischen Risikodefinition, auf die Exposition, gelegt[19]. Zudem scheint, ebenfalls im Zuge von REACH, die Erkenntnis zu greifen, dass man keine Stoffe in die Umwelt entlassen sollte, solange man keine klaren Vorstellungen über deren Verhalten und Verbleib (behavior and fate) hat (Umweltbundesamt o. J. b). Auch damit scheint eine quasi ‚hygienische' Argumentation immer mehr anerkannt zu werden. Wenn z. B. synthetische Nanomaterialien die Plazentaschranke und die Blut-Hirn-Schranke überwinden können, wird dies zunehmend als problematisch angesehen, auch wenn es noch keinen konkreten Verdacht darüber gibt, was diese Partikel dort jeweils anrichten könnten. Die Gesellschaft will sie – aus Vorsorgegründen – dort einfach nicht haben.

4.7   Technologische Quellen für Nicht-Wissen und Nicht-Wissbarkeit – Das Kriterium der Eingriffstiefe

Technologisch erzeugtes Nicht-Wissen

Besonders interessant für die Technikbewertung wird das Problem des Nicht-Wissens nicht dort, wo es als Noch-Nicht-Wissen einfach noch nicht da ist, sondern dort, wo es ‚technologisch erst erzeugt' wird. Schließlich waren es die sogenannten ‚Risikotechnologien' wie die Atomtechnik, die synthetische Chemie und die Gentechnik, welche die Debatte über die ‚Risikogesellschaft' ganz wesentlich befeuerten (Jonas 1979; Beck 1986).

Innovation nach dem Trial-and-Error-Prinzip

In der gesellschaftlichen Wirklichkeit wird der Großteil technischer Innovationen nicht von einer intensiven Technikfolgenforschung und Technikbewertung begleitet. Die Mehrzahl der Innovationen wird eher nach dem Trial-and-Error-Prinzip eingeführt. Wir tun einen Schritt, beobachten (mehr oder weniger systematisch) etwaige Wirkungen und regeln bei Bedarf nach. Dieses Vorge-

---

18   Wobei dieses Beispiel immer noch darauf verweist, dass zumindest bisher immer ‚etwas passieren' musste, bevor das Umdenken stattfand. So gesehen sind wir vom Ziel der ‚reflexiven Modernisierung' noch ein gutes Stück entfernt.

19   Aber in spezifischer Weise wird auch von dieser Risikodefinition abgewichen. Bisher galt: Ein Gefährdungspotenzial (ein giftiger Stoff) konstituiert einen Grund für Besorgnis, aber ohne Exposition bildet sich kein Risiko heraus. Für ein hohes Expositionspotenzial ohne Gefährdungsverdacht als Grund für Besorgnis existiert noch nicht einmal ein angemessener Begriff. Möglicherweise kommen wir auf der Suche nach einem Ausdruck für: ‚Wir wollen diesen Stoff, dieses technische Konstrukt' hier nicht haben, auch wenn wir nicht beweisen können, dass er beziehungsweise es ein Problem verursacht' mit dem Hygienebegriff weiter.

hen ist im Großen und Ganzen akzeptabel und vernünftig, zumindest solange es behutsam erfolgt und in Anlehnung an unser sonstiges Verhalten auf unbekanntem Terrain immer mit Überraschungen rechnet[20]. Ein solches behutsames Step-by-Step-Vorgehen hat allerdings auch deutliche Grenzen, nämlich genau dort, wo Schritte gemacht werden, die schon in ihren Ansätzen nicht mehr korrigierbar sind. In diesen Fällen reicht Behutsamkeit nicht mehr aus, dann muss das Vorsorgeprinzip greifen. Der Imperativ des Vorsorgeprinzips lautet schließlich: ‚Handle so, dass Du immer noch korrigierend eingreifen kannst'. Eingriffe, die schon beim ersten Schritt zu tendenziell globalen und irreversiblen Wirkungen führen können, sollten demgemäß vermieden werden. Es sollten schon sehr gute Gründe in der Nutzen-Risiko-Abwägung vorliegen, um sie trotzdem zu tätigen. Als Kriterium zur Identifizierung derartiger, nur schwer korrigierbarer, Eingriffe beziehungsweise Technologien eignet sich die Eingriffstiefe.

Als besonders tief können insbesondere solche Eingriffe identifiziert werden, die technisch nicht an den physikalischen, chemischen oder biologischen ‚Phänomenen' ansetzen, sondern an denjenigen Strukturen, die diese Phänomene erst hervorbringen beziehungsweise sehr weitgehend steuern, also an den Atomen, der Molekülstruktur und an den Genen (vgl. von Gleich 1989, 1998, 1999a, 1999b und 1999c). Die Eingriffstiefe bezieht sich auf den wesentlichen Unterschied zwischen dem Spalten von Steinen und dem Spalten von Atomen oder zwischen dem Töten eines Organismus und dessen gentechnischer Manipulation. Auch das Steine spalten ist bekanntlich riskant. Wir tragen Schutzbrille, Handschuhe und Sicherheitsschuhe. Aber nach ein paar Sekunden ist im Umkreis von einigen Metern alles vorbei. Das Spalten von Atomen kann hingegen mächtige Kettenreaktionen auslösen, und es werden radioaktive Nuklide produziert, wie z. B. Plutonium mit einer Halbwertszeit von über 240 000 Jahren. Das Töten ist für den einzelnen Organismus irreversibel, aber die Freisetzung von genetisch modifizierten Mikroorganismen, die zur Selbsterhaltung und Selbstvermehrung fähig sind, ist, aufgrund der Unmöglichkeit, sie zurückzuholen, von einer ganz anderen Irreversibilität und Reichweite[21].

Besonders tiefe Eingriffe

Insoweit die physikalischen, chemischen und biologischen Phänomene tatsächlich weitgehend durch Atome, Molekülstruktur oder Gene bestimmt werden, führt das technische Ansetzen an diesen Strukturen zu einer extremen

Extrem ausgedehnte Wirkungsketten

---

20 Behutsamkeit ist so gesehen eine andere Form des vernünftigen Umgangs mit dem Nicht-Wissen. Behutsamkeit ist bei jeder Neuerung angebracht, Vorsorge darüber hinaus bei Neuerungen mit einer besonders hohen Eingriffstiefe bzw. einer besonders großen Wirkmächtigkeit.

21 Weil die spezifische Qualität des gentechnischen Eingriffs nicht als Gegenstand der Beratung und Bewertung zugelassen wurde, weil dieser Unterscheidung durch die Betreiber, die Leitung sowie die Mehrheit der wissenschaftlichen Sachverständigen die Anerkennung verweigert wurde, ist der groß angelegte Bürgerdialog zu gentechnisch erzeugten, herbizidresistenten Nutzpflanzen gescheitert. Die VertreterInnen der Nicht-Regierungsorganisationen zogen sich aus den Gesprächen zurück, vgl. van den Daele et al. 1996.

Macht über diese Phänomene[22]. Diese Wirkmächtigkeit führt zu extrem weit reichenden Umgestaltungsmöglichkeiten. Sie führt dazu, dass die durch diese Eingriffe ausgelösten Wirkungsketten in Raum und Zeit extrem ausgedehnt werden, bis hin zu globalen und irreversiblen (praktisch kaum noch korrigierbaren) Auswirkungen. Erfahrungsbeispiele für derart weit reichende Wirkungsketten sind, neben den schon erwähnten Radionukliden in der Atomtechnik, die sich rasch weltweit ausgebreiteten FCKWs und POPs in der organisch-synthetischen Chemie[23] mit besonders langen Halbwertszeiten in der Umwelt sowie die Ausbreitung von für zur Selbsterhaltung und Selbstreplikation fähigen und nach einer Freisetzung kaum rückholbaren, genetisch modifizierten Organismen. Hinter derart ausgedehnten Wirkungsketten in Raum und Zeit bleibt unser Wissen über mögliche Folgen signifikant zurück (vgl. Abbildung 1).

Die Lücke zwischen der Reichweite unserer Handlungen und der Reichweite unseres Wissens über mögliche Folgen wurde technisch vergrößert. Das genau ist gemeint, wenn von technologisch erzeugtem Nicht-Wissen die Rede ist. Eingriffstiefe erzeugt Wirkmächtigkeit, wobei auch diese ein wichtiges Technikbewertungskriterium darstellt[24]. Eine sehr hohe Wirkmächtigkeit markiert den Übergang von der immer empfehlenswerten Behutsamkeit zur Notwendigkeit der Umsetzung des Vorsorgeprinzips. Besonders problematisch wird es immer, wenn die ausgelösten relevanten Wirkungsketten besonders lang werden und sich räumlich bis hin zu globalen und zeitlich bis hin zu irreversiblen Wirkungen ausdehnen[25].

Tendenziell globale und nicht revidierbare Eingriffe gehören somit zum Kerngebiet der Technikfolgenabschätzung. Hier brauchen moderne Gesellschaften für ihre ‚reflexive Modernisierung' wissenschaftliche Unterstützung, weil die verbreitete Trial-and-Error-Strategie völlig unangemessen wäre. Wenn etwas schief läuft (und es läuft immer etwas schief), kann nicht mehr korrigie-

---

22 Welche allerdings nur so weit gehen kann, wie die wissenschaftlichen Hypothesen zutreffen, dass diese Strukturen die Phänomene weitgehend bestimmen. In der Biologie steht dieser genetische Determinismus inzwischen bekanntlich ziemlich unter Druck.
23 An denen das einzig ‚organische' die Kohlenwasserstoffe sind.
24 Extreme Wirkmächtigkeit kann auch auf anderem Wege hervorgerufen werden. Sie kann bekanntlich auch durch die Nutzung chemischer Reaktionen (Sprengstoff) oder durch verstärkende Mechanik erzeugt werden. Wenn z. B. in der Archäologie zunächst mit dem Bagger und zum Schluss nur noch mit dem Pinsel gearbeitet wird, geht es schließlich auch um Unterschiede in der Wirkmächtigkeit. Man ist versucht auch hier von Eingriffstiefe zu sprechen. Der Begriff sollte aber der Strategie des Ansetzens an der ‚Logik der Phänomene' vorbehalten werden. Sprengstoff erzeugt Wirkmächtigkeit durch die Nutzung eines chemischen Potenzials. Eingriffstiefe erzeugt Wirkmächtigkeit durch das technische Ansetzen an Atomen, den Molekülstrukturen und den Genen.
25 Wobei selbstverständlich klar ist, dass es in offenen und komplexen Systemen keine echte Reversibilität geben kann. Angemessener in vielen Fällen wäre von Revidierbarkeit, Korrigierbarkeit oder Rückholbarkeit zu sprechen.

Abbildung 1 Reichweitendifferenz zwischen Handlungen und Wissen

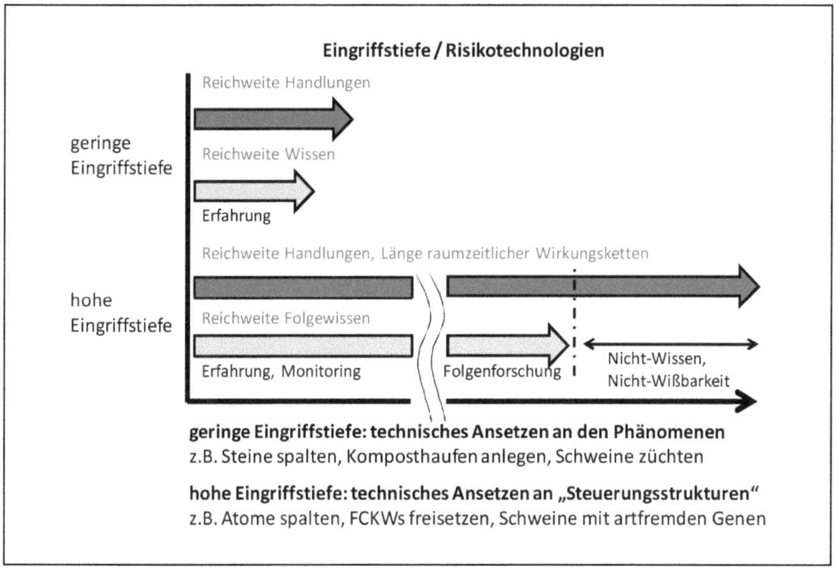

```
                    Eingriffstiefe / Risikotechnologien
                    Reichweite Handlungen
geringe
Eingriffstiefe      Reichweite Wissen
                    Erfahrung

                    Reichweite Handlungen, Länge raumzeitlicher Wirkungsketten
hohe
Eingriffstiefe      Reichweite Folgewissen
                                                                    Nicht-Wissen,
                    Erfahrung, Monitoring      Folgenforschung      Nicht-Wißbarkeit

geringe Eingriffstiefe: technisches Ansetzen an den Phänomenen
z.B. Steine spalten, Komposthaufen anlegen, Schweine züchten

hohe Eingriffstiefe: technisches Ansetzen an „Steuerungsstrukturen"
z.B. Atome spalten, FCKWs freisetzen, Schweine mit artfremden Genen
```

Quelle: Eigene Darstellung.

rend eingegriffen werden[26]. Dies ist der Grund, warum hier durchaus zu Recht von ‚Risikotechnologien' gesprochen werden kann[27].

Allerdings ist auch klar, dass die Eingriffstiefe und die dadurch ermöglichte Wirkmächtigkeit nicht der einzige Weg sind, auf dem tendenziell globale und nicht revidierbare Wirkungen ausgelöst werden können. Auch durch je für sich vergleichsweise harmlose Eingriffe können in der allmählichen Kumulation solche Wirkungen erzielt werden. Beispiele sind der Klimawandel durch Emission von CO_2 aus fossilen Quellen oder das Abholzen von großen Waldgebieten. Auch bei diesen eher schleichenden Veränderungen gerät das Trial-and-Error-Prinzip an seine Grenzen. Dies gilt auch für die dritte Möglichkeit, derart weit reichende Wirkungsketten auszulösen, nämlich durch (möglicherweise ansonsten völlig harmlose) Eingriffe in besonders sensible beziehungsweise stark

Große Wirkmächtigkeit trotz geringer Eindringtiefe

---

26 Für diesen Aspekt wurde das Kriterium der Fehlerfreundlichkeit vorgeschlagen, vgl. von Weizsäcker 1984.
27 Auch wenn klar ist, dass mit allen Technologien Risiken verbunden sind, es also das immer wieder geforderte technische Null-Risiko prinzipiell nicht geben kann. Eine entsprechende – wenn auch wesentlich kleinere – Wissenslücke gibt es auch bei nicht eingriffstiefen Technologien, vgl. Abbildung 1.

Heranzuziehende Methoden

vorgespannte Systeme[28]. In diesen kritischen Zuständen kann bekanntlich ein Schmetterlingsflügelschlag ausreichen, um einen Tornado auszulösen[29].

Somit kann festgehalten werden, dass zum Kernbestand der Technikfolgenabschätzung und zur Umsetzung des Vorsorgeprinzips Methoden herangezogen werden sollten, die dazu beitragen, die genannten drei Wege und Formen des Auslösens besonders weit reichender Wirkungsketten in Raum und Zeit frühzeitig zu erkennen und abzuschätzen, also erstens Methoden zur ‚Charakterisierung einer Technik' als Bewirkende für Nutzen- und Gefährdungspotenziale, zur Charakterisierung ihrer technischen Leistungsfähigkeit, nicht zuletzt ihrer Eingriffstiefe und Wirkmächtigkeit, zweitens Methoden zur Überwachung (zum Monitoring) kumulativer und schleichender Wirkungen und drittens Methoden zum Erkennen ‚kritischer Zustände' in (komplexen) Systemen, in die technisch eingegriffen wird[30].

4.8 Wissensgrundlagen für begründete ‚große Besorgnis'

Die Tatsache, dass etwas ‚neu' ist und man deshalb über mögliche problematische Wirkungen noch wenig weiß, ist ein Grund für Behutsamkeit, aber noch kein Grund für große Besorgnis und weit reichende Vorsorgemaßnahmen. Weit reichende Vorsorgemaßnahmen, insbesondere regulative Eingriffe in das Innovationsgeschehen, müssen sich auf Erkenntnisse oder zumindest auf überprüfbare Indizien stützen. Für weitreichende Vorsorgemaßnahmen müssen ‚gute Gründe' für eine ‚große Besorgnis' vorliegen. Für das Beispiel der Nanomaterialien hat die Nanokommission der Bundesregierung exemplarisch entsprechende Besorgnis- und Entlastungskriterien erarbeitet[31]. Wichtig ist erstens, dass derartige für eine vorläufige Gefährdungseinstufung (geringe, mittlere oder hohe

---

28 Die oben erwähnte Explosion ist wohl eher von diesem Typ: Ein kleiner Funken genügt …

29 Wenn sowohl Erkenntnisse zur Eingriffstiefe als auch Kenntnisse zur Vorgespanntheit (oder als Alternative zur ‚Resilienz' von Systemen) vorliegen, können diese beim Versuch der Abschätzung von erwartbaren Wirkungen von Eingriffen auch zueinander in Bezug gesetzt werden.

30 Im letztgenannten Bereich läuft aktuell unter dem Obertitel ‚Umgang mit komplexen Systemen' eine intensive Debatte. Allerdings gibt es in ihr noch kaum systematische Ansätze zum ‚Erkennen kritischer Zustände'. Ein wichtiger methodischer Ansatz zur Analyse von sozio-technischen Systemen stellt die Vulnerabilitätsanalyse dar, die im Rahmen unseres BMBF-KLIMZUG-Projekts zur Klimaanpassung weiter entwickelt wurde, vgl. Schuchardt, Wittig 2012.

31 Vgl. NanoKommission 2008, S. 42 ff. und S. 50 ff. Eine hohe Persistenz ihrer Nanoeigenschaften und eine hohe Mobilität der synthetischen Nanopartikel im Körper (Durchdringen biologischer Membranen oder der Blut-Hirn-Schranke) und/oder in Umweltmedien wird dabei z. B. als Indiz für eine ‚hohe Besorgnis' gewertet, ebenso eine hohe katalytische Reaktivität, ein schneller Verlust der nanospezifischen Eigenschaften durch Löslichkeit, Agglomeration oder Aggregation hingegen als Entlastungskriterium.

Besorgnis) relevante Informationen schon sehr früh im Innovationsprozess zur Verfügung stehen, was bei physikalisch-chemischen Eigenschaften in der Regel der Fall ist, die mit überschaubarem Aufwand zu bekommen sind (Beispiel Bioakkumulation). Wichtig ist zweitens aber auch, dass sie als vorläufige Informationen an Bedeutung für die Gefährdungseinstufung verlieren, wenn zuverlässigere (z. B. toxikologische) Daten zur Verfügung stehen. Und wichtig ist drittens, dass der vorläufigen Einstufung Maßnahmen zugeordnet werden, die z. B. bei großer Besorgnis bis zur Empfehlung auf einen Verzicht auf diese Optionen und die Suche nach alternativen Lösungen reichen oder bei geringer Besorgnis nur die Einhaltung der ohnehin üblichen ‚Regeln guter Arbeits- beziehungsweise Laborpraxis' oder der üblichen Hygienestandards empfehlen können.

4.9 Technikgestaltung und gerichtete Innovationsprozesse

Das Problem der bisher vorgestellten Ansätze einer prospektiven Technikbewertung im Sinne einer Umsetzung des Vorsorgeprinzips besteht darin, dass dabei auf die Technikentwicklung nur reagiert wird. Die Technologieentwicklung wird als außerhalb des Einflussbereichs der TA liegend betrachtet. Aber eine ‚reflexive Modernisierung', die auf die Möglichkeiten einer gesellschaftlichen Einflussnahme auf die Technikgestaltung (und gegebenenfalls auch die Wissenschaftsentwicklung) verzichtet, wäre nur eine halbierte. Ansätze zur Technikgestaltung tun sich derzeit aber noch schwer (vgl. Grunwald 2000), wofür mehrere Gründe angeführt werden können. Versuche zur gesellschaftlichen Einflussnahme auf die Wissenschaftsentwicklung können in Konflikt mit der Freiheit der Forschung geraten [32]. Die Technologie-, Prozess- und Produktentwicklung geschieht in den meisten Fällen privat in den Unternehmen. Wobei beide ‚Schranken' gegenüber äußeren Einflüssen als längst gefallen erscheinen. Sowohl in bestimmten (vor allem anwendungsorientierten) Wissenschaftsbereichen als auch mit Blick auf bestimmte Innovationsprozesse sind gesellschaftliche Einflussnahmen gut begründet und auch längst gang und gäbe. Dort wo angewandte Wissenschaft mit dem Ziel der Verbesserung von Prozessen und Produkten und als Beitrag zur Lösung gesellschaftlicher Probleme betrieben wird (mode 2; vgl. Scott et al. 1994) macht es wenig Sinn, gesellschaftliche Einflüsse abzuwehren. Dies gilt erst recht, wenn von technologischen Entwicklungen die Rede ist, die das Potenzial haben, unser Wirtschaften und Alltagsleben zu ‚revolutionieren'. Aber auch die erstrebte Kundennähe führt in verbrauchernahen Bereichen zu Prozessen, die als ‚open innovation' beschrieben werden (vgl. Kammerer 2008).

---

32 Vgl. dazu z. B. die Finalisierungsdebatte in den 1970er Jahren (vgl. Böhme, van den Daele, Krohn 1973) und die Reaktionen auf diese (vgl. Dahrendorf 1976).

Abbildung 2 Schildkrötenmodell

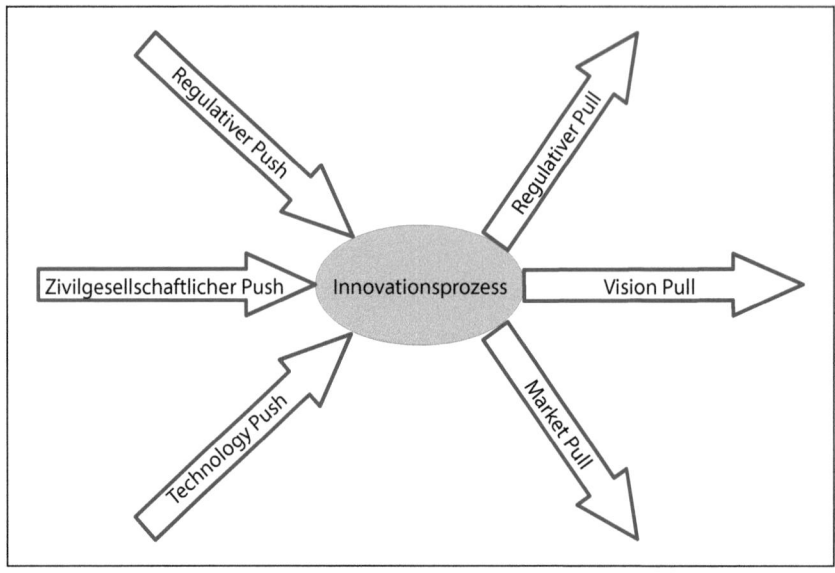

Quelle: Eigene Darstellung in Anlehnung an Hemmelskamp 1999, Ahrens et al. 2006 und Fichter 2005.

Form der Einfluss-nahme

Schwerer zu beantworten als die Frage nach der Legitimität der gesellschaftlichen Einflussnahme ist die Frage danach, wie diese Einflussnahme genau stattfinden kann beziehungsweise sollte. Die Innovationsforschung, die darauf Antworten geben könnte, hat sich in den vergangenen Jahrzehnten intensiv mit Fragen der Innovationsfähigkeit beschäftigt. Zur Frage, wie die Richtung von Innovationen gesellschaftlich beeinflusst werden kann, existieren bedeutend weniger Ansätze. Die Abbildung 2 stellt vor dem Hintergrund einiger Ergebnisse aus Forschungsprojekten und Förderprogrammen zur Richtungsgebung von Innovationsprozessen[33], basierend auf dem sogenannten Schildkrötenmodell von Ahrens, von Gleich et al. (2006) einige wichtige Einflüsse und Einflussmöglichkeiten dar, auf die hier allerdings aus Platzgründen nicht näher eingegangen werden kann.

---

33 Vgl. die BMBF-Förderprogramme, ‚Innovative Wirkungen Umweltpolitischer Instrumente' (FIU) und ihre Ergebnisse (z. B. in Klemmer et al. 1999) sowie Rahmenbedingungen für Innovationen zum nachhaltigen Wirtschaften (riw, Horbach et al. 2003).

4.10 Leitbilder in der Technikentwicklung

Herausgegriffen werden soll hier allein die Funktion von Leitbildern (Vision Pull). Besonders wirksame Leitbilder in der Vergangenheit waren z. B. Kreislaufwirtschaft, Solares Wirtschaften oder Green Chemistry. Die Technikgeneseforschung konnte die Wirksamkeit von Leitbildern in Technikgeneseprozessen zeigen (vgl. Dierkes et al. 1992). Offen blieb die Frage, ob Leitbilder gezielt zur Beeinflussung der Innovationsrichtung eingesetzt werden können (vgl. Hellige 1996). Am Fachgebiet ‚Technikgestaltung und Technologieentwicklung' im Fachbereich Produktionstechnik – Maschinenbau und Verfahrenstechnik der Universität Bremen wird seit vielen Jahren mit und über Leitbilder gearbeitet und geforscht. Im Fokus stehen Leitbilder, die sich am Vorbild Natur orientieren. Es geht um Bionik/Biomimetik, um Industrielle Ökologie (Einpassung der industriellen Energie- und Stoffkreisläufe in die natürlichen), um ‚green nano' sowie um ‚Resiliente Systeme', also um Systeme, die selbst unter dynamischen Rahmenbedingungen und massiven äußeren und inneren Störungen in der Lage sind, ihre Systemdienstleistungen aufrecht zu erhalten[34]. *Leitbildforschung*

So wie am Beispiel der Eingriffstiefe zu zeigen versucht wurde, dass das Ausmaß an Nicht-Wissen über mögliche Folgen durch eine besonders eingriffstiefe und wirkmächtige Technik vergrößert wird, so verfolgen wir mit der Orientierung am ‚Vorbild Natur' bei der Technikgestaltung die These, dass sich anknüpfend an die Erprobtheit evolutionär ‚gefundener' Lösungen das Ausmaß an technisch erzeugtem Nicht-Wissen verringern lässt. Die Orientierung am Vorbild Natur versucht von deren, Jahrmillionen langen, evolutionären und mehrdimensionalen Optimierungs- und Anpassungsprozessen und von der ‚Erprobtheit' ihrer Lösungen bei der Technikgestaltung zu profitieren. Sie versteht sich insofern mit Blick auf Leitkonzepte wie biomimetische Werkstoffe, Kreislaufwirtschaft, Industrielle Ökologie und Resiliente Systeme als ein Projekt zur Komplexitätsreduktion und zur Umsetzung des Vorsorgeprinzips im Sinne einer Reduktion des technisch erzeugten Nicht-Wissens. Es geht um die Nutzung der spezifischen Qualität evolutionär entwickelter Lösungen, um ihre Erprobtheit und Robustheit. Die Konzentration auf das Arbeiten mit Naturstoffen, die ohnehin schon in größeren Mengen in der Ökosphäre zirkulieren, empfiehlt sich zum Beispiel erstens aufgrund der (gegebenenfalls regenerativen) Verfügbarkeit bioorganischer Stoffe, zweitens aufgrund eines vergleichsweise geringen Gewin- *Vorbild: Natur*

---

[34] Damit ist ein zum Konzept der Eingriffstiefe geradezu komplementärer Ansatz angesprochen, wie Technik die Wissensanforderungen der Technikbewertung beeinflussen kann. Während die Eingriffstiefe durch die Ausweitung der ausgelösten Wirkungsketten das Nicht-Wissen extrem ausdehnt, ist die Schaffung Resilienter Systeme eine Strategie, mit der die Wissensanforderungen enorm verringert werden können. Resiliente Systeme sind in der Lage, ihre Systemdienstleistungen auch unter turbulenten Rahmenbedingungen, unter internen Ausfällen und externen Störungen aufrecht zu erhalten. Im Idealfall funktionieren sie ‚egal was kommt', vgl. von Gleich et al. 2010.

nungsaufwandes (Kalk) und drittens aufgrund der hohen Assimilationskapazität der Ökosphäre für naturnahe Reste und Emissionen. Größte anzunehmende Unfälle (GAUs), wie im Chemiebereich die Ozonzerstörung durch FCKWs oder die weltweite Verseuchung von Meeresorganismen durch POPs oder großflächige Kunststoffteppiche auf Weltmeeren, würden durch solche Ansätze eher vermieden. Viele weitere Beispiele beruhen darauf, dass ökologische Systeme nie die Möglichkeit hatten, ihre Umgebungsbedingungen weitgehend zu kontrollieren[35]. Sie entwickelten (ebenso wie auch die einzelnen biologischen Arten) adaptive Technologien, hochkomplexe Werkstoffe aus einfachsten Grundmaterialien (Spinnenseide, Knochen, Zähne, Perlmutt) und Selbstheilungsfähigkeiten. All dies sind Eigenschaften, von denen die Planer und Entwickler nach-moderner Technologien derzeit träumen (vgl. Schmidt 2005).

Grenzen eines Lernens von der Natur

Wobei hier natürlich auch gleich die Grenzen eines derartigen Lernens von der Natur betont werden müssen. Biomimetische Technik ist möglicherweise risikoärmer, was globale und irreversible Überraschungen anbelangt, risikoarm ist sie sicher nicht. Die Selbstorganisationsprinzipien, mit denen wir bei der Gestaltung ‚nach-moderner Technologien' so gerne zusammen arbeiten würden, setzen Instabilitäten voraus und damit Grenzen der Kontrolle. Nicht zu vergessen ist, dass die Natur die effektivsten Gifte entwickelt hat. In der Evolution geht es um Arterhaltung, nicht um den Erhalt des Individuums, insofern arbeitet sie z. B. mit ‚Fehlertoleranzen', die wir uns weder leisten wollen noch können. Und eine adaptive, lernende, auf Selbstorganisation aufbauende Technik ist nur ansatzweise (meist durch Kontextsteuerung) steuerbar beziehungsweise kontrollierbar[36].

4.11 Zusammenfassung

Erweiterung der Möglichkeiten der Technikbewertung

Die vorgestellten Ansätze für eine prospektive Technikentwicklung und -gestaltung, neben den prospektiven Erweiterungen der etablierten Methoden also insbesondere die Methodik der Technikcharakterisierung und der leitbildorientierten Technikgestaltung, erweitern die Möglichkeiten der Technikbewertung in mehrfacher Weise. Die Ansätze zur Technikcharakterisierung und zur leitbildorientierten Wissenschafts- und Technikentwicklung können schon sehr früh im Innovationsprozess zum Einsatz kommen (vgl. Abbildung 3).

Sie konzentrieren sich auf die technischen Funktionalitäten (technischen Leistungen) als Basis sowohl für Nutzen- als auch für Gefährdungspotenziale, also auf dasjenige, was so früh im Innovationsprozess am ehesten auch schon bekannt ist. Wichtige Bewertungskriterien sind hier die Eingriffstiefe, die Wirkmächtigkeit sowie die Besorgnis- und Entlastungskriterien der NanoKommis-

---

35 Dieser Versuch ist eher ein Kennzeichen industrieller Technik.
36 Vgl. J. C Schmidt 2008

Abbildung 3 Ansätze der Technikbewertung und -gestaltung nach Innovationsphasen

Quelle: Eigene Darstellung.

sion. In Kauf genommen werden muss dabei allerdings, dass diejenigen Nutzen- und Gefährdungspotenziale sowie die Chancen und Risiken, die sich erst in der Anwendung zeigen und die erst durch die Einsatzkontexte und Einsatzziele der Prozesse und Produkte konstituiert werden, in diesen frühen Innovationsphasen noch nicht adäquat erfasst werden können. Weitere wichtige Beiträge liefern die prospektiven Erweiterungen etablierter Ansätze, die ‚Ökoprofile' mit Blick auf die Ökobilanzmethodik, die Besorgnis- und Entlastungskriterien mit Blick auf (öko-)toxikologische Gefährdungspotenziale, die Produktanwendungsszenarien und Ausbreitungsmodelle mit Blick auf Expositionen, die Modelle, Simulationen und Szenarien mit Blick auf Eintrittswahrscheinlichkeiten oder möglichen Zukünften.

Im Zuge des Voranschreitens des Innovationsprozesses werden diese vorläufigen Bewertungen und Einstufungen durch die Ergebnisse der etablierten Methoden wie Ökobilanz, (öko-)toxikologische Analyse, Risikoanalyse, Umweltverträglichkeitsprüfung und Kosten-Nutzen-Analyse abgelöst.

Wichtig im Sinne des Vorsorgeprinzips ist es, den vorläufigen Bewertungen und Einstufungen innovationsphasenadäquate Maßnahmenkonzepte zuzuordnen, weil es früh im Innovationsprozess aufgrund der geringeren Pfadabhängigkeiten noch vergleichsweise kostengünstige Möglichkeiten zur Korrektur, zum Umsteuern und zum Verfolgen alternativer Entwicklungspfade gibt.

Ergänzt werden sollten diese Vorsorgemaßnahmen durch einen adäquaten Umgang mit einer ‚offenen Zukunft', durch das Erarbeiten und Aufzeigen alternativer Entwicklungspfade. Bei der Erarbeitung solcher Entwicklungspfade empfiehlt es sich auf (konkurrierende) Leitbilder zurückzugreifen, wobei neben den schon genannten sowohl weitere bionische Leitbilder wie ‚Solares Wirtschaften' oder ‚Kreislaufwirtschaft', als auch nicht bionische wie ‚Nachhaltiges Wirtschaften', verfolgt werden können. Welche Entwicklungspfade jeweils konkret entworfen und auch verfolgt werden, muss den Debatten in den jeweiligen Innovationssystemen überlassen bleiben. Allein das Aufzeigen alternativer beziehungsweise konkurrierender Wege in die Zukunft wird diese Debatten aber ohne Zweifel befruchten.

Literatur

Ahrens, Andreas, Angelika Braun, Arnim von Gleich, Kerstin Heitmann, Lothar Lißner. 2006. Hazardous Chemicals in Products and Processes – Substitution as an Innovative Process (Sustainability and Innovation), Heidelberg: Physica.

Beck, Ulrich. 1986. Die Risikogesellschaft. Auf dem Weg in eine andere Moderne, Frankfurt a. M.: Suhrkamp.

Beck, Ulrich, Anthony Giddens, Scott Lash. 1996. Reflexive Modernisierung. Eine Kontroverse. Frankfurt a. M: Suhrkamp.

Böhme, Gernot, Wolfgang van den Daele, Wolfgang Krohn. 1973. Die Finalisierung der Wissenschaft. Zeitschrift für Soziologie 1973, 2(2), S. 128–144.

Bruinen de Bruin, Yuri, Theo Vermeire, Jacqueline van Engelen, Marja van de Bovenkamp, Jos Bessems, Werner Hagens, Hans Marquart. 2008. Exposure Informed Testing under REACH. Epidemiology, 19(Supplement 6), S. 199.

Collingridge, David. 1980. The Social Control of Technology. London: Pinter

Daele, Wolfgang van den, Alfred Pühler, Herbert Sukopp, Alfons Bora, Rainer Döbert, Susanne Neubert, Viola Siewert. 1996. Grüne Gentechnik im Widerstreit. Modell einer partizipativen Technikfolgenabschätzung zum Einsatz transgener herbizidresistenter Pflanzen. Weinheim u. a.: VCH.

Dahrendorf, Ralf. 1976. Die Unabhängigkeit der Wissenschaft. ZEIT-Diskussion: Finalisierung der Forschung Vorläufiges Schlußwort in einer wichtigen Debatte. Die Zeit vom 21. 5. 1976. http://www.zeit.de/1976/22/die-unabhaengigkeit-der-wissenschaft (20. 11. 2012).

Dierkes, Meinolf, Ute Hoffmann, Lutz Marz. 1992. Leitbild und Technik. Zur Genese und Steuerung technischer Innovationen. Berlin: edition sigma.

Enquete-Kommission. 1987. Bericht der Enquete-Kommission des Deutschen Bundestages „Chancen und Risiken der Gentechnologie". BT-DS 10/6775, 6. 1. 1987.

Fichter, Klaus, Arnim von Gleich, Reinhard Pfriem, Bernd Siebenhüner (Hrsg.). 2010. Theoretische Grundlagen für erfolgreiche Klimaanpassungsstrategien. nordwest2050-Bericht 1/2010, Bremen/Oldenburg. http://www.nordwest2050.de/index_nw2050.php?obj=file&aid=8&id=193&unid=c3902a7ac34bbd0e1b01d2eb2045eedf (20. 11. 2012).

Fichter, Klaus. 2005. Interpreneurship. Nachhaltigkeitsinnovationen in interaktiven Perspektiven eines vernetzenden Unternehmertums. Marburg: Metropolis.

Gleich, Arnim von. 1989. Der wissenschaftliche Umgang mit der Natur. Über die Vielfalt harter und sanfter Naturwissenschaften. Frankfurt am Main, New York: Campus.

Gleich, Arnim von. 1998. Ökologische Kriterien der Technik- und Stoffbewertung. Integration des Vorsorgeprinzips, Teil I: Die Bedeutung von Kriterien in der Technik- und Stoffbewertung. Umweltwissenschaften und Schadstoff-Forschung – Zeitschrift für Umweltchemie und Ökotoxikologie 10(6): S. 367–373.

Gleich, Arnim von. 1999a. Ökologische Kriterien der Technik- und Stoffbewertung. Integration des Vorsorgeprinzips, Teil II: Kriterien zur Charakterisierung von Techniken und Stoffen. Umweltwissenschaften und Schadstoff-Forschung – Zeitschrift für Umweltchemie und Ökotoxikologie 11(1): S. 21–32.

Gleich, A. von. 1999b. Ökologische Kriterien der Technik- und Stoffbewertung. Integration des Vorsorgeprinzips, Teil III: Ein Raster ökologischer Bewertungskriterien. Umweltwissenschaften und Schadstoff-Forschung – Zeitschrift für Umweltchemie und Ökotoxikologie 11(2): S. 99–102.

Gleich, Arnim von, 1999c. Vorsorgeprinzip. In: Karsten Sundermann, Stephan Bröchler, Georg Simonis (Hrsg.), Handbuch Technikfolgenabschätzung. Berlin: edition sigma, S. 287–293.

Gleich, Arnim von, Stefan Gößling-Reisemann, Sönke Stührmann, Peer Woizeschke, Birgitt Lutz-Kunisch. 2010. Resilienz als Leitkonzept – Vulnerabilität als analytische Kategorie. In: Fichter, Klaus, Arnim von Gleich, Reinhard Pfriem, Bernd Siebenhüner (Hrsg.), Theoretische Grundlagen für erfolgreiche Klimaanpassungsstrategien. nordwest2050-Berichte 1, Bremen/Oldenburg, S. 11–49. http://www.nordwest2050.de/index_nw2050.php?obj=file&aid=8&id=193&unid=c3902a7ac34bbd0e1b01d2eb2045eedf (20.11.2012).

Grunwald, Armin. 2000. Technik für die Gesellschaft von morgen. Möglichkeiten und Grenzen gesellschaftlicher Technikgestaltung. Frankfurt a.M.: Campus.

Grunwald, Armin. 2010. Technikfolgenabschätzung. Eine Einführung. Berlin: edition sigma

Hartkopf, Günter, Eberhard Bohne. 1983. Umweltpolitik I. Grundlagen, Analysen und Perspektiven. Opladen Westdeutscher Verlag.

Heijungs, Reinout, Gjalt Huppes, Jeroen Guinée. 2009. A scientific framework for LCA. Project no. 037075 Project acronym: CALCAS Co-ordination Action for innovation in Life-Cycle Analysis for Sustainability. Leiden. http://www.leidenuniv.nl/cml/ssp/publications/calcas_report_d15.pdf (20.11.2012).

Hellige, Hans-Dieter. 1996. Technikleitbilder auf dem Prüfstand. Leitbild-Assessment aus Sicht der Informatik- und Computergeschichte. Berlin: edition sigma.

Hemmelskamp, Jens. 1999. Umweltpolitik und technischer Fortschritt. Eine theoretische und empirische Untersuchung der Determinanten von Umweltinnovationen. Heidelberg: oekom.

Horbach, Jens, Joseph Huber, Thomas Schulz (Hrsg.). 2003. Nachhaltigkeit und Innovation. Rahmenbedingungen für Umweltinnovationen. München: oekom.

Jonas, Hans 1979. Das Prinzip Verantwortung. Versuch einer Ethik für die technologische Zivilisation. Frankfurt a.M.: Suhrkamp.

Jonas, Hans, 1985. Warum die moderne Technik ein Gegenstand für die Ethik ist. In: ders.: Technik, Medizin und Ethik. Zur Praxis des Prinzips Verantwortung. Frankfurt am Main: Insel, S. 42–52.

Kammerer, Mathias. 2008. Open Innovation – Ursachen, Instrumente und Motivation der Öffnung des Innovationsprozesses. München: Grin.

Klemmer, Paul, Ulrike Lehr, Klaus Löbbe. 1999. Umweltinnovationen, Anreize und Hemmnisse, Berlin: Analytica.

Kommission der Europäischen Gemeinschaften. 2000. Mitteilung der Kommission – die Anwendbarkeit des Vorsorgeprinzips. Brüssel. http://eur-lex.europa.eu/LexUriServ/site/de/com/2000/com2000_0001de01.pdf (20.11.2012).

NanoKommission der deutschen Bundesregierung. 2008. Verantwortlicher Umgang mit Nanotechnologien. Bericht und Empfehlungen der NanoKommission der deutschen Bundesregierung 2008. Berlin. http://www.bmu.de/files/pdfs/allgemein/application/pdf/nanokomm_abschlussbericht_2008.pdf (20.11.2012).

NanoKommission der Deutschen Bundesregierung. 2011. Verantwortlicher Umgang mit Nanotechnologien. Bericht und Empfehlungen der NanoKommission 2011. Berlin. http://www.bmu.de/files/pdfs/allgemein/application/pdf/nano_schlussbericht_2011_bf.pdf (20.11.2012).

OECD. o.J. OECD Guidelines for the testing of chemicals. http://www.oecd.org/env/chemicalsafetyandbiosafety/testingofchemicals/oecdguidelinesforthetestingofchemicals.htm (29.09.2012).

Pade, Christian, Arnim von Gleich. 2012. Prospektive und vorläufige Risikoabschätzung synthetischer Nanopartikel. In: Michael Decker, Armin Grunwald, Martin Knapp (Hrsg.), Der Systemblick auf Innovation – Technikfolgenabschätzung in der Technikgestaltung. Berlin edition sigma.

Schmidt, Jan Cornelius. 2005. Bionik und Interdisziplinarität. Wege zu einer bionischen Zirkulationstheorie der Interdisziplinarität. In: Rossmann, Torsten, Cameron Tropea (Hrsg.), Bionik. Aktuelle Forschungsergebnisse aus Natur-, Ingenieur- und Geisteswissenschaften. Berlin: Springer, S. 219–246.

Schmidt, Jan Cornelius. 2008. Instabilität in Natur und Wissenschaft, Berlin: De Gruyter.

Schuchardt, Bastian, Stefan Wittig (Hrsg.). 2012. Vulnerabilität der Metropolregion Bremen-Oldenburg gegenüber dem Klimawandel. Nordwest2050 Berichte Heft 2, Bremen/Oldenburg. http://www.nordwest2050.de/index_nw2050.php?obj=file&aid=8&id=321&unid=8059734d04dfa3251c32f9e351b00f25 (20.11.2012).

Scott, Peter, Michael Gibbons, Helga Nowotny, Camille Limoges, Martin Trow, Simon Schwartzman. 1994. The New Production of Knowledge: The Dynamics of Science and Research in Contemporary Societies. London: Sage.

Steinfeldt, Michael. 2012. Umweltentlastungen durch Nanotechnologien. In: Michael Decker, Armin Grunwald, Martin Knapp (Hrsg.), Der Systemblick auf Innovation – Technikfolgenabschätzung in der Technikgestaltung. Berlin edition sigma

Umweltbundesamt. o.J. a. REACH Informationsportal. http://www.reach-info.de/pbt.htm (29.09.2012).

Umweltbundesamt. o.J. b. Die Umsetzung von REACH im Detail, http://www.umweltbundesamt.de/chemikalien/reach.htm (29.09.2012).

Vermeire, Theo, Marja van den Bovenkamp, Yury Bruinen de Bruin, Christiaan Delmaar, Jacqueline van Engelen, Sylvia Escher, Hans Marquart, Tim Meijster. 2010. Exposure-based waiving under REACH. Regulatory toxicology and pharmacology 58(3), S. 408–420.

Weizsäcker, Christine von, Ernst Ulrich von Weizsäcker. 1984. Fehlerfreundlichkeit. In: Klaus Kornwachs (Hrsg.), Offenheit – Zeitlichkeit – Komplexität. Frankfurt a. M., New York: Campus Verlag. S. 167–201.

Wigger, Henning, Arnim von Gleich. 2012. Prospektive (Umwelt)Expositionsabschätzung synthetischer Nanopartikel basierend auf Produktanwendungsszenarien. In: Michael Decker, Armin Grunwald, Martin Knapp (Hrsg.), Der Systemblick auf Innovation – Technikfolgenabschätzung in der Technikgestaltung. Berlin edition sigma.

Rationale Technikfolgenbeurteilung 5

Stephan Lingner

5.1 Einführung: Anlass, Geschichte und Institutionalisierung

Das Konzept der rationalen Technikfolgenbeurteilung ist eng mit der *Europäischen Akademie zur Erforschung von Folgen wissenschaftlich-technischer Entwicklungen Bad Neuenahr-Ahrweiler GmbH* sowie mit der Person ihres Gründungsdirektors *Carl Friedrich Gethmann* verknüpft. Dabei expliziert der etwas sperrige Titel der Einrichtung bereits treffend ihren Forschungsgegenstand. Die Europäische Akademie wurde 1996 als *gemeinnützige GmbH* mit Sitz in der Bonner Wissenschaftsregion vom Land Rheinland-Pfalz und vom Deutschen Zentrum für Luft- und Raumfahrt e. V. (DLR) gegründet[1] und wird seither von beiden Gesellschaftern getragen. Das Bundesforschungsministerium (seinerzeit BMFT) beteiligte sich anfänglich mit einer Anschubfinanzierung an der Förderung ihrer Forschungsvorhaben, die nun überwiegend antragsgebunden auch aus anderen Mitteln der öffentlichen Hand und durch Zuschüsse von Stiftungen und Verbänden sowie von der Europäischen Kommission finanziert werden. Die vorstehenden Randbedingungen zusammen mit dem satzungsmäßigen Auftrag der Akademie ermöglichten ihr seit Anbeginn eine Technikfolgenforschung und -beurteilung in *wissenschaftlicher Unabhängigkeit*. Diese Unabhängigkeit ist für das Vertrauen der Adressaten in die Forschungsergebnisse der Europäischen Akademie und damit für ihre Akzeptanz von zentraler Bedeu-

Vorstellung der Europäischen Akademie

---

[1] Das besondere Interesse des DLR an der Institutionalisierung von TA beruhte einerseits auf der Einsicht, sich als Großtechnologieeinrichtung unter gesellschaftlichem Legitimationsdruck auch an der Untersuchung von Technikfolgen beteiligen zu müssen und andererseits darin, eine entsprechende Kapazität auszugliedern, um interne Zielkonflikte und nachgelagerte Beratungsdilemmata zu vermeiden.

tung – gilt es doch im Interesse einer verantwortbaren Gestaltung unserer technischen Kultur etwaige Gutachterdilemmata zu vermeiden.[2]

Ihr Platz in der TA-Landschaft

Bei ihrer Gründung fand die Europäische Akademie bereits eine relativ breit ausdifferenzierte TA-Landschaft in Europa vor – sowohl hinsichtlich der etablierten Konzepte und einschlägigen Institutionen als auch in Bezug auf die jeweilig adressierten Beratungskreise, -kontexte und -notwendigkeiten. Die Süddeutsche Zeitung titelte entsprechend in Ihrer Ausgabe vom 2.1.1997: „Warum noch eine Akademie?" Bedarf hierfür konnte in dem Artikel aus fachlichen und methodischen Gründen sowie aus Adressatensicht geltend gemacht werden. Danach wurden in der vormals überwiegend sozialwissenschaftlich verfassten TA-Landschaft vor allem Defizite in der Institutionalisierung interdisziplinärer und *philosophisch geprägter Technikreflexion* gesehen, die auf rationale und akzeptable Risikoabwägung bzw. Konfliktbewältigung auszurichten war (Grunwald 1996). Weiterhin wurde bis in die neunziger Jahre des 20. Jahrhunderts das Fehlen einer TA-Einrichtung mit *europäischer Perspektive* als Manko angesehen. Insbesondere dieser letzte Punkt war auch zentrales Ergebnis einer systematischen Analyse der europäischen TA-Kapazitäten, die im Rahmen einer Machbarkeitsstudie für eine Akademie zu TA in Europa durch den Verein Deutscher Ingenieure (VDI) durchgeführt wurde (Strümper-Jantzen/Zweck 1993). Sie gab auch die Anregung, künftig stärker die Akteure in Bildung und Forschung als Adressaten von TA zu beraten. Die VDI-Studie wurde vom Bundesforschungsministerium in Auftrag gegeben und gab letztlich auch einzelne wichtige Impulse für die Gründung und den Auftrag der Europäischen Akademie.

Konzeption der Methode rationaler Technikfolgenabschätzung

Die weitere Konzeption und verfahrensmäßige Methode rationaler Technikfolgenbeurteilung wurde allerdings – weitgehend unabhängig von den Resultaten der VDI-Studie – von den Initiatoren der Europäischen Akademie entwickelt. Das Verfahrenskonzept fußte dabei auf entsprechenden Methoden und Erfahrungen der 1987 gegründeten Akademie der Wissenschaften zu Berlin (West), deren Rechtsnachfolger fünf Jahre später die Berlin-Brandenburgische Akademie der Wissenschaften (BBAW) wurde. Ein entsprechender Projektbericht dieser Art wurde erstmals 1992 von einer Arbeitsgruppe an der dortigen Akademie veröffentlicht (Arbeitsgruppe Umweltstandards 1992). Ab 1996 etablierte sich die in Berlin praktizierte Arbeitsweise in ihren Grundzügen als Programm rationaler Technikfolgenbeurteilung an der neu gegründeten Europäischen Akademie mit Sitz in Bad Neuenahr-Ahrweiler bei Bonn und wurde dort seither weiterentwickelt. Ähnlich konzipierte Verbünde und Verfahren interdisziplinärer Forschung sind z. B. am Alfried Krupp Wissenschaftskolleg Greifswald und an der Deutschen Akademie der Technikwissenschaften (acatech) vertreten.

---

2 Im Fall der Europäischen Akademie beschränken sich die Gesellschafter auf die Geschäftsführung. Einflüsse auf die wissenschaftlichen Arbeiten finden nicht statt und wären durch die Satzung der Akademie auch nicht zu legitimieren.

5.2 Grundlagen und Konzeption

Das Konzept rationaler Technikfolgenbeurteilung unterstellt anderen TA-Ansätzen keine Irrationalität, sondern kennzeichnet sich als explizit *wissenschaftsgeleitetes Verfahren*, um entsprechende Zielgruppen anzusprechen, die von alternativen Verfahren weniger gut erreicht werden. Alle TA-Ansätze eint die Frage nach dem Umgang mit der Ambivalenz und damit verbundenen Akzeptanzproblemen technischen Handelns. Diese Frage ist aber insbesondere hinsichtlich ihrer *ethischen Implikationen* konstitutiv für das Unternehmen der rationalen Technikfolgenbeurteilung und ihrer spezifischen Risikoperspektive. Zum besseren Verständnis soll dieser Zusammenhang daher kursorisch erläutert werden (ausführlicher hierzu Gethmann 2012).

Wissenschaftsgeleitetes Verfahren

5.2.1 Ambivalenz technischen Handelns als Ausgangspunkt

Mensch, Gesellschaft und Institutionen sind generell technisch geprägt, was durch die kulturgeschichtliche Entwicklung technischen Handelns belegt bzw. erklärbar ist. Technisches Handeln kann daher als Teil der Kultur und des Selbstverständnisses des Menschen vorausgesetzt werden, der technische Artefakte und Infrastrukturen nach Maßgabe seiner Zwecksetzungen konstruiert oder abwandelt. In vor-moderner Zeit waren technische Hilfsmittel und Geräte, wie z. B. Windmühlen oder Handwerkzeuge relativ einfach konstruiert, und der Folgenraum ihrer Anwendung blieb überschaubar. Daher reichte es zunächst aus, diese lediglich nach den beabsichtigten Zwecken und ihrer Eignung für die jeweiligen Zwecke zu beurteilen – ohne die gesellschaftlichen Bedingungen ihrer Realisierung und ihrer Nebenfolgen in den Blick nehmen zu müssen.

Technikprägung

Im Laufe der weiteren Entwicklung von Technik und Gesellschaft wurden aber auch zunehmend normative Aspekte relevant. So stellten sich mit der industriellen Fertigung komplexer Maschinen und Anlagen zunehmend auch legitimatorische Fragen technischen Handelns, die Technik und Gesellschaft in einem Spannungsverhältnis stehen ließen. Diese Ambivalenz kam ganz wesentlich durch die *Unsicherheit und ungleiche Verteilung der Technikfolgen* zustande. Dabei hat die Unsicherheit über Technikfolgen ihre Ursache in der Komplexität unserer emergenten technischen Umwelt und ihrer Prozesse, die einerseits eine technisch beförderte Realisierung intendierter Zwecke nur noch mit einer gewissen Wahrscheinlichkeit versprechen, andererseits aber auch nicht-gewollte, schädliche oder eventuell sogar gefährliche Folgen haben können. Als Beispiel wären hier Kraftwerke zu nennen, die ausfallen könnten und Schadstoffe emittieren. Entsprechende Nebenfolgen dieser Prozesse technischen Handelns sind selten gleichverteilt und können daher bestimmten Betroffenengruppen zusätzliche Lasten oder Risiken aufbürden, häufig auch ohne dass sie Nutznießer dieser Technik wären – und somit ohne Aussicht auf Kompensation. Mit diesen

Normative Aspekte werden relevant

Unsicherheit und ungleiche Verteilung der Technikfolgen

Unsicherheits- und Verteilungsfragen sind korrespondierende Akzeptanz-, Zumutbarkeits- und Gerechtigkeitsprobleme verknüpft, die ohne technikethische Reflexion kaum befriedigend zu klären und zu lösen sind.

Paradoxon gesellschaftlicher Technikreflexion

Entsprechende Überlegungen zur Ethik der Technik setzen sich daher mit folgendem scheinbaren *Paradoxon gesellschaftlicher Technikreflexion* auseinander: Zivile technischen Entwicklungen zielen primär und zumeist mit Erfolg auf Nutzen- bzw. Komfortsteigerungen und/oder auf Minderung von bestimmten Gefahren hin und sind insoweit grundsätzlich wünschbar. Allerdings steht ihrem primären Beitrag zum Nutzen der Gesellschaft auch die Erzeugung der o. g. *sekundären Risiken* gegenüber, deren Schadenspotentiale Anlass zu gesellschaftlicher Besorgnis, kritischer Technikreflexion und zur Formulierung entsprechender Vermeidungsstrategien geben. Hier besteht allerdings auch die Gefahr „überzogener" Reaktionen, soweit diese darauf gerichtet sind, sekundäre Risiken gänzlich ausschließen zu wollen. Solche risiko-aversen Reaktionen ignorieren nicht nur den primären Nutzen von Innovation, sondern auch die gleichfalls risikobedingte Unsicherheit über die Realisierung möglicher schädlicher Sekundäreffekte sowie ggf. über ungleiche und somit begründungsbedürftige Risikokalküle der Akteure in anderen Kontexten. Grundsätzlich risikoscheues Verhalten, wie es z. B. aus dem „Prinzip Verantwortung" (Jonas 1979) abgeleitet werden könnte, würde möglicherweise gesellschaftliche Risiken dritter Ordnung nach sich ziehen, wenn damit eine unangemessene und abrupte Abkehr von im Prinzip funktionierenden, bereits etablierten und systemrelevanten Prozessen und Strukturen einherginge – mit eventuell schwerwiegenden sozialen Verwerfungen. Dagegen ermöglicht erst umfassendes Wissen über die jeweiligen Risiken ihre angemessene Bewältigung, z. B. durch die Formulierung fundierter Vorschläge für geeignete und nachvollziehbare Sicherheitsstandards.

These und abgeleitete Forderung

Die These lautet daher, dass rationale Gestaltung von Wissenschaft und Technik einen Stand der Sicherheit erlaubt, der durch einfache Risikoaversion nicht möglich wäre. Daraus lässt sich eine Forderung an moderne Gesellschaften ableiten, kritische Technikreflexion *von der Perspektive primärer Gefahrenwahrnehmung hin zur rationalen Risikobeurteilung* weiterzuentwickeln. Menschliches Handeln ist als chancen-nutzendes technisches Handeln immer auch ein Handeln unter Risiko und damit eine Frage praktischer Vernunft und Verantwortung (Gethmann 1993). Bezogen auf die technische Kultur des Menschen bedeutet dies, dass sich Urteile zur Gebotenheit oder Zumutbarkeit von weiteren wissenschaftlich-technischen Entwicklungen auf rationale Risikobeurteilungen stützen sollte. Diese sollten sich z. B. auf integrierte Risiko-/Nutzenabwägungen aber gegebenenfalls auch auf Risikovergleiche stützen. Letztere zielen auf eine größtmögliche und kontextübergreifende Kohärenz menschlichen und damit zumeist technischen Handelns.

5.2.2 Rationalität als Anspruch

Im Interesse der friedlichen Lösung von Technikkonflikten sind rationale Verfahren notwendige Voraussetzungen für die Gewinnung von begründetem Handlungswissen. Wie oben dargestellt, setzt die rationale Beurteilung von technischen Risiken und ihre umsichtige Bewältigung umfassendes Wissen aus relevanten Disziplinen und Wissenskategorien voraus. Das gilt sowohl für die relevanten wissenschaftlich-technischen Gegenstände und gesellschaftlichen Problembereiche als auch mit Blick auf methodologisches Wissen und auf Orientierungswissen, um begründete und legitime Empfehlungen zur Entwicklung von und zum Umgang mit moderner Technik machen zu können. Hinter dieser Forderung stehen erhebliche Begründungs- und Rechtfertigungspflichten wissenschaftlicher Argumentation beziehungsweise rationalen Handelns vor dem Hintergrund der oben genannten Technikkonflikte.

Rationale Verfahren als Voraussetzung für Wissensgewinnung

Dabei zielt methodologisches Wissen einerseits auf die wissenschaftstheoretische Feststellung der Qualität und der Reife des veranschlagten Verfügungswissens, das z. B. bei Modellwissen aus numerischen Simulationen durchaus einen anderen Status beansprucht, als solches aus gesicherten empirischen Erhebungen. Andererseits kann methodologisches Wissen Angebote zum Umgang mit oftmals zwangsläufig unsicherem, unvollständigem und überkomplexem Wissen machen, das die gegenwärtige Technikdiskussion durchzieht. So ist beispielsweise die Formulierung *bedingter Wahrscheinlichkeiten* bei profunder Unsicherheit z. B. über das zukünftige Klimageschehen eine sinnvolle, aber hinsichtlich zugrundeliegender Prämissen stets zu reflektierende Aufgabe interdisziplinärer Arbeit. Ähnliches gilt für Verfahren der *„bounded rationality"*, die bei unvollständigem Wissen und hohem Handlungsdruck zum Einsatz kommen. Auch hier sind etwaige „Daumenregeln" zu explizieren und kontextspezifisch zu überprüfen, da sie – obschon im Einzelfall hilfreich – nicht unreflektiert übertragbar sind und angewandt werden sollten. Im Ergebnis wird methodologische und wissenschafts-theoretische Kompetenz etwaige Resignation und Überforderung von Beratern und Beratenen durch „unangepasste" Wissensbestände – aber auch „blindes Vertrauen" in diese – vermeiden helfen. Darüber hinaus kann die methodologische Perspektive dazu beitragen, *transdisziplinäre Wissensangebote* mit hoher praktischer Relevanz (z. B. Kontextwissen; „lokales" Wissen von Laien) zu validieren und in geeigneter Weise in die Technikreflexion einzubinden.

Zwei Ziele methodologischen Wissens

Schließlich soll normatives Wissen – etwa über universelle Regeln und Grundsätze der Konfliktlösung oder über ihre Erarbeitung – den zu beratenden Akteuren Orientierung in solchen Technikfragen geben, die sozialen bzw. ethischen „Sprengstoff" oder nicht wünschbare Hürden für die weitere Forschung, Entwicklung und Innovation bergen. Dies geschieht im Bewusstsein, dass entsprechende faktische oder zu erwartende Akzeptanzprobleme in unserer wissenschaftlich-technischen Zivilisation durch reine, zumal technische Wissens-

Nutzung von normativem Wissen

vermittlung weder legitim noch wirksam zu lösen sind. „Akzeptanzbeschaffung" greift hier also zu kurz und wäre voraussichtlich auch nicht dauerhaft zu sichern, was insbesondere bei kostenträchtigen Infrastrukturprojekten mit langen Planungs-, Nutzungs- und Amortisationszeiträumen verhängnisvoll wäre. Im Übrigen wäre eine Technikfolgenabschätzung, die das Ziel der Konfliktvermeidung durch Akzeptanzbeschaffung hätte, hinsichtlich ihres mehr oder minder expliziten Auftrags der Gesellschaft gegenüber kaum verantwortbar.

Rationales Verhältnis zum technischen Risiko

Der angemessene Umgang mit Technikrisiken setzt also ein rationales Verhältnis zum technischen Risiko voraus. Diese Rationalität kann sich dabei nicht auf die deskriptive wissenschaftliche Analyse des Gegenstandsbereichs beschränken, da Technikfragen zugleich immer auch gesellschaftliche Anliegen sind; und damit sind Rechtfertigungsprobleme verknüpft. Ebenso wenig kann sich wissenschaftliche Politikberatung allein auf oftmals flüchtige und selten rationale Stimmungsbilder in der Öffentlichkeit als normative Richtschnur verlassen, um den „blinden Fleck" technokratischer Analyse zu vermeiden. Faktische Akzeptanzprobleme können zwar wissenschaftlich objektiv erhoben werden und äußern sich mitunter in machtvollen Ansprüchen ihrer Protagonisten; diese bewegen aber oft auch irrationale, kurzlebige oder partikularistische Motive, die als Anliegen zwar ernst zu nehmen sind – dies aber mit hinreichend kritischer Distanz, zumindest aus Perspektive der Technikfolgenbeurteilung als rational beurteilendes Unternehmen.

Rationale Beratung zur Bewältigung von Konflikten

Technikfolgenbeurteilung soll daher – zumal in einer repräsentativ verfassten Demokratie mit entsprechend legitimierter Gewaltenteilung – den zuständigen Organen und Akteuren technikpolitische Entscheidungen nicht abnehmen, indem sie beispielsweise auf den „Druck der Straße" verweisen würde.[3] Wissenschafts-Governance und Technikpolitik brauchen vielmehr rationale Beratung *zur Bewältigung* statt zur vorauseilenden Vermeidung von Konflikten. Daher muss rationale Technikfolgenbeurteilung den Konfliktparteien solche Angebote oder Vorschläge machen, die zumindest aus interdisziplinärer Sicht universelle Geltung beanspruchen können und damit grundsätzlich und auf planbare Fristen hin idealerweise für alle relevanten Gruppen akzeptierbar und ihre Konsequenzen für jedermann wünschbar bzw. zumutbar sein sollten. Rationales Technology Assessment will damit sowohl technik-averses „Technology Arrestment" als auch einseitige Akzeptanzbeschaffung vermeiden.

Gegen Dezisionismus und Muddling Through

Der propagierte Begründungs- und Universalisierungsanspruch wendet sich damit in gesellschaftlich sensiblen Technikfragen gleichermaßen gegen Dezisionismus und „Muddling Through". Indes kann und will rationale Technikfolgenbeurteilung mit ihren Empfehlungen demokratisch legitimierten politischen Handlungsträgern keine Entscheidungen abnehmen. Hierfür sprechen zwei

---

3   So wird beispielsweise in der Kritik an partizipativer Technikfolgenabschätzung auf die Gefahr der Rückdelegierung von Verantwortlichkeiten zwischen Öffentlichkeit, Politik und Forschung verwiesen (Gethmann 2001).

Gründe: Normative Schlüsse aus der Folgenbeurteilung einer fraglichen Technologie sind wissenschaftlich zu fundieren; sie werden daher zumeist auf mehr grundsätzlicher Ebene – und damit abseits tagespolitischer Entscheidungslagen formuliert (siehe hierzu 5.2.3 Dimensionen der Technikfolgenbeurteilung). Hinzu kommt, dass sich der transdisziplinäre Horizont rationaler Technikfolgenbeurteilung üblicherweise auf *einen* spezifischen Problemtypus beschränkt (z. B. auf Klimaschutzfragen). Parlamentarier hingegen müssen oft über eine Vielfalt zumeist konkurrierender, zum Teil auch technikferner Problembereiche der Lebenswelt abwägen und entscheiden. Hier kann TA allenfalls fundierte Vorschläge *ohne Einlösungsanspruch* machen. In der Praxis wird der universalistische Anspruch von Technikfolgenbeurteilung den faktischen Parteienstreit also nicht entscheiden, sondern lediglich grundsätzlich akzeptierbare Lösungsvorschläge anbieten, die sich politische Akteure zu Eigen machen können.

5.2.3 Dimensionen der Technikfolgenbeurteilung

Wie oben dargestellt, zeigen die Optionen der Technikgestaltung und damit verbundene Handlungskonflikte Bedarf für die Formulierung orientierender Strategien, Normen oder Anreize auf. Rationale Technikfolgenbeurteilung soll daher über die Beschreibung und Analyse von Handlungsmöglichkeiten hinaus Vorschläge oder Empfehlungen entwickeln, die nicht nur wissenschaftlich fundiert, sondern grundsätzlich auch zustimmungsfähig sind. Das Bemühen, entsprechend präskriptives Wissen bereitzustellen, wird auch im „Wording" des Ansatzes der Technikfolgen*beurteilung* deutlich. Sprachlich erscheint dieser Begriff anspruchsvoller als das relativ unverbindliche „Abschätzen" in TA.[4] Entsprechend formuliert Technikfolgenbeurteilung ihren wissenschaftlichen und normativen Anspruch expliziter als andere Ansätze – allerdings auch zum Preis ihrer Wahrnehmung in TA-relevanten Kreisen.

Entwicklung zustimmungsfähiger Vorschläge

Die Beurteilung von Technikfolgen erschließt auch solche Dimensionen, die von traditioneller TA in dem Maße bislang wenig oder nur zögernd durchdrungen werden. Sie beschränkt sich dabei nicht nur auf die Evaluierung von möglicherweise schädlichen Nebenfolgen technischen Handelns (z. B. Umweltveränderungen), sondern insbesondere auch auf dessen intendierte *Zwecke* (Gethmann 1998), die gleichfalls zu rechtfertigen sind, z. B. wenn die Herstellung menschlicher Klone für therapeutische Zwecke zur Diskussion steht oder – wie in einem 2009 abgeschlossenen Projekt der Europäischen Akademie – das pharmazeutische „Enhancement" psychischer Eigenschaften. Dieses Beispiel belegt zugleich, dass die Technikfolgenbeurteilung neben den klassischen TA-Domä-

Erweiterung des Problem- und Untersuchungsspektrums

---

4   Gleichwohl ist der Anspruch von „Technikfolgenabschätzung" sicher höher; ihre Bezeichnung ist langjährig etabliert und scheint mehr ein Zugeständnis an das englische Akronym für „Technology Assessment" zu sein.

nen „Hochtechnologie" und „Umwelt" *auch den Gesundheitssektor* schon früh erschlossen hat, der zunächst eher von kirchennahen und damit eher von partikularistischen Beratungsinstitutionen besetzt war.[5] Gründe für die frühzeitige Erweiterung des Problemspektrums der Technikfolgenbeurteilung lagen in der zunehmenden wissenschaftlich-technischen Durchdringung des Medizinwesens, der ethischen Relevanz entsprechender Entscheidungsprobleme (z. B. Sterbehilfe in der Intensivmedizin) und im explizit ethischen Zugang rationaler Technikfolgenbeurteilung zu diesen und anderen gesellschaftlichen Problemlagen. Hinzu kommt die Erweiterung der Perspektive der Technikfolgenbeurteilung auf die *Sphäre der Wissenschaft,* deren Ergebnisse – nicht nur gleichsam vorgelagert – technischen Entwicklungen vorausgehen, sondern die als Resultate gerätegestützten Handelns auch Ergebnis technischen Handelns sind. Beispiele hierfür sind wissenschaftliche Projektionen zukünftiger Klimaszenarien zur Politikberatung mit Hilfe aufwendiger rechnergestützter Modellierungen. Technikfolgenbeurteilung muss sich in diesem Zusammenhang mit dem erkenntnistheoretischen und normativen Status des erzeugten Modellwissens auseinandersetzen.[6] Dem weiten Spektrum der zu untersuchenden Gegenstände rationaler Technikfolgenbeurteilung entsprechend sind damit sowohl die relevanten medizin- bzw. technik- oder natur- und sozialwissenschaftlichen Disziplinen (inklusive der Ökonomie) als auch die Normwissenschaften (Jurisprudenz; philosophische Ethik) und die Wissenschaftstheorie angesprochen. Die philosophische Orientierung erlaubt zugleich die notwendige Klärung und Präzisierung strittiger Begriffe in der laufenden interdisziplinären Arbeit als auch die Reflexion und Weiterentwicklung des Konzepts der Technikfolgenbeurteilung.

Adressaten

Die Adressaten rationaler Technikfolgenbeurteilung lassen sich prinzipiell drei Gruppen zuordnen. Sie richtet sich dabei durch ihren explizit rationalen Ansatz und ihre wissenschaftsgeleitete Kommunikation insbesondere an das Wissenschaftssystem selbst und damit an seine Gremien und forschenden Mitglieder. Sie soll damit bereits in einer frühen Phase der Wertschöpfung auf die *Selbststeuerung des Wissenschaftssystems* und auf das Selbstverständnis beziehungsweise auf die spezifische Verantwortung der Forscher moderierend einwirken. Dies trifft z. B. für den neuen Forschungszweig der „synthetischen Biologie" zu, der bereits in einem frühen Stadium schwer kalkulierbare Risiken erwarten lässt und daher im Rahmen eines Akademie-Projekts untersucht wird. Diese Adressatenorientierung ist ein Alleinstellungsmerkmal der Technikfolgenbeurteilung und lässt sie als komplementäres Element in der vielgestaltigen TA-Landschaft erscheinen (Lingner 2010). Darüber hinaus richten sich ihre

---

5   Diese Nische ist mittlerweile auch Gegenstand des „Health Technology Assessment", das sich allerdings ausschließlich auf den Gesundheitsbereich beschränkt.
6   Entsprechende wissenschaftstheoretische Reflexionen wurden z. B. im Projekt „Klimavorhersage und Klimavorsorge" der Europäischen Akademie notwendig.

Empfehlungen auch an Legislative und Exekutive in Wissenschafts- und Technikpolitik sowie an die problemrelevanten Ressorts. Schließlich soll die interdisziplinäre Klärungsarbeit zu virulenten oder drohenden Konflikten in Technik und Gesellschaft auch die (potentiell) Betroffenen und die interessierte Öffentlichkeit erreichen, um Aufklärung und Argumentationshilfe zu geben.

Weiterhin ist das „Europäische" für die institutionalisierte Technikfolgenbeurteilung nicht nur namengebend, sondern auch Perspektive der Technikreflexion. Hintergrund hierfür ist die Tatsache, dass viele Konsequenzen moderner wissenschaftlich-technische Entwicklungen *grenzüberschreitender* Natur sind; somit reichen die Untersuchungen über die nationale Sphäre der TA hinaus. Zugleich ist Europa durch dessen Zusammenwachsen sowie durch die Abgabe vieler einzelstaatlicher Kompetenzen an Brüssel zur praktischen *Regulierungsebene* vieler technikpolitischer Entscheidungen geworden und somit auch sehr konkret Adressat entsprechender Empfehlungen. Beispielhaft sei hier das bereits 2003 abgeschlossene Akademie-Projekt „Embryonenforschung" genannt, das eine dezidiert europäische Perspektive einnahm. Bei diesen Studien richtet sich der Blick auch auf das erweiterte Europa des Europarats, dessen kulturpolitische Perspektive für das Thema Technikfolgen einschlägig ist. Technikfolgenbeurteilung realisiert diesen Anspruch durch das Aufgreifen europarelevanter Themen und durch die Einbindung ausländischer Wissenschaftler sowie durch die Kooperation mit entsprechenden Einrichtungen und Netzwerken.

Europäische Perspektive

Die Perspektive von Technikfolgenbeurteilung bezieht sich – wie die vieler anderer TA-Ansätze – nicht nur reaktiv auf die eingetretenen Folgen und Konflikte von Technik und Gesellschaft, sondern versucht diese bereits *im Vorfeld zu antizipieren*, um nachteilige Entwicklungen zu vermeiden beziehungsweise um wünschbare Entwicklungen rechtzeitig unterstützen zu können.[7] Das Anliegen der Folgenprognose zielt vor allem auf die Vermeidung von späteren Technologiebrüchen, „Investitionsruinen" und sozialen Verwerfungen und damit auf eine kohärente Governance von Wissenschaft und Technik.[8] Entsprechend will die Technikfolgenbeurteilung Beiträge für eine verlässliche Forschungs- und Technikpolitik leisten und betrachtet daher insbesondere *mittel- bis langfristige Zeithorizonte* von möglichen Konsequenzen wissenschaftlich-technischer Entwicklungen. Damit zielt sie weniger auf konkrete und kurzfristige Entscheidungsfragen der tagesaktuellen Technikpolitik sondern vielmehr auf die perspektivische Beurteilung möglicher soziotechnischer Szenarien und die Entwicklung entsprechender Vorschläge für nachhaltig-akzeptierbare Strategien und Rahmensetzungen. Rationale Technikfolgenabschätzung ist damit zwar

Antizipation von Folgen und Konflikten

---

7   Hier kann das Akademie-Vorhaben „Synthetische Biologie" auch als Beispiel für eine antizipierende Beurteilung von Technikfolgen herangezogen werden.
8   Im Detail taucht hierbei allerdings das Problem der relativen Unbestimmtheit von vorausschauender Technology Governance auf, das auch als „Collinridge-Dilemma" bekannt ist (Collinridge 1980).

praxisbezogen, aber – anders als z. B. parlamentarische TA – nicht unmittelbar umsetzungsorientiert (Gethmann 1998).

5.3 Zur Praxis der Technikfolgenbeurteilung

Transdisziplinäre Forschungsaufgabe

Die Beurteilung von Technikfolgen für die Gesellschaft ist eine *transdisziplinäre Forschungsaufgabe*, die von der außerwissenschaftlichen Welt an die Wissenschaft herangetragen wird. Typische Problembereiche sind z. B. Energieversorgung, Mobilität und Gesundheit. Die Technikfolgenforschung ist in diesen Bereichen an der angemessenen Problemlösung interessiert und weniger an innerwissenschaftlichem Erkenntnisgewinn. Die Aufgabe sprengt aber zugleich auch fachliche Grenzen, weswegen sich die lösungsorientierte Technikreflexion *interdisziplinär organisieren* muss. Diese Spezifika sind daher konstitutiv für die Methode der rationalen Technikfolgenforschung und -beurteilung, deren Verfahrensschritte am Beispiel der Europäischen Akademie folgendermaßen skizziert werden (siehe hierzu auch Decker 2007).

5.3.1 Projekt-Vorphase

Von der Themenfindung zum Arbeitsprogramm

Zu Beginn jedes Technikfolgenforschungsvorhabens steht ein aktuelles Problem der Technikdebatte oder eine neue Entwicklung, deren absehbare Konsequenzen hinreichend gesellschaftlich relevant werden könnten.[9] Entsprechende Themen können durch Vorschläge von außen oder durch Ausschreibungen der öffentlichen Forschungsförderung an die Akademie herangetragen oder auch im Rahmen ihrer öffentlichen Fachtagungen explorativ entwickelt werden. Vor allem werden sie aber von den Wissenschaftlern der Akademie mit wachem Auge für die gesellschaftlichen Belange technischer Entwicklungen „entdeckt". Über das systematische Monitoring zahlreicher Tageszeitungen, Fachzeitschriften und elektronischer Medien und aus der eigenen Lebenspraxis vollzieht sich der *Transfer transdisziplinären Problemwissens* in die Technikfolgenforschung. Von dem verantwortlichen Wissenschaftler mit entsprechender fachlicher Kompetenz sind nun die Konturen des anvisierten Themas mit Blick auf die gesellschaftlichen Implikationen zu schärfen und an die institutionellen, finanziellen und verfahrensmäßigen Möglichkeiten der Europäischen Akademie anzupassen. Interne Mitarbeiterklausuren zur Diskussion erster Problemskizzen und weitere Hinweise des unabhängigen und interdisziplinär besetzten Wissenschaftlichen Beirats der Akademie unterstützen die Präzisierung des Themas. Ergebnis dieser

---

9   Beispielsweise ist „Synthetische Biologie" ein geeignetes Thema, dessen Versprechen, neuartiges Leben zu schaffen, u. a. moralische Bedenken hinsichtlich menschlicher Hybris weckt.

Vorarbeiten ist ein *Arbeitsprogramm,* ggf. auch eine in Teilen schon ausgearbeitete Vorstudie oder – im Falle einer ausgeschriebenen Forschungstätigkeit – ein Forschungsantrag, auf dessen Basis das beabsichtigte Vorhaben anknüpfen kann.

Die geplante Forschungsarbeit ist als *zeitlich begrenztes Projekt* von zwei bis drei Jahren zu konzipieren. Diese projektförmige Forschung ist der Aktualität soziotechnischer Probleme und dem frühzeitig zu erbringenden Lösungsbeitrag durch Technikfolgenbeurteilung geschuldet. Umgekehrt kann die Beurteilungsaufgabe nicht tagesaktuell gelöst werden, da sie in der Regel komplex und ambivalent ist und daher einer genügend umfassenden Reflexion und Abwägung bedarf, um zu verlässlichen und akzeptierbaren Resultaten zu gelangen. Die Komplexität und Ambivalenz der Aufgabe erfordert zugleich multidisziplinäre Kernkompetenzen, die für das jeweilig geplante Projekt spezifisch sind und benannt werden müssen. Um das Vorhaben in der nötigen Tiefe bearbeiten zu können, sind diese Kernkompetenzen im Projekt auch entsprechend personell zu besetzen und als *interdisziplinäre Arbeitsgruppe* zu organisieren. Im Verlauf des Vorprojekts reicht es zunächst aus, eine Kerngruppe verschiedener Fachvertreter zu nominieren und an der Europäischen Akademie zu etablieren. Die Kernarbeitsgruppe kann nun das interdisziplinäre Arbeitsprogramm konkretisieren und auf dieser Basis ihre Erweiterung einleiten.

Zeitlich begrenztes Projekt mit interdisziplinärer Arbeitsgruppe

5.3.2 Konstituierung der Projektgruppe

Die Projektgruppe wird von einem erfahrenen und fachlich einschlägigen Wissenschaftler der Europäischen Akademie geleitet; zumeist ist dies die/der bereits für das Vorprojekt Verantwortliche. Üblicherweise umfasst die konsolidierte Arbeitsgruppe *fünf bis zehn ausgewiesene Vertreter* der relevanten Disziplinen aus Forschungseinrichtungen des In- und Auslands, die als Mitglieder der Akademie berufen werden. Aus organisatorischen Gründen ist ihre Zahl zu begrenzen; evtl. darüber hinaus notwendige Fachkompetenz kann im Laufe des Projekts durch geeignete Studien, Gutachten oder auch mündliche Expertisen eingebunden werden. Die Zusammensetzung der Projektgruppe folgt explizit dem *Expertenprinzip,* um die wissenschaftliche Exzellenz der Resultate zu sichern und um dem oben erläuterten Rationalitätsanspruch der Technikfolgenbeurteilung gerecht zu werden. Das Expertenprinzip ist dabei insbesondere auch ein Zugeständnis an das Wissenschaftssystem als Hauptadressaten der Technikfolgenbeurteilung. Was ihre transdisziplinäre Perspektive anbelangt, hat es sich bewährt, solche Mitglieder der Arbeitsgruppe zu gewinnen, die über das Fachliche hinaus über hinreichend *Überblicks- und Erfahrungswissen* zu verfügen, um auch die lebensweltliche Anschlussfähigkeit der Resultate zu ermöglichen. Auf der anderen Seite können – wenn möglich – auch Jungwissenschaftler beteiligt werden, um zusätzliches kreatives Potential abseits „ausgetretener Pfade" zu heben.

Expertenprinzip

Zum Kritikpunkt Alltagsferne

Die zuweilen an experten-zentrierte TA herangetragene Kritik der Alltagsferne (siehe z. B. Simonis 2001) relativiert sich in der Praxis rationaler Technikfolgenbeurteilung: Zum einen sind die berufenen Fachvertreter wie auch andere Personen eingebunden in die lebensweltlichen Bezüge des Alltags und mit ihnen vertraut; insofern sind Wissenschaftler allgemein keine weltfremde „Spezies". Zum anderen sind sie in den einzelnen interdisziplinären Arbeitsgruppen jenseits ihrer jeweiligen disziplinären Horizonte auch Laien und damit auf gegenseitiges Vertrauen in die „Tugenden" rationalen Argumentierens angewiesen. Dabei ist es aufgrund der fachsprachlichen Grenzen und des interdisziplinären Rahmens für ein gemeinsames Verständnis aller Mitglieder erforderlich, sich bis zu einem gewissen Grade in der Alltagssprache zu bewegen. Dieser Punkt kommt wieder der Anschlussfähigkeit der Resultate entgegen. Gleichwohl ist die Auswahl geeigneter Arbeitsgruppenmitglieder ein heikler Schritt, der über die Erfolgs- und Geltungsbedingungen der Resultate mitbestimmt. So ist es abgesehen von der Teamfähigkeit und dem Interesse an interdisziplinärer Arbeit wichtig, dass die nominierten Experten nicht nur ihr eigenes Fach kompetent vertreten, sondern – mit Blick auf ihre *Unabhängigkeit* – auch frei von Zielkonflikten sind. Aus Gründen der Realisierung weitgehender Neutralität im Projekt sind daher solche Experten zu nominieren, die neben ihrer fachlichen Arbeit keine nennenswerten Partikularinteressen etwa als Industrie- oder Verbandsvertreter verfolgen. Diese Konstruktion sollte eine weitgehend *ergebnisoffene Deliberation* über kontroverse Technikfragen im Rahmen interdisziplinärer Expertendiskurse erlauben.

Beratungen in der Gruppe

In den interdisziplinären Diskursen erfüllt sich auch die prozedurale Bedeutung von „Assessment", die mit „Beisitzen" im Sinne gegenseitiger Beratung verstanden werden kann. Dieses Verfahren des Sich-Beratens in der Gruppe verhilft einerseits auch Argumentationen abseits des „mainstream" zur Geltung, andererseits können durch die Pluralität im Gruppenprozess gegebenenfalls auch extreme Positionen „abgeschliffen" werden. Dennoch ist die Leistungsfähigkeit dieser sozialen Prozesse begrenzt, weswegen eine an sich wünschenswerte und bereichernde Heterodoxie in der Diskussion schon bei der Expertenauswahl begrenzt werden sollte, um den Projektfortschritt z. B. durch eine Blockade unbeweglicher „Denkschulen" nicht zu gefährden. Dennoch sind individuelle Überzeugungen nicht vollständig zu neutralisieren, weswegen rationale Technikfolgenbeurteilung keine wirklich „objektiven" Urteile formulieren kann. Im Regelfall wird aber eine *Intersubjektivität der Gesamtaussage* erreicht, die begründbar und legitim ist. Gleichwohl kann so ein Gruppenprozess, der auf die Erreichung eines Konsenses im Ergebnis ausgerichtet ist, aus persönlichen oder auch aus einzelfachlichen Gründen scheitern. In diesem Fall ist der Dissens offenzulegen beziehungsweise auf eine gemeinsame interdisziplinäre Schlussfolgerung zu verzichten.

Eine über die Anhörung hinausgehende Beteiligung Betroffener ist normalerweise im Verfahren der rationalen Technikfolgenbeurteilung aus zwei Gründen nicht vorgeschen. Zum einen werden – wie oben dargestellt – personifizierte Partikularinteressen als kontraproduktiv für die beabsichtigten Lösungsbeiträge mit universalem Geltungsanspruch angesehen. Zum anderen können bei vielen Langzeitproblemen, die typische Gegenstände rationaler Technikfolgenbeurteilung sind, Zukünftige als potentielle Betroffene naturgemäß nicht an frühzeitigen Bewältigungsstrategien partizipieren. Die Expertengruppe wird hier also zwangsläufig advokatorisch tätig.

Betroffene werden nur angehört; keine weitergehende Beteiligung

5.3.3 Hauptphase des Projekts

Der Gang der praktischen Projektgruppenarbeit lässt sich nun folgendermaßen skizzieren: Nach gemeinsamer Festlegung einer Arbeitsgliederung und der groben Zuordnung thematischer Zuständigkeiten beginnt die Erarbeitung von ersten Skizzen, Grundlagen- und Thesenpapieren zum Thema. Diese werden zunächst von den jeweiligen Projektgruppenmitgliedern einzeln verfasst, gemeinsam erörtert und im Lichte der Gruppendiskussion weiter entwickelt. Hierzu ist es erforderlich, dass sich die vollständige Arbeitsgruppe regelmäßig in etwa achtwöchigen Abständen zur Diskussion des jeweils erreichten Stands für ein bis zwei Tage trifft. Dieser dichte Sitzungstakt ist der Komplexität und Ambiguität des verhandelten interdisziplinären Problemgegenstands rationaler Technikfolgenbeurteilung geschuldet. So reifen im Verlauf dieser etwa zweijährigen Projektphase die zunächst noch vorläufigen, unvollständigen und wenig kohärenten Rohtexte („Saatpapiere") zu einem integrierten, mit Blick auf das spezifische Technikproblem aussagefähigen Gesamttext in gemeinsamer Autorenschaft.

Praktische Projektgruppenarbeit

Im Projektverlauf lassen sich inhaltlich grob drei Abschnitte der Diskussion und Textgenese skizzieren, die sich zeitlich auch überlappen können. Die Arbeiten beginnen üblicherweise mit einer Bestandsaufnahme und Diskussion des verhandelten Problems aus den jeweiligen disziplinären Perspektiven. Die multidisziplinäre Sicht ist erwartungsgemäß noch inkohärent und wenig kritisch hinsichtlich des jeweils eigenen (disziplinären) Standpunkts. Im Rahmen interdisziplinärer Reflexion sind nun Widersprüche, Redundanzen und Lücken aufzudecken sowie auch disziplin-übergreifende Texte z. B. zum deskriptiven Status von Modellwissen gemeinsam anzufertigen. Diese Arbeiten zielen auch auf die Integration isolierter Textteile zu einem kohärenten Ganzen ab. Aus der kritischen Bestandsaufnahme und der interdisziplinären Sicht auf das verhandelte Problem sind nun begründete und gerechtfertigte Schlussfolgerungen für die gesellschaftliche Ebene zu formulieren, die unter anderem auch empfehlenden Charakter haben (z. B. Maßnahmenvorschläge) und gemeinsam verantwortet werden. Hiermit vollzieht sich schließlich mit Blick auf die Adressaten ein transdisziplinärer Schritt interdisziplinären Abwägens von Chancen und Risiken technischer Entwicklungen aus dediziert wissenschaftlicher Sicht.

Drei Abschnitte der Textgenese

Qualitätssichernde Maßnahmen

Die gemeinsame interdisziplinäre Arbeit wird von mehreren qualitätssichernden Maßnahmen flankiert, die gegebenenfalls weitere Akzente setzen und „blinde Flecken" oder andere Mängel aufdecken. Hierzu gehören thematisch einschlägige Workshops mit externen Fachleuten, die den jeweils erreichten Forschungsstand im Laufe des Projekts evaluieren. Optional können die Zwischenergebnisse auch im Rahmen von größeren Tagungen mit der interessierten Öffentlichkeit diskutiert werden. Gegebenenfalls sind diese allgemein zugänglich zu dokumentieren. Zum Ende der wissenschaftlichen Projektarbeiten setzt sich der Wissenschaftliche Beirat der Europäischen Akademie mit dem vorläufigen Endbericht kritisch auseinander. Von seinem Votum hängt auch die Publikationsstrategie der Projektergebnisse ab.

5.3.4 Schlussphase

Das letztmalig überarbeitete Manuskript geht nach Lektorat in den Satz und Druck. Im Falle eines positiven Beiratsvotums wird der Schlussbericht der Projektgruppe als Memorandum in die Schriftenreihe „Ethics of Science and Technology Assessment" aufgenommen und in einem international anerkannten Wissenschaftsverlag publiziert. Für die Inhalte sind die Projektgruppenmitglieder in gemeinsamer Autorenschaft verantwortlich. Mit Drucklegung und Verfügbarkeit im Buchhandel werden die Ergebnisse der interdisziplinären Projektgruppe im Rahmen einer öffentlichen Darstellung an adressatengerechter Stelle präsentiert. Flankierende Maßnahmen, wie Pressemitteilungen, Vorabpublikationen von Auszügen im Internet und Medienauftritte sowie nachlaufende Veröffentlichungen in Fachforen sorgen für eine breite Wahrnehmung der Studienresultate. Von Seiten des projektverantwortlichen Koordinators ist auch die Nachbetreuung des Projekts inklusive des „Impact Monitoring" und gegebenenfalls des Kontakts mit der jeweiligen Fördereinrichtung sichergestellt.

5.4 Zusammenfassung

Der Forschungsansatz der rationalen Wissenschafts- und Technikfolgenbeurteilung zielt auf die Untersuchung und Beurteilung der Konsequenzen wissenschaftlich-technischer Entwicklungen für das Leben des Menschen, seine Gesundheit und seine Umwelt in Natur und Gesellschaft. Ausgangspunkte der Untersuchungen sind einerseits bestehende oder zu erwartende gesellschaftliche Konflikte über den Einsatz umstrittener wissenschaftlicher oder technischer Verfahren. Andererseits gehört auch die Erforschung und Beurteilung von Hemmnissen gesellschaftlich wünschbarer Innovationen zu den Aufgaben der rationalen Technikfolgenbeurteilung. Der Ansatz der Technikfolgenbeurteilung erweitert die Verfahren der Technikfolgenabschätzung durch die Einbindung von Wissenschaftstheorie, Ethik der Technik oder medizinischer Ethik. Ziel dieses integrierenden Ansatzes ist es, *normatives,* d. h. orientierendes Handlungswissen für einen angemessenen Umgang mit Potentialen und Risiken gesellschaftlich relevanter Forschungen und Entwicklungen zu erarbeiten und bereitzustellen. Damit sollen Voraussetzungen für die *rationale* Bewältigung von Konflikten um Wissenschaft und Technik beziehungsweise um deren Chancenwahrnehmung geschaffen werden. In diesem Zusammenhang wird Rationalität als wesentliche Bedingung für eine verantwortbare und langfristig verlässliche Wissenschafts- und Technikpolitik gesehen.

Die Schwerpunkte der Technikfolgenbeurteilung liegen insbesondere in der Untersuchung absehbarer *mittel- und langfristiger Prozesse,* die durch die Natur- und Ingenieurwissenschaften und die medizinischen Disziplinen geprägt sind. Sie sind unter anderem in den Bereichen Umwelt, Energie, Verkehr und Gesundheit relevant. Entsprechend macht Technikfolgenbeurteilung auf der Basis regelmäßiger interdisziplinärer Diskurse begründbare und legitimierbare Vorschläge z. B. zur Ausgestaltung von Umwelt- oder Gesundheitsstandards. Innerhalb der methodischen Vielfalt von TA versteht sich die wissenschaftsgeleitete (rationale) Technikfolgenbeurteilung als *ein* komplementärer Baustein für die laufende Reflexion und Gestaltung von Technik und Gesellschaft.

Literatur

Arbeitsgruppe Umweltstandards. 1992. Umweltstandards. Grundlagen, Tatsachen und Bewertungen am Beispiel des Strahlenrisikos. Berlin/New York: de Gruyter.

Collingridge, David. 1980. The social control of technology. London: Frances Pinter.

Decker, Michael. 2007. Angewandte interdisziplinäre Forschung in der Technikfolgenabschätzung. Bad Neuenahr-Ahrweiler: Europäische Akademie.

Gethmann, Carl Friedrich. 1993. Zur Ethik des Handelns unter Risiko im Umweltstaat. In: Gethmann, Carl Friedrich und Michael Kloepfer (Hrsg.), Handeln unter Risiko im Umweltstaat. Berlin: Springer-Verlag, 1–54.

Gethmann, Carl Friedrich. 1998. Rationale Technikfolgenbeurteilung. In: Grunwald, Armin (Hrsg.), Rationale Technikfolgenbeurteilung. Konzepte und methodische Grundlagen. Berlin, Heidelberg: Springer, 1–10.

Gethmann, Carl Friedrich. 2001. Participatory Technology Assessment. Some Critical Questions. In: Decker, Michael (Hrsg.), Interdisciplinarity in Technology Assessment. Implemention and its Chances and Limits. Berlin, Heidelberg: Springer, 3–13.

Gethmann, Carl Friedrich. 2012. Lebensweltliche Grundlagen der Ethik technischen Handelns. In: Quante, Michael und Erzebet Rozsa (Hrsg.), Anthropologie und Technik. Ein deutsch-ungarischer Dialog. Wilhelm Fink: München, 141–156.

Grunwald, Armin. 1996. Sozialverträgliche Technikgestaltung: Kritik des deskriptivistischen Verständnisses. Bad Neuenahr-Ahrweiler: Europäische Akademie.

Jonas, Hans. 1979. Das Prinzip Verantwortung. Versuch einer Ethik für die technologische Zivilisation. Frankfurt/M.: Insel-Verlag.

Lingner, Stephan. 2010. Rationale Technikfolgenbeurteilung. Ein deliberativer TA-Ansatz im Kontext von „Technology Governance". In: Aichholzer, Georg und Alfons Bora, Stephan Bröchler, Michael Decker, Michael Latzer (Hrsg.), Technology Governance. Der Beitrag der Technikfolgenabschätzung. Berlin: edition sigma, 93–100.

Simonis, Georg. 2001. Die TA-Landschaft in Deutschland – Potentiale reflexiver Techniksteuerung, In: Simonis, Georg, Renate Martinsen und Thomas Saretzki (Hrsg.), Politik und Technik – Analysen zum Verhältnis von technologischem, politischem und staatlichem Wandel am Anfang des 21. Jahrhunderts. Wiesbaden: Westdeutscher Verlag, 425–456.

Strümper-Janzen, Petra und Axel Zweck. 1993. Europäische Technikfolgenabschätzung als Chance für zukunftsrelevante Technologien. Stärken, Schwächen, Lösungen. Düsseldorf: Verein Deutscher Ingenieure.

Süddeutsche Zeitung. 2.1.1997. „Warum noch eine Akademie?" (Wissenschaft)

Parlamentarische Technikfolgenabschätzung

6

Armin Grunwald

6.1 Technikfolgenabschätzung als Politikberatung

Ein zentraler Hintergrund der Technikfolgenabschätzung (TA) als wissenschaftliche Politikberatung ist die zunehmende Bedeutung des Staates in der Technologie- und Forschungspolitik (heute würde man auch sagen: in der Innovationspolitik), gekoppelt mit der seit dem Zweiten Weltkrieg stark wachsenden Bedeutung von Wissenschaft und Technik für nahezu alle Bereiche der Gesellschaft (Wohlstand, Gesundheit, Arbeit, Militär etc.). Der wissenschaftlich-technische Fortschritt zieht einen zunehmenden gesellschaftlichen und politischen Beratungsbedarf sowohl über seine Ausrichtung und Nutzung als auch über seine Begrenzung nach sich (Grunwald 2010a).
Größer werdende Bedeutung des Staates

Die Aufgabe der TA, zu diesen Fragen wissenschaftliche Beratung zu leisten, führt zu einem doppelten Anforderungsprofil. Zum einen muss die Wissenschaftlichkeit gewährleistet sein, was in von politischen Kontroversen, Wertkonflikten und zukunftsbezogenen Fragestellungen nicht immer einfach zu realisieren ist. Zum anderen muss TA auch ihren spezifischen Platz in den Governance-Konstellationen kennen, in denen sie arbeitet, damit die Beratungsleistung auf die Möglichkeiten und Grenzen des Einflusses der zu Beratenen abgestellt werden kann. TA-Wissen muss also nicht nur wissenschaftlich gut, sondern auch pragmatisch zielführend und entsprechend aufbereitet sein, damit die Beratungsleistungen jenseits der Grenzen des Wissenschaftssystems, also in politischer Praxis und gesellschaftlicher Debatte, wirksam werden können.
Anforderungen an TA

Im parlamentarischen Bereich stellen sich diese Erwartungen und Anforderungen in anderer Weise als in der Beratung von Fachreferaten in Ministerien, der EU-Kommission oder in Beiträgen zum öffentlichen Dialog über Technik. Um sie zu realisieren, wurden unterschiedliche Formen der Institutionalisie-
Aufbau des Beitrags

rung parlamentarischer TA gewählt, welche in europäischen Ländern häufig auch mit den unterschiedlichen politischen Kulturen und Entscheidungsregimes verbunden sind (Cruz-Castro/Sanz-Menéndez 2004). Allgemeine Aussagen über Motive und Aufgaben parlamentarischer TA (Teil 2) sind daher um die Beschreibung ihrer konkreten Ausprägungen zu ergänzen (Teil 3). Aussagen zu den Wirkmöglichkeiten parlamentarischer TA (Teil 4) und ihren Perspektiven (Teil 5) runden das Bild ab.

6.2 Aufgaben parlamentarischer Technikfolgenabschätzung

Gründe für die Einführung parlamentarischer TA

Parlamentarische TA ist mit der Beratung bestimmter politischer Akteure – Parlamente, Ausschüsse, Parlamentarier – in einem überwiegend nationalstaatlich strukturierten politischen Raum befasst. Ganz konkret war der Hintergrund ihrer ‚Erfindung' eine Asymmetrie im Zugang zu relevanten Informationen zwischen Parlament und Regierung in den USA. Während die Exekutive durch den ihr zur Verfügung stehenden behördlichen Apparat und die finanziellen Mittel jederzeit auf umfassende Informationen zurückgreifen konnte, hinkte das Parlament in diesen Fragen weit hinterher, so dass die für eine Demokratie unverzichtbare und in den USA besonders wichtige Gewaltenteilung in Entscheidungen gefährdet erschien, in denen der wissenschaftlich-technische Fortschritt eine entscheidende Rolle spielte. Gegenüber einem befürchteten demokratiefernen Expertokratismus der Ministerien sollte das Parlament als in Fragen von Wissenschaft und Technik entscheidungsfähige und kompetente Volksvertretung gestärkt werden. Dieser Grundgedanke findet sich in allen institutionellen Realisierungen parlamentarischer TA (s. 6.3).

Politikpflichtige Aspekte der Technikentwicklung

Die Themen beziehen sich auf Aspekte der Technikgestaltung und Technikentwicklung, die als ‚politikpflichtig' bezeichnet werden können (Grunwald 2012): Einige Aspekte an Technik sind politikpflichtig in dem Sinne, dass die Allgemeinheit betroffen ist und dass allgemeinverbindliche Entscheidungen damit verbunden sind, andere hingegen können dem freien Spiel von Angebot und Nachfrage auf einem Markt überlassen werden. Politikberatende, insbesondere parlamentarische TA erstreckt sich nur auf die politikpflichtigen Technikaspekte wie z. B. Sicherheit- und Umweltstandards, den Schutz der Bürger vor Eingriffen in Bürgerrechte, Prioritätensetzung in der Forschungspolitik, die Gestaltung von Rahmenbedingungen für Innovation etc. Der gelegentliche Vorwurf, der Staat sei nicht der bessere Ingenieur und deswegen brauche TA ihn nicht zu beraten, ist ein Missverständnis, denn darum geht es nicht. Vielmehr geht es um die Rahmenbedingungen, unter denen Wissenschaftler und Ingenieure arbeiten und unter denen in der Wirtschaft Technik entwickelt und auf den Markt gebracht wird. Die Grenze zwischen den „politikpflichtigen" und den dem Markt zu überlassenden Anteilen an Technik ist nicht fest, sondern Gegenstand von Auseinandersetzungen, in denen unterschiedliche Verständnisse der Rolle des Staates gegenüber der Wirtschaft eine Rolle spielen. Diese Grenze wird in unterschiedlichen Ländern unterschiedlich bestimmt, in Relation zu ihren Traditionen und angelehnt an die jeweils dominierenden politischen Verständnisse der Rolle des Staates.

Standardsetzungen, Regulierungen, Deregulierungen, Steuergesetze, Verordnungen, Fördermittel, internationale Konventionen oder Handelsabkommen, die auf Basis nationaler Vorstöße zustande kommen und die national ratifiziert werden, etc. beeinflussen auf verschiedene Weise den Gang der Technikentwicklung und -diffusion. Staatliche Institutionen und politische Akteure üben daher in unterschiedlichen Weisen Einfluss auf die technische Entwicklung aus (in dieser Form nach Grunwald 2010a/b, zurückgehend letztlich auf Mayntz 1994):

Einflussfaktoren

- *Der Staat als Technikentwickler:* Direkte Technikentwicklung durch den Staat besteht darin, dass der Staat die Forschungs- und Entwicklungsziele sowie die Einsatz- und Anwendungsgebiete der betreffenden Technik vorgibt und oft auch selbst Betreiber oder ausschließlicher Finanzier der Forschung und Entwicklung zur Realisierung dieser Technikziele ist. In diesen Bereich fallen z. B. bestimmte Raumfahrtprojekte, Infrastrukturprojekte (v. a. im Verkehrsbereich), nukleare End- oder Zwischenlager sowie Sicherheits- und Militärtechnik.

  Der Staat ... als Technikentwickler

- *Der Staat als Technikförderer:* Durch Programme oder Schwerpunktsetzungen in der Technik- und Innovationspolitik sowie der Forschungsförderung kann der Staat bestimmte Techniken massiv fördern und ihre Umsetzung beschleunigen (vgl. z. B. das Erneuerbare-Energien-Gesetz). Auch zahlreiche, eher (natur-)wissenschaftlichen Grundlagenarbeiten gewidmete Programme weisen einen mehr oder weniger deutlich gemachten technologischen Fokus auf (z. B. die Fusionsforschung oder die Nanotechnologie, vgl. Paschen et al. 2004).

  als Technikförderer

- *Der Staat als Regulierer* setzt Rahmenbedingungen für die – nach diesen Maßgaben hauptsächlich in der Wirtschaft erfolgende – allgemeine Technikentwicklung. Zu diesen Rahmenbedingungen zählen z. B. die Setzung von Grenzwerten und von Sicherheits- oder Umweltstandards, die Bemessung technikrelevanter Steuersätze oder technikrelevante und direkt regulierende Maßnahmen wie in Verordnungen über Rücknahmeverpflichtungen von Altautos oder im Kreislaufwirtschaftsgesetz.

  als Regulierer

- *Der Staat als Techniknutzer:* In vielen Feldern erwirbt der Staat marktgängige Technik und setzt sie für seine Ziele und Zwecke, z. B. in der Administration, ein. In den meisten industrialisierten Ländern übt der Staat durch seine Beschaffungsaktivitäten (public procurement) und die damit verbundene Marktmacht einen erheblichen Einfluss auf das Marktgeschehen aus. Diese kann z. B. im Rahmen einer nachfrageorientierten Innovationspolitik

  als Techniknutzer

auch gezielt genutzt werden, um Akzente zu setzen und Entwicklungen zu beeinflussen (Edler 2007).

Politische Entscheidungen zu diesen, den technischen Fortschritt in Ausrichtung und Geschwindigkeit beeinflussenden Entscheidungen bedürfen einer demokratischen Deliberation und einer transparenten Meinungsbildung in den Parlamenten und in einer demokratischen Öffentlichkeit. Darauf aufbauende Entscheidungen werden sodann im System demokratischer Institutionen und Verfahren getroffen – und hier setzt parlamentarische Technikfolgenabschätzung an.

6.3 Realisierungen parlamentarischer Technikfolgenabschätzung

Parlamentarische TA ist die Urform der politikberatenden Technikfolgenabschätzung, erfunden im US-amerikanischen Kongress (6.3.1). Von dort aus gewann diese Idee Anhänger in vielen europäischen Ländern (6.3.2). In Deutschland besteht die entsprechende Einrichtung bereits seit über 20 Jahren (6.3.3). In weiteren Ländern wie Chile, China, Japan und Australien besteht Interesse, liegen aber noch keine institutionellen Lösungen vor.

6.3.1 Das US-amerikanische Office of Technology Assessment

Kenndaten des OTA

Das Office of Technology Assessment (OTA) wurde 1972 nach mehrjährigen Debatten im Kongress mit dem Ziel gegründet, den amerikanischen Kongress im Hinblick auf Forschungs- und Technikentscheidungen zu beraten. Es bestand bis 1995 und hatte zum Zeitpunkt seiner Schließung etwa 200 Mitarbeiter, davon etwa 130 Wissenschaftler, zu etwa gleichen Teilen aus den Natur- und Technikwissenschaften einerseits und den Sozial- und Wirtschaftswissenschaften andererseits. Das jährliche Budget betrug zu diesem Zeitpunkt etwa 22 Mio. US-$ (vgl. Bimber 1996). Das OTA war die erste explizite TA-Einrichtung überhaupt und gewann dadurch einen Vorbildcharakter für alle folgenden Institutionalisierungen im parlamentarischen Bereich.

Gründe für die Einrichtung des OTA

Es gab mehrere Gründe für die Einrichtung des OTA: (1) einen stark gewachsenen Beratungsbedarf der Politik in komplexen Entscheidungsprozessen über Technik, (2) das bereits oben genannte Problem mit dem Prinzip der Gewaltenteilung, zu dessen Behebung der US-Kongress eine unabhängige Beratungseinrichtung benötigte, (3) das Erstarken der Umweltbewegung und eine allmähliche Bewusstwerdung der Spannungsfelder moderner Technik und (4) das ausgeprägte US-amerikanische Lobbywesen, das zusehends die Differenz zwischen unabhängiger Information und interessengeleiteten Empfehlungen z. B. einer Wirtschaftsbranche verwischte.

Das wichtigste Kriterium für die organisatorische Auslegung des OTA war die Sicherstellung von Neutralität (Bimber 1996). Es galt, auf jeden Fall zu vermeiden, dass das OTA von Teilen des US-Kongresses oder von externen Interessengruppen oder der Wirtschaft instrumentalisiert werden konnte (Grunwald 2005). Zu diesem Zweck wurde ein ausgeklügeltes System von Gremien eingerichtet, die sich gegenseitig kontrollieren und die Neutralität sichern sollten. In der Themenfindung galt der Primat der Politik. Das Lenkungsgremium (Technology Assessment Board) legte die Themen fest, berief den Direktor und regelte die Mittelvergabe für Gutachten. Dieses Board wurde von Republikanern und Demokraten paritätisch besetzt, um eine Majorisierung durch die jeweilige Mehrheitsfraktion zu vermeiden. Langjähriger Vorsitzender des Board war der demokratische Senator Edward Kennedy.

Wichtig: Neutralität

Die Aufgaben des OTA lassen sich in folgenden Punkten zusammenfassen, ausgehend vom Einsetzungsbeschluss, dem Technology Assessment Act von 1972 (nach Büllingen 1999):

Aufgaben

- Aufbau einer wissenschaftlichen Beratungskompetenz;
- Frühwarnung und Früherkennung;
- Bündelung von Informationen für politische Entscheidungsprozesse;
- Ausarbeitung von alternativen Lösungswegen und Abschätzung der jeweils damit verbundenen Konsequenzen;
- Einbeziehung von externem Sachverstand und Rückgewinnung des Vertrauens der Öffentlichkeit in die Legitimität politischer Entscheidungen durch partizipative Elemente.

Damit wurde zum ersten Mal eine dem Anspruch nach kohärente Institution zur Beantwortung der gesellschaftlichen und politischen Fragen im Umgang mit den Spannungsfeldern der Technik und Technikfolgen realisiert.

Die genannte Aufgabenliste enthält Elemente, die für die weitere Entwicklung der parlamentarischen Technikfolgenabschätzung und ihrer Institutionen von großer Bedeutung waren. Insbesondere die ‚Bündelung von Informationen für politische Entscheidungsprozesse' und die ‚Ausarbeitung von alternativen Lösungswegen' sind Elemente, die aus der Technikfolgenabschätzung nicht wegzudenken sind. Auch findet sich bereits hier der Hinweis auf das Erfordernis partizipativer Elemente. Zwar hat die Umsetzung dieses Programms durch die konkrete Arbeit nicht in allen Facetten dem Anspruch standgehalten. Die Arbeitsweise, die sich nach den ersten Jahren des Experimentierens etablierte, hatte jedoch unzweifelhaft Vorbildcharakter für andere Einrichtungen.

Bedeutung für die weitere Entwicklung parlamentarischer TA

In den dreiundzwanzig Jahren der Existenz des OTA wurden über 700 TA-Studien veröffentlicht, neben einer Vielzahl von Hintergrundpapieren und

Über 700 veröffentlichte TA-Studien

Workshop-Dokumentationen (http://www.wws.princeton.edu/~ota/ns20/legacy_n.html). Der Einfluss des OTA in den parlamentarischen Entscheidungsprozessen war zeitweise erheblich (Bimber 1996). Viele Gesetze gingen direkt auf OTA-Studien zurück, so zur Sicherung der Energieversorgung, zur Luftreinhaltung oder zur Lagerung radioaktiver Abfälle.

Auflösung des OTA

Das OTA wurde im Jahre 1995 ein Opfer der neokonservativen Revolution der Republikaner, die nach den Wahlen 1994 sowohl im Repräsentantenhaus als auch im Senat über die Mehrheit verfügten. Der große Einfluss des OTA und die Größe seines Budgets machten es zu einem geeigneten Ziel einer Politik, die angetreten war, den Einfluss des Staates zu reduzieren (Bimber 1996). Die Idee einer zentralen, neutralen und trotzdem politiknahen Beratungsinstitution, die die verschiedenen Probleme und Herausforderungen wissenschaftlich-technischer Entwicklungen kohärent und unter einem Dach bearbeiten konnte, war damit in den USA vorläufig zerstört. In der Folgezeit wurden einige Funktionen des OTA von privatwirtschaftlich organisierten, teils an Universitäten angelehnten Beratungseinrichtungen übernommen, die wiederum zu einem guten Teil von ehemaligen OTA-Mitarbeitern betrieben wurden. Andere Funktionen, teils auch unter der Bezeichnung ‚Technology Assessment' werden vom Rechnungshof des Kongresses (General Accountability Office) ausgefüllt. Bestrebungen, das OTA wiederzugründen, gründen ihre Hoffnung darauf, dass der Technology Assessment Act von 1972 immer noch in Kraft ist, so dass es ‚nur' eines Kongressbeschlusses über die Zuweisung eines Budgets bedürfte – in Zeiten der Wirtschaftskrise jedoch nicht gerade aussichtsreich.

6.3.2 Parlamentarische Technikfolgenabschätzung in Europa

Die Diskussion um parlamentarische TA in Europa

Die Gründung des OTA führte rasch in einigen europäischen Ländern zu Debatten, ob und in welcher Form ähnliche Einrichtungen auch dort benötigt würden. Bereits 1973 fand im Deutschen Bundestag eine Diskussion darüber statt, in der die damalige Opposition (CDU) die Einführung eines ‚Amtes für Technikbewertung' forderte. Die Realisierung zog sich jedoch überall längere Zeit hin (s. u.). Erst in der zweiten Hälfte der achtziger Jahre wurden in mehreren europäischen Ländern (meist kleine) Einrichtungen parlamentarischer Technikfolgenabschätzung gegründet. Seitdem wächst die Zahl entsprechender Einrichtungen langsam aber stetig (http://www.eptanetwork.org).

Unterschiedliche Modelle parlamentarischer TA

Dabei wurden teils ganz verschiedene konzeptionelle und organisatorische Modelle parlamentarischer Technikfolgenabschätzung umgesetzt (Petermann/Scherz 2005; Cruz-Castro/Sanz-Menéndez 2004; Vig/Paschen 1999). Sie unterscheiden sich nach verschiedenen Freiheits- und Unabhängigkeitsgraden in Relation zum Parlament, etwa was das Recht der Themensetzung betrifft, nach verschiedenen Graden der Wissenschaftlichkeit, nach verschiedenen Einstufungen der Bedeutung von Partizipation und Öffentlichkeitswirksamkeit. Sie haben teils erheblich unterschiedliche Größe und Ausstattung und unterscheiden sich durch ihren jeweiligen Zugang zu den parlamentarischen Beratungsprozessen und ihre organisatorische Einbettung. Im Folgenden werden kurz einige Beispiele vorgestellt.

Das Scientific and Technological Options Assessment (STOA) als TA-Einrichtung des Europaparlaments wurde 1989 gegründet und 1992 in die Verwaltungsstruktur des Europäischen Parlamentes eingebunden. Adressat seiner Arbeit ist ausschließlich das Europäische Parlament, speziell das STOA-Panel, bestehend aus Parlamentariern. Dieses entscheidet über die Gesamtausrichtung, beschließt das jährliche Arbeitsprogramm, nimmt die Berichte ab und kommuniziert die Ergebnisse der Berichte im Parlament. Bis zum Jahre 2004 wurden die Berichte an das Parlament zum großen Teil von Mitarbeitern der Administration und befristet eingestellten externen Mitarbeitern erstellt, oder es wurden von diesen Personen Aufträge für Expertisen vergeben. Dieses Modell hat sich nicht bewährt, da aufgrund der hohen Zahl der Projekte und der hohen Fluktuation der Bearbeiter nur eine geringe Bearbeitungstiefe der Themen und fast gar keine Profilbildung für STOA möglich waren. Aus diesem Grund stellte man 2005 auf ein Modell mit starker Einbindung externer Kompetenz um. Seitdem werden die STOA-Berichte von einem europäischen Netzwerk parlamentarischer Technikfolgenabschätzung (European Technology Assessment Group; ETAG) und teils auch von weiteren wissenschaftlichen Einrichtungen angefertigt (vgl. Fiedeler et al. 2008). *Europaparlament: STOA*

Das britische Parliamentary Office of Science and Technology (POST) geht auf ein 1979 eingerichtetes ‚Parliamentary and Scientific Committee' zurück, welches die Einrichtung eines TA-Büros mit privaten Spenden betrieb. Nach einer Erprobungsphase von 1989 bis 1992 wurde POST in die parlamentarische Finanzierung übernommen. POST arbeitet als ‚Brücke' zwischen dem Parlament und der Expertise in Wissenschaft und Wirtschaft und bedient sich eines Netzwerks externer Expertise. *Großbritannien: POST*

Das niederländische Rathenau-Institut wurde 1986 als ‚The Netherlands Office of Technology Assessment' (NOTA) gegründet. Es war von Anfang an nicht nur von den Gedanken der Frühwarnung und Früherkennung zum Zwecke der Entscheidungsvorbereitung und -optimierung, sondern ebenfalls von dem Ziel einer breiten gesellschaftlichen Diskussion über Technik und ihre Folgen getragen. Technikfolgenabschätzung wird nicht als einzelnes Ereignis im Sinne einer TA-Studie mit definierter Problematik und bestimmter Methodik verstanden, sondern als ein andauernder Prozess, der in seinen verschiedenen Phasen sowohl wissenschaftlich-analytische als auch partizipative und kommunikative Elemente enthält. Das Rathenau-Institut versteht sich dementsprechend als „an integral part of the wider process of social negotiation around science and technology" (van Est/van Eijndhoven 1999, S. 428). In methodischer Hinsicht greift das Rathenau-Institut einerseits auf die üblichen wissenschaftlichen Ansätze der Technikfolgenabschätzung zurück, aber auch auf öffentliche Betei- *Niederlande: Rathenau-Institut* ligung und Stakeholder-Partizipation. In den letzten Jahren ist das Rathenau-Institut noch weiter in die Richtung gegangen, die Öffentlichkeit mit neuen Herausforderungen aus Wissenschaft und Technik zu konfrontieren, Bewusstsein für neue Probleme zu schaffen und den Dialog mit Bürgen zu suchen. Dabei werden ‚kommunikative Methoden' (Decker/Ladikas 2004) verwendet, die auch die künstlerische Verarbeitung von Technikfolgenproblemen und den Einsatz massenmedialer Techniken umfassen.

Europäischer Verband: EPTA

Die parlamentarischen TA-Einrichtungen haben sich 1990 im European Parliamentary Technology Assessment Network (EPTA, www.eptanetwork.org) zusammengeschlossen. Zu den Gründungsmitgliedern gehören das POST, das TAB in Deutschland (s. u.), das Rathenau-Institut, das ‚Danish Board of Technology' (DBT), das ‚Office Parlamentaire d'Evaluation des Choix Scientifiques et Technologiques' (OPECST, Frankreich) und das STOA. Mittlerweile wurden Komitees und Organisationen aus Finnland, Flandern (Belgien), Griechenland, Italien, Katalonien, Norwegen, der Schweiz und Schweden als weitere Mitglieder aufgenommen. Die Einrichtungen in Österreich und Polen, die Parlamentarische Versammlung des Europarats, der Wissenschaftsausschuss des belgischen Staates und das General Accountability Office am US-amerikanischen Kongress sind assoziierte Mitglieder. Das EPTA wird von einem Rat geleitet, der von den Leitern der TA-Einrichtungen und den parlamentarischen Verantwortlichen gebildet wird. Die herausragende Aktivität ist eine jährliche Konferenz, die von der TA-Einrichtung in dem Land der jeweiligen Präsidentschaft ausgerichtet wird. Sie dient der gegenseitigen Information, der thematischen Absprache, der Festigung der Kooperationen und dem grenzüberschreitenden Erkennen neuer Entwicklungen.

Grenzüberschreitende Kooperation

Traditionell ist parlamentarische Technikfolgenabschätzung an den nationalen Politiktraditionen und Kulturen orientiert, bis hin zur Verwendung der jeweiligen Landessprache, was die grenzüberschreitende Kooperation erschwert. In den letzten Jahren wurde die europäische Kooperation jedoch stark intensiviert, sowohl auf der Ebene wissenschaftlicher TA als auch durch Vernetzung von Parlamentariern. Mittlerweile wurden mehrere gemeinsame Projekte unter vielen EPTA-Mitgliedern durchgeführt, um jenseits der nationalen Perspektiven auf Themen wie gentechnisch veränderte Pflanzen oder Schutz der Privatheit eine europäische Perspektive zu identifizieren, eine Datenbank wurde geschaffen, über die schnell zu recherchieren ist, was zu einem bestimmten Thema bereits von anderen EPTA-Mitgliedern bereits erarbeitet worden ist und auch erste extern geförderte Projekte wurden im Europäischen Forschungsrahmenprogramm durchgeführt (Joss/Belucci 2002; Decker/Ladikas 2004). Zurzeit läuft das vom DBT koordinierte europäische Projekt PACITA (= Parliaments and Civil Society in Technology Assessment). Seine Aufgaben sind, die Grundgedanken parlamentarischer TA weiterzuentwickeln, sie mit zivilgesellschaftlichen Entwicklungen einer ‚European Citizenship' zu verbinden und durch Informations- und Vernetzungsaktivitäten parlamentarische TA in der europäischen Landschaft weiter zu verbreiten, vor allem in Bezug auf die Länder Mittel-, Ost- und Südeuropas.

Parlamentarische TA in der Vielfalt ihrer Ausprägungen wird zurzeit als ein „europäisches Modell" verstanden, die Schnittstelle zwischen Wissenschaft und Politik konstruktiv zu gestalten, wie dies der MASIS-Bericht (Monitoring Activities of Science in Society in Europe) mit dem Titel „Challenging Futures of Science in Society" der Europäischen Kommission festgehalten hat (Siune et al. 2009). In diesem Modell geht es zum einen darum, wissenschaftliches Wissen für politische Meinungsbildungs- und Entscheidungsfindungsprozesse bereitzustellen. Zum anderen ist es das Ziel, Debatten über Wissenschaft und Technik auch mit der Bevölkerung zu führen und auf diese Weise mit Mitteln der TA auch zur Ausbildung der „European Citizenship" beizutragen.

Europäisches Modell parlamentarischer TA

6.3.3 Das Büro für Technikfolgen-Abschätzung beim Deutschen Bundestag

Das Büro für Technikfolgen-Abschätzung beim Deutschen Bundestag (TAB) wurde 1990 auf der Basis der Empfehlungen einer Enquête-Kommission eingerichtet. Aufgabe des TAB ist es, Beiträge zur Verbesserung der Informationsgrundlagen insbesondere forschungs- und technologiebezogener parlamentarischer Beratungsprozesse zu leisten (Petermann/Grunwald 2005). Das TAB ist nach einer Probephase (1990 bis 1993) zu einer ständigen Einrichtung des Deutschen Bundestages geworden. Es wird auf der Basis einer Ausschreibung für jeweils fünf Jahre an eine externe Forschungsinstitution vergeben. Seit 1990 wird das TAB vom Institut für Technikfolgenabschätzung und Systemanalyse (ITAS) des Forschungszentrums Karlsruhe (heute: Karlsruher Institut für Technologie KIT) betrieben.

Einrichtung und Betrieb

Direkter Auftraggeber ist der Ausschuss für Bildung, Forschung und Technikfolgenabschätzung. Er entscheidet über die Arbeitsschwerpunkte und Projekte des TAB, auch wenn sie sich aus Anforderungen anderer Fachausschüsse zur Durchführung von TA-Analysen ergeben. Die Themenfindung für TA-Projekte sowie ihre Präzisierung und Eingrenzung ist Sache des Parlamentes, da sie ein politischer und kein wissenschaftlicher Akt ist. Es wird am Anfang einer TA-Studie darüber entschieden, in welchen Hinsichten und Problemdimensionen ein Folgenwissen überhaupt erwünscht ist. Daher muss zunächst eine erste Aufarbeitung der möglichen Forschungsdesigns, Fragestellungen, Zielrichtungen etc. erfolgen. Es besteht dann für das Parlament die Möglichkeit, auf der Basis dieser transparenten Aufarbeitung und der Vorschläge des TAB eine reflektierte Präzisierung der Thematik und des Zuschnitts für das jeweilige TA-Projekt vorzunehmen.

Politische Themenfindung

Die Bearbeitung der auf diese Weise vom Parlament vorgegebenen Themen erfolgt durch das TAB in wissenschaftlicher Unabhängigkeit (Grunwald 2005).

Arbeitsweise

Die Vielfalt der bestehenden Anfragen und Themensetzungen wird bearbeitet, indem zu jedem Thema eine Reihe von Gutachten an wissenschaftliche Einrichtungen vergeben werden. Die Auswahl dieser externen Fachgutachter bedarf der Abstimmung mit dem Ausschuss. Die Expertisen werden vom TAB-Team ausgewertet, auf den parlamentarischen Beratungsbedarf fokussiert und in Form eines Berichtes an das Parlament zusammengeführt (vgl. Petermann 2005). Durch diese vernetzte Arbeitsweise kann fall- und themenbezogen die relevante Kompetenz und das Wissen des Wissenschaftssystems für die Entscheidungszwecke des Parlamentes mobilisiert werden. Die Ergebnisse von TAB-Studien führen teils (allerdings eher selten) zu Bundestagsbeschlüssen, teils wirken sie sich eher indirekt auf parlamentarische Meinungsbildungs- und Entscheidungsprozesse aus.

Themen der TAB-Studien

Die Themen von TA-Studien des TAB kommen aus allen Bereichen der Technik. Es überwiegen die „klassischen" Themen der TA wie Technik und Umwelt, Energie, Informations- und Kommunikationstechnik und die Bio- und Gentechnik. Daneben gibt es Studien zu ausgewählten Wissenschafts- und Technikfeldern, z. B. zu Neuen Materialien oder der Nanotechnologie. Beispiele sind die Studien zum Weltraumtransport-System ‚Sänger', zur Geothermie, zur Veränderung politischer Kommunikation durch das Internet, zur Abscheidung und Lagerung von Kohlendioxid, zum Gendoping, zu den Folgen eines langfristigen Ausfalls der Stromversorgung sowie zur Hirnforschung. Alle TAB-Studien sind über die Homepage des TAB einsehbar und im Volltext downloadbar.

6.4 Wirkung parlamentarischer Technikfolgenabschätzung

Bedrohte Relevanz parlamentarischer TA

War die Relevanz parlamentarischer TA zur Zeit ihrer Entstehung ohne Zweifel in hohem Maße gegeben – sonst wäre sie wohl nicht entstanden –, so ist sie ebenso ohne Zweifel im „postparlamentarischen Zeitalter" (Benz 1998) wenn nicht vielleicht bedroht, so aber doch herausgefordert. Sie muss ihre „Daseinsberechtigung" in dem Sinne erweisen, dass sie einen erkenn- und nachweisbaren „Impact" (Decker/Ladikas 2004) im Rahmen der Technology Governance hat (Grunwald 2010b).

Die Möglichkeiten parlamentarischer TA sind zum einen durch die begrenzte Rolle des Staates in der modernen Technology Governance beschränkt (Martinsen/Simonis 2000), zum anderen auch durch die begrenzte Rolle von Parlamenten in der Machtverteilung in demokratischen Systemen – darüber hinaus auch noch durch die Schwierigkeiten des institutionalisierten „Beratens" und der allbekannten Schwierigkeiten der Kommunikation zwischen Politik und Wissenschaft. Vielfach wird die Rolle der Parlamente im politischen Institutionengefüge und in den politischen Entscheidungsprozessen als abnehmend eingestuft (Benz 1998). Dies erfolgt vor allem vor dem Hintergrund der massenmedialen Aufmerksamkeit für die Exekutive (Krause 1999) und der Verlagerung von Entscheidungen auf die supranationale, insbesondere die europäische Ebene, die von den Regierungen der EU-Mitgliedsstaaten dominiert wird.

Welchen Part parlamentarische TA trotz dieser einschränkenden Bemerkungen im Konzert der Technology Governance spielen kann und wie groß dieser Part wäre, bedürfte einer umfassenden empiriegestützten Untersuchung, die bislang nicht vorliegt. Beispiele für einen erfolgreichen und sichtbaren Beitrag parlamentarischer TA zum Fortgang von Forschung, Technikentwicklung und ihrer Nutzung sind jedoch recht einfach zu nennen. Hier ist für die deutsche Situation insbesondere auf die beiden Selbstevaluierungen hinweisen, die für das TAB unternommen worden sind (Ausschuss 2002 und Ausschuss 2010). Die dort genannten Beispiele zeigen, dass fallbezogen der Einfluss parlamentarischer TA auf die Gestaltung des wissenschaftlich-technischen Fortschritts und seine Nutzung zweifelsfrei nachweisbar ist. Wichtig ist das Wort „fallbezogen" in zweierlei Hinsicht. Zum einen haben nicht alle „Fälle" parlamentarischer TA erkennbare Auswirkungen – es kommt durchaus vor, dass TA-Berichte schlecht rezipiert werden, kaum politische Resonanz erzeugen oder einfach tagespolitischen Zufälligkeiten zum Opfer fallen. Zum anderen betrifft die Diagnose natürlich – das scheint trivial, hat aber weit reichende Folgen – nur die Fälle, für die eine parlamentarische TA beauftragt wurde.

Fallbezogen Einfluss nachweisbar

Derartige Fälle sind z. B. die TAB-Studie zur Nanotechnologie, welche mit Anlass gab, Forschungsförderung für die Nanotoxikologie in Gang zu setzen. Die verschiedenen Studien des TAB zur elektronischen Petition haben zu einer Modernisierung des Petitionswesens – eines massenmedial wenig beachteten, aber zentralen Bereichs der repräsentativen Demokratie – im Zeitalter des Internet geführt. Die Studie zur Welternährung hat maßgeblich dazu beigetragen, ein Thema, dessen die Gesellschaft müde geworden zu sein schien, wieder auf die Tagesordnung zu bekommen. Die Studie des TAB zu den Folgen eines langandauernden und großräumigen Stromausfalls hat die Ebene der Bürgermeister und Kommunalverantwortlichen mobilisiert und auf ein verdrängtes Problem aufmerksam gemacht. Letztere Fälle zeigen beispielhaft: Nicht immer liegen die Erfolge ausschließlich oder auch nur maßgeblich in unmittelbaren parlamentarischen Konsequenzen. Die Welt der Beschlussvorlagen und Gesetzentwürfe ist das eine – das andere ist die Wahrnehmung in den interessierten Fachöffentlichkeiten bis hin zur allgemeinen demokratischen Öffentlichkeit.

Beispiele

Angesichts der wohl unendlichen Vielzahl möglicher Themen erscheint es plausibel, bereits in der Auswahl der realen Aufgaben für parlamentarische TA aus der Vielzahl der Möglichkeiten anzunehmen, dass das Kriterium der oben genannten „Politikpflichtigkeit" eine bedeutende Rolle gespielt hat – und das würde wiederum erklären, dass doch eine ganze Reihe von parlamentarischen TA-Studien auch nachweisbare Effekte hat. Parlamentarische TA-Projekte werden, wenn dies zutrifft, bereits a priori so ausgerichtet, dass die „Bedingungen der Möglichkeit" eines späteren Impacts ihrer Ergebnisse als erfüllt angesehen

Impact soll möglich sein

werden können. Und hierfür wiederum scheint entscheidend, dass die Parlamente die Hoheit über die Themensetzung für TA haben und in der Wahrnehmung dieser Rolle gleichsam nebenbei mit in Betracht ziehen, dass die Möglichkeit, reale politische Konsequenzen zu ziehen, von Anfang an gegeben ist (Grunwald 2012).

Abhängigkeit von politischen Grundhaltungen

Die genannten und die weiteren Fallbeispiele in Ausschuss (2002/2010) lassen sich soweit verallgemeinern, dass am parlamentarischen Einfluss auf Forschung, Entwicklung und Anwendung von Technologie kein Zweifel besteht. Die Beiträge sind jeweils mit der „Politikpflichtigkeit" bestimmter Aspekte von Technik korreliert (s. o.). Nun ist freilich „Politikpflichtigkeit" etwas, das mit dem Verständnis des Politischen und des Verhältnisses von Politik und Wirtschaft zusammenhängt. Was als politikpflichtig gilt, ist abhängig von grundsätzlichen Haltungen zu den „Großtheorien" politischer Philosophie wie Liberalismus oder Kommunitarismus. Somit überrascht nicht, dass in dieser Hinsicht unterschiedliche politische Räume wie Europa und die USA die TA unterschiedlich wahrnehmen.

6.5 Perspektiven und Herausforderungen

Enge Bindung an Parlamente

Parlamentarische TA ist eng an die Belange, Interessen und Möglichkeiten der jeweiligen Parlamente gebunden und muss sorgfältig die Veränderungen im politischen, wissenschaftlichen und politikberatenden Kontext beobachten und sich darauf frühzeitig einstellen. Auch der vier- oder fünfjährige Rhythmus der Parlamentswahlen sorgt für Abwechslung bis hin zur Daseinsgefährdung, wie das Beispiel des Danish Board of Technology zeigt: Nach der Neuwahl des Parlamentes in 2011 wurde von einer überwiegend neu im Parlament befindlichen Gruppe, die das DBT nicht aus eigener Erfahrung kannte, aufgrund von Sparzwängen die Schließung des DBT betrieben. Diese konnte zu guter Letzt zwar abgewendet werden, aber nur um den Preis einer erheblichen institutionellen Neuaufstellung.

Aufgreifen neuer Entwicklungen

Umgekehrt kann parlamentarische TA auch pro-aktiv neue Entwicklungen aufgreifen und für die Parlamente erschließen. Hierzu könnten gehören (in Erweiterung nach Grunwald 2010b/2012):

Thema „Demokratisierung von Technik"

- Unterstützung der Parlamente in einer aktiveren Beteiligung an der „Demokratisierung von Technik", die nach wie vor eine offene Aufgabe darstellt (Martinsen/Simonis 2000), sowohl als transparente und pro-aktive Befassung mit dem technischen Fortschritt in den Parlamenten als auch als aktive Beteiligung an öffentlichen Debatten. Angesichts erhöhter Legitimationsanforderungen seitens der Zivilgesellschaft könnte TA durch partizipative Methoden dazu beitragen, die „Responsivität" des politischen Systems auf öffentliche Debatten zu steigern (Petermann/Scherz 2005).

- Hierzu würde insbesondere gehören, dass Parlamente durch TA besser in die Lage versetzt werden, sich an den Zukunftsdebatten im Rahmen von technischen Visionen zu beteiligen. Parlamente als „prospektive" Institutionen können Aufmerksamkeit schaffen für neue Herausforderungen und Möglichkeiten im Zusammenhang mit Technik – sie wären Initiator von Debatten, nicht bloß am Ende für die Implementation von Ergebnissen zuständig, die weitgehend ohne ihre Mitwirkung zustande gekommen sind. Die Tatsache, dass das TAB in den letzten Jahren verstärkt mit Projekten in diesem Kontext beauftragt worden ist (z. B. Hirnforschung, Synthetische Biologie und Konvergierende Technologien) könnte darauf hinweisen, dass sich hier bereits Veränderungen abspielen. Parlamente könnten damit die Entwicklungen hin zu einer „reflective science" (Siune et al. 2009) auf der politischen Bühne spiegeln. *(Zukunftsdebatten und technische Visionen)*
- Die Rolle von Technik in der Gesellschaft wird immer weniger durch die rein technische Machbarkeit von Produkten, Verfahren oder Systemen bestimmt. Vieles, was technisch machbar ist und was dann auch gemacht und auf dem Markt angeboten wurde, scheitert, in der gesellschaftlichen Einbettung an ökonomischen Aspekten, der sozialen Akzeptanz oder an der mangelnden Einpassung in bestehende Technik (z. B. der Transrapid). Das Argument der technischen Machbarkeit bestimmt immer weniger die Attraktivität innovativer Produkte und Dienstleistungen. In einem technischen Fortschritt, in dem (fast) alles als machbar erscheint, wächst die Bedeutung nichttechnischer Aspekte von Innovationen, vor allem ihrer kulturellen und sozialen Faktoren, aber auch von ethischen Fragen. Das heißt, dass mehr Fragen nach der kulturellen, sozialen und ethischen Passfähigkeit von „Innovation" gestellt werden, und damit letztlich nach ihrem „Sinn". Diese Fragen parlamentarisch unter Beratung durch TA zu behandeln, könnte ebenfalls dazu beitragen, die reflexive Funktion von Parlamenten in modernen Gesellschaften (Petermann/Scherz 2005) zu stärken. *(Bedeutung nichttechnischer Aspekte)*
- Ganz abseits von den genannten Debatten um visionäre Zukünfte steht in der nächsten Zeit eine umfassende Debatte um die Zukunft der Infrastrukturen an, vor allen Dingen in Bezug auf Energie, Verkehr, Information und Wasser. Das Zusammenwachsen der Infrastrukturen, vermittelt vor allem durch Informations- und Kommunikationstechnik, die aus Nachhaltigkeits- und Ressourcenproblemen sich ergebenden Herausforderungen sowie die starke Abhängigkeit nahezu aller gesellschaftlichen Prozesse vom Funktionieren dieser Infrastrukturen machen Transformationen in diesem Bereich ausgesprochen schwierig. In dem erforderlichen „Transition Management" könnten Parlamente, informiert durch TA, frühzeitig und pro-aktiv eine treibende Rolle einnehmen und gesellschaftliche Debatten anstoßen, anstatt erst durch tagesaktuelle Notwendigkeiten in eine defensive Rolle gedrängt zu werden. *(Zukunft der Infrastrukturen)*
- Durch Globalisierung und Europäisierung verändert sich ohne Zweifel der nationalstaatliche Handlungsspielraum in Technikfragen – parlamentarische *(TA in transnationalen Governance-Regimen)*

TA könnte dazu beitragen, dass Parlamente auch in den neu entstehenden transnationalen Governance-Regimes ihren demokratisch legitimierten Auftrag erfüllen können, sei dies auf europäischer Ebene oder auch darüber hinaus. Die zunehmende Kooperation der europäischen parlamentarischen TA und ein (allmählich) auch zunehmendes Interesse von Parlamentariern an dieser Kooperation lassen sich als erste Anzeichen deuten, dass dieser Prozess angelaufen ist.

Parlamentarische Technikfolgenabschätzung bietet eine Fülle von Chancen für Parlamente, weit über den engeren und die frühe parlamentarische TA dominierende Entscheidungsunterstützung in konkreten Fragen hinaus. Viele Möglichkeiten der Weiterentwicklung parlamentarischer TA stehen offen, zum einen im Rahmen der Technology Governance, zum anderen aber auch im Feld der politischen Kommunikation über wissenschaftlich-technische Visionen und der ständigen Aufgabe der Demokratisierung von Technik und Technikzukünften. Die Realisierung dieser Chancen freilich liegt nur zu einem kleinen Teil bei den TA-Einrichtungen selbst – zu einem größeren Teil hingegen bei den Parlamenten.

Literatur

Anmerkung
Die Inhalte dieses Beitrages fußen auf einer Reihe von Vorarbeiten des Autors, so vor allem auf Grunwald 2005, Grunwald 2008, Grunwald 2010a/b und Grunwald 2012. Insofern es sich zum Teil um Beschreibungen handelt, erscheint es hier sowohl sinnvoll als auch vertretbar, einige Passagen aus diesen Arbeiten zu übernehmen.

Ausschuss für Bildung, Forschung und Technikfolgenabschätzung, 2010. 20 Jahre Technikfolgenabschätzung am Deutschen Bundestag. Erfahrungsbericht. Bundestagsdrucksache, Berlin: Deutscher Bundestag.

Ausschuss für Bildung, Forschung und Technikfolgenabschätzung, 2002. Technikfolgenabschätzung (TA). Beratungskapazität Technikfolgenabschätzung beim Deutschen Bundestag – ein Erfahrungsbericht. Bundestagsdrucksache 14/9919, Berlin: Deutscher Bundestag.

Benz, Arthur, 1998. Postparlamentarische Demokratie? Demokratische Legitimation im kooperativen Staat. In: Greven, Michael (Hg.): Demokratie – eine Kultur des Westens? 20. Wissenschaftlicher Kongress der Deutschen Vereinigung für Politische Wissenschaft. Opladen: Leske und Budrich, S. 201–222.

Bimber, Bruce, 1996. The politics of expertise in Congress: the rise and fall of the Office of Technology Assessment. New York: State University of New York Press.

Bröchler, Stephan, Georg Simonis, Karsten Sundermann (Hg.), 1999. Handbuch Technikfolgenabschätzung. Berlin: Edition Sigma.

Coates, Vary, 1995. On the Demise of OTA. In: TA-Datenbank-Nachrichten 4, 4, S. 13–17.

Cruz-Castro, Laura, Luis Sanz-Menéndez, 2004. Politics and institutions: European parliamentary technology assessment. In: Technological Forecasting and Social Change 72, 4, S. 79–96.

Decker, Michael, Miltos Ladikas (Hg.), 2004. Bridges between Science, Society and Policy. Technology Assessment – Methods and Impacts. Berlin: Springer.

Dolata, Ulrich, 2003. Unternehmen Technik. Akteure, Interaktionsmuster und strukturelle Kontexte der Technikentwicklung: Ein Theorierahmen, Berlin: Edition Sigma.

Edler, Jakob (Hg.), 2007. Bedürfnisse als Innovationsmotor. Konzepte und Instrumente nachfrageorientierter Innovationspolitik. Berlin: Büro für Technikfolgenabschätzung beim Deutschen Bundestag.

Fiedeler, Ulrich, Leo Hennen, Jens Schippl, 2008. TA in der Praxis. Schwierigkeiten und Erfahrungen bei der Durchführung von drei TA-Projekten im Auftrag des Europäischen Parlaments. In: Technikfolgenabschätzung – Theorie und Praxis 17, 1, S. 152–166.

Grimmer, Klaus, Jens Häusler, Stephan Kuhlmann, Georg Simonis (Hg.), 1992. Politische Techniksteuerung. Opladen: VS Verlag für Sozialwissenschaften.

Grunwald, Armin, 2005. Wissenschaftliche Unabhängigkeit als konstitutives Prinzip parlamentarischer Technikfolgen-Abschätzung, in: Petermann, Thomas, Armin Grunwald (Hg.). Technikfolgen-Abschätzung für den Deutschen Bundestag. Das TAB – Erfahrungen und Perspektiven wissenschaftlicher Politikberatung. Berlin: edition sigma 2005, S. 213–239.

Grunwald, Armin, 2008. Technik und Politikberatung. Philosophische Perspektiven. Frankfurt: Suhrkamp.

Grunwald, Armin, 2010a. Technikfolgenabschätzung – eine Einführung. Berlin: Edition Sigma, 2. Auflage.

Grunwald, Armin, 2010b. Parlamentarische Technikfolgenabschätzung als Beitrag zur Technology Governance. In: Aichholzer, Georg, Alfons Bora, Stephan Bröchler, Michael Decker, Michael Latzer (Hg.). Technology Governance. Der Beitrag der Technikfolgenabschätzung. Berlin: Edition Sigma.

Grunwald, Armin, 2012. Parlamentarische Technikfolgenabschätzung als Teil einer dynamischen „Technology Governance". In: Grunwald, Armin, Christoph Revermann, Arnold Sauter (Hg.). Wissen für das Parlament. 20 Jahre Technikfolgenabschätzung am Deutschen Bundestag. Berlin: Edition Sigma, S. 39–60.

Grunwald, Armin, Jürgen Kopfmüller, 2007. Die Nachhaltigkeitsprüfung: Kernelement einer angemessenen Umsetzung des Nachhaltigkeitsleitbilds in Politik und Recht. Wissenschaftliche Berichte FZKA 7349, Karlsruhe: Forschungszentrum Karlsruhe.

Habermas, Jürgen, 1968. Verwissenschaftlichte Politik und öffentliche Meinung. In: Habermas, Jürgen (Hg.). Technik und Wissenschaft als Ideologie. Frankfurt: Suhrkamp, S. 120–145.

Habermas, Jürgen, 1992. Drei normative Modelle der Demokratie: Zum Begriff deliberativer Politik. In: Münkler, Herwig (Hg.). Die Chancen der Freiheit. München: Beck, S. 11–124.

Krause, Jürgen, 1999. Der Bedeutungswandel parlamentarischer Kontrolle: Deutscher Bundestag und US-Kongreß im Vergleich. In: Zeitschrift für Parlamentsfragen, 30, 2, S. 534–555.

Leggewie, Claus (Hg.), 2007. Von der Politik- zur Gesellschaftsberatung. Neue Wege öffentlicher Konsultation. Frankfurt/New York: Campus.

Martinsen, Renate, Georg Simonis (Hg.), 2000. Demokratie und Technik – (k)eine Wahlverwandtschaft? Opladen: Leske und Budrich.

Mayntz, Renate, 1994. Politikberatung und politische Entscheidungsstrukturen. Zu den Voraussetzungen des Politikberatungsmodells. In: Murswieck, Alexander (Hg.). Regieren und Politikberatung. Opladen: Leske und Budrich, S. 17–30.

Nowotny, Helga, 2007: How Many Policy Rooms are There?: Evidence-Based and Other Kinds of Science Policies. In: Science Technology Human Values 32, 4, S. 479–490.

Nullmeier, Frank, 2007: Neue Konkurrenzen: Wissenschaft, Politikberatung und Medienöffentlichkeit. In: Leggewie, Claus (Hg.). Von der Politik- zur Gesellschaftsberatung. Neue Wege öffentlicher Konsultation. Frankfurt/New York: Campus, S. 171–180.

Paschen, Herbert, Christopher Coenen, Torsten Fleischer, Reinhard Grünwald, Dagmar Oertel, Christoph Revermann, 2004. Nanotechnologie. Forschung und Anwendungen. Berlin et al.: Springer.

Paschen, Herbert, Thomas Petermann, 1992. Technikfolgenabschätzung – ein strategisches Rahmenkonzept für die Analyse und Bewertung von Technikfolgen. In: Petermann, Thomas (Hg.). Technikfolgen-Abschätzung als Technikforschung und Politikberatung. Frankfurt/New York: Campus, S. 19–42.

Petermann, Thomas, 2005. Das TAB – Eine Denkwerkstatt für das Parlament. In: Petermann, Thomas, Armin Grunwald (Hg.). Technikfolgen-Abschätzung am Deutschen Bundestag. Berlin: Edition Sigma, S. 14–65.

Petermann, Thomas, Armin Grunwald (Hg.), 2005. Technikfolgen-Abschätzung am Deutschen Bundestag. Berlin: Edition Sigma.

Petermann, Thomas, Constanze Scherz, 2005. Parlamentarische TA-Einrichtungen in Europa als reflexive Institutionen. In: Petermann, Thomas, Armin Grunwald (Hg.). Technikfolgen-Abschätzung am Deutschen Bundestag. Berlin: Edition Sigma, S. 213–239.

Simonis, Georg, 1992: Forschungsstrategische Überlegungen zur politischen Techniksteuerung. In: Grimmer, Klaus, Jürgen Häusler, Stefan Kuhlmann, Georg Simonis (Hg.), Politische Techniksteuerung. Opladen: Leske und Budrich, S. 13–50.

Simonis, Georg, Renate Martinsen, Thomas Saretzki (Hg.), 2001. Politik und Technik: Analysen zum Verhältnis von technologischem, politischem und staatlichem Wandel am Anfang des 21. Jahrhunderts. Wiesbaden: Westdeutscher Verlag.

Siune, Karen, Eszter Markus, Mario Calloni, Ulrike Felt, Andrzej Gorski, Armin Grunwald, Arie Rip, Vladimir de Semir, Sally Wyatt, 2009. Challenging Futures of Science in Society. Report of the MASIS Expert Group. Brüssel: Europäische Kommission.

van Est, Rinie, Jose van Eijndhoven, 1999. Parliamentary Technology Assessment at the Rathenau Institute. In: Bröchler, Stephan, Georg Simonis, Karsten Sundermann (Hg.), 1999. Handbuch Technikfolgenabschätzung. Berlin: Edition Sigma, S. 427–436.

Vig, Norman, Herbert Paschen (Hg.), 2000. Parliaments and Technology Assessment. The Development of Technology Assessment in Europe. Albany: State of New York University Press.

Williamson, Ray A., 1994. Space Policy at the Office of Technoloy Assessment. In: Grunwald, Armin, Hartmut Sax (Hg.), 1994. Technikbeurteilung in der Raumfahrt. Anforderungen, Methoden, Wirkungen. Berlin: Edition Sigma, S. 211–225.

Willke, Hellmuth, 1983. Entzauberung des Staates. Überlegungen zu einer gesellschaftlichen Steuerungstheorie. Königstein/Ts.: Athenäum Verlag.

Partizipative Technikfolgenabschätzung und -bewertung

7

Gabriele Abels und Alfons Bora

7.1 Begriff

Unter der Bezeichnung „partizipative Technikfolgenabschätzung und -bewertung" (pTA) werden Instrumente und Methoden zusammengefasst, die auf eine Beteiligung von Laien und/oder InteressenvertreterInnen (Stakeholder) an TA-Prozessen abzielen und die in unterschiedlicher Weise in Politikberatung eingebunden sind (Bora 2011, Abels/Bora 2004)[1]. Wissenschaftliche Expertise nimmt hierbei eine wesentliche Rolle ein, allerdings steht die Diskussion zwischen Laien und ExpertInnen in den meisten Fällen im Vordergrund. Die Beteiligung korporatistischer Akteure[2] ist möglich. Meist sind diese Verfahren deliberativer – erörternder – Natur, zum geringen Teil haben sie eine (allerdings schwache) Entscheidungskomponente.

Beteiligung von Laien und Stakeholdern

Partizipative Verfahren verfolgen die Integration heterogener gesellschaftlicher Rationalitäten in TA-Prozesse. Die Bandbreite der mit TA angesprochenen Themenfelder und Fragen vergegenwärtigt dies. Dies reicht z. B. von der Einführung vorgeburtlicher genetischer Testverfahren über die Ansiedlung von Mülldeponien oder atomaren Endlagern an spezifischen Standorten bis hin zur Verwendung von Nanotechnologie in der Lebensmittelproduktion. Ganz generell sind diese Aufgaben in drei Dimensionen anzusiedeln, die sich universell nachweisen lassen, nämlich

- eine *kognitive* Dimension („Was können wir tun?"),

Drei Dimensionen …

---

1 Teile dieses Beitrags sind aus Abels/Bora 2004 entnommen.
2 Dies sind Vertreter verbandlich organisierter Interessen, wie z. B. Vertreter der Industrie, der Gewerkschaften, der Umweltverbände etc.

- eine *normative* Dimension („Was dürfen/sollen wir tun?") und
- eine *voluntative* Dimension („Was wollen wir tun?").

und die Adressaten

Diese drei Dimensionen verweisen auf unterschiedliche gesellschaftliche Teilbereiche (Funktionssysteme). Kognitive Fragen werden an die Wissenschaft adressiert, normative an das Recht und an die Ethik, voluntative an die Politik. TA ist daher, da sie eine umfassende Abschätzung und Bewerbung zum Zwecke der Vorbereitung politischer Entscheidungen anstrebt, vor allem ein Abstimmungsprozess zwischen gesellschaftlichen Diskursen, die wissenschaftliche, rechtliche, ethische und politische Kriterien transportieren. Sie stellt in diesem Sinne den Versuch dar, unterschiedliche Ebenen und Instrumente einer gesellschaftlichen Regulierung von Technologien zu integrieren.

Zwei TA-Modelle

Idealtypisch lassen sich auf dieser Basis im Wesentlichen zwei TA-Modelle unterscheiden: ein eher wissenschafts- oder expertenorientiertes und ein stärker partizipatives Modell, welches Bürgerbeteiligung umfasst. Beide Modelle lassen sich in der Praxis primär in unterschiedlichen Mischformen beobachten. Vor allem ist Expertise auch in allen partizipativen Verfahren enthalten. Denn trotz aller berechtigten Expertenkritik (Liberatore/Funtowitz 2003) kann wissenschaftliches Wissen doch mit Blick auf die Klärung von Wahrheitsfragen nicht einfach durch andere Wissensformen ersetzt werden und ist vor allem auch für politische Argumentationen ein unersetzlicher Input. Andererseits wird auf die Grenzen des Expertenwissens hingewiesen. Damit sind erstens kognitive Grenzen angesprochen, also Grenzen des wissenschaftlichen Wissens bzw. des mit den Mitteln der Wissenschaft Erkennbaren. Zweitens ist in sozialer Hinsicht die Rolle der Experten in der gesellschaftlichen Wissensproduktion umstritten; sie sind für politisches Entscheiden nur eine Quelle neben anderen. Drittens benötigt verlässliches wissenschaftliches Wissen Zeit; politische Entscheidungen dagegen stehen unter hohem Zeit- und Legitimationsdruck. Mit anderen Worten: Expertenwissen bleibt in der Politikberatung und Technikgestaltung notwendig, ist aber zur Produktion kollektiv verbindlicher Entscheidungen oftmals nicht hinreichend und kommt im politischen Konflikt unter Druck. Deshalb haben sich im Laufe der Zeit Verfahren herausgebildet, mit denen versucht wird, das politische Moment des kollektiv verbindlichen Entscheidens mit dem Expertendiskurs zu verbinden.

Partizipative Komponente

Bereits seit den Anfängen der TA in den 1970er Jahren ist eine partizipative Komponente gefordert worden; sie wurde in den vergangenen beiden Jahrzehnten verstärkt in die Praxis umgesetzt (Bechmann 1993; Fischer 1999; Grunwald 2010, 91 ff.) In partizipativen TA-Verfahren versuchen ExpertInnen und Laien, Entscheider und Betroffene, GegnerInnen und BefürworterInnen, gemeinsam zu einem argumentativ begründeten Urteil darüber zu kommen, ob eine umstrittene Technik eingeführt werden soll und wie sie gegebenenfalls zu regulieren ist. Zur Einbindung von Laien in den Beratungsprozess sind sehr unterschiedliche Verfahrenstypen entstanden, die in Europa (aber auch darüber hinaus) einen unterschiedlichen Verbreitungsgrad gefunden haben. Deren Leistungsfähigkeit im Vergleich zu beurteilen, ist nach wie vor eine wichtige Forschungsaufgabe (vgl. ausführlich Abels/Bora 2004). Während pTA lange Zeit nur auf regionaler oder nationaler Ebene angesiedelt war, sind in den letzten Jahren v. a. im europäischen Kontext Versuche einer transnationalen pTA zu beobachten (Abels/Mölders 2007). Welche besonderen Herausforderungen sich dabei stellen und wie diese (z. B. das Sprachenproblem, die Verschränkung der nationalen und europäischen Debatte) bewältigt werden können, ist derzeit erst im Ansatz zu überblicken (vgl. Abels 2009).

7.2 Aufgabe: Partizipative TA als integratives Instrument

Weder Politik, noch Recht, Ökonomie, Erziehung oder Ethik sind je für sich alleine in der Lage, Technik in der funktional differenzierten Gesellschaft zu regulieren: Das *Recht* ist zwar in der Lage, stabile Erwartungssicherung zu ermöglichen, reagiert aber nur mit Verzögerung auf äußere Veränderungen und Anpassungsdruck. Die Ökonomie ist zwar flexibel, erweist sich aber gegenüber Gemeinwohlproblematiken – und um solche handelt es sich bei TA regelmäßig – bisweilen als wenig sensibel. *Erziehung* zielt auf langfristige und nachhaltige Veränderungen, die über sozialisatorische Interventionen erreicht werden sollen, kommt aber gerade wegen der Langfristigkeit ihrer Perspektive und der Ungewissheit des Interventionsergebnisses für Regulierungsleistungen nur begrenzt in Betracht. *Ethik* – verstanden als Reflexionstheorie von Moral – vermag zwar wichtige Aufklärungseffekte zu erzielen, bleibt aber häufig (wie Wissenschaft insgesamt) auf Distanz zur Entscheidungspraxis. Moral andererseits eignet sich kaum als integrative Entscheidungshilfe, da sie – als Kommunikation von Achtung und Missachtung – tendenziell konfliktsteigernde Effekte hervorruft. *Politik* schließlich kann vor der Zuschreibung umfassender Problemlösungskompetenz letztlich oft nur kapitulieren. Mit ihren auf Machtsicherung angelegten Orientierungen und ihrer strukturell bedingten „Kurzsichtigkeit" kann sie angesichts langfristiger und territorial entgrenzter Probleme häufig nur begrenzte Lösungen anbieten. Diese Enttäuschung äußert sich typischerweise in Semantiken des „Politikversagens". In der gesellschaftlichen Selbstbeschreibung werden damit die eigentlich auf alle Funktionssysteme verteilten Leistungsprobleme oft einseitig dem politischen Funktionssystem zugeschrieben, d. h.: Die Politik soll alles richten. Partizipative TA stellt nun einen Versuch dar, angesichts dieser Schwierigkeiten einen integrativen Regulierungsmechanismus zur Verfügung zu stellen.

<small>Beiträge und Defizite funktionaler gesellschaftlicher Teilbereiche bei der Technikregulierung</small>

Expertenorientierte Verfahren sehen Technikregulierung vornehmlich als Frage des Wissensmanagements. Viele Normen der Gefahrenabwehr und Risikovorsorge basieren auf der Annahme, ihre Regulierung sei letztlich eine Frage ausreichender Information: Wie wahrscheinlich ist die Konkretisierung einer

<small>Technikregulierung … als Frage des Wissensmanagements</small>

Gefahr, welcher Schaden ist in welcher Höhe zu erwarten? Man rekurriert dabei auf einen informationstheoretischen Risikobegriff und TA dient im Wesentlichen der hinreichenden Wissensmobilisierung. Diese TA-Variante ermöglicht vor allem Entscheidungen in Recht und Politik durch wissenschaftlichen Input.

oder als Entscheidungsproblem?

Aus der Perspektive partizipativer TA, welche die erstgenannte Sichtweise nicht ausschließt, sondern ergänzt, stellt sich Technikregulierung allerdings vorrangig als Entscheidungsproblem dar. Aus entscheidungstheoretischer Perspektive zeigt sich die konstitutive Bedeutung unspezifischen Nicht-Wissens (Japp 2000). Im Gegensatz zum spezifischen, bei dem man weiß, dass und was man (noch) nicht weiß und in dem man deshalb gezielten Wissenserwerb betreiben kann, bezeichnet das unspezifische Nichtwissen einen Bereich kategorisch unverfügbaren Nichtwissens, in dem man nicht sagen kann, was (noch) nicht gewusst wird, sondern der sich als ganzer der Selbstbeobachtung entzieht. Viele bekannte Umwelt- und Gesundheitskatastrophen der vergangenen Jahrzehnte wie etwa der DDT-Fall (Carson 1962), aber auch die Vorgeschichte der FCKW in den 1920er Jahren sind anfänglich durch solche epistemischen Ungewissheiten (Wehling 2006) und eben deshalb durch spätere katastrophale Verläufe gekennzeichnet. Partizipative TA erfüllt dann vor allem die Aufgabe, durch Einbeziehung einer möglichst breiten Zahl unterschiedlicher Akteure die Abnahmebereitschaft für politische Entscheidungen zu erhöhen, indem sie neben kognitiven gleichzeitig normative und evaluative Aspekte qua Beteiligung von „Laien" mit aufgreift und so die heterogenen gesellschaftlichen Diskurse zu integrieren versucht.

Auch in aktuellen Debatten über Infrastruktur-Großprojekte erweist sich, dass die parlamentarischen und administrativen Verfahren auf einer brüchigen Legitimation beruhen und rechtsstaatliche Verfahren keine politische Zustimmung garantieren. Dies haben z. B. die Proteste über den Bahnhofsneubau „Stuttgart 21" gezeigt (vgl. Kropp 2013), ebenso auch Bürgerproteste gegen atomare Endlager, gegen Stromtrassen im Kontext der „Energiewende" oder gegen CO_2-Pipelines etc.

7.3 Demokratietheoretische Begründungen

Partizipative TA-Verfahren werden mit Verweis auf Demokratietheorien begründet. Allerdings gibt es nicht eine, sondern ein Vielzahl von demokratietheoretischen Ansätzen, die sich hinsichtlich ihrer Prämissen zum Zweck und zu den Formen von Bürgerbeteiligung grundlegend unterscheiden (vgl. Schmidt 2010). Diese unterschiedlichen demokratietheoretischen Strömungen finden auch in der Debatte um partizipative TA ihren Niederschlag in Gestalt unterschiedlicher Verfahrenstypen und ihrer Begründung. Partizipative Verfahren insgesamt werden vor allem mit der Erwartung verbunden, sie seien besser in der Lage, Motivation bei den Beteiligten zu erzeugen, die Wissens- und Wertebasis zu verbreitern, Lernprozesse zu initiieren, Möglichkeiten zur Konfliktvermeidung und -bewältigung aufzuzeigen, das Gemeinwohl durchzusetzen sowie schließlich die Akzeptanz und Legitimität politischer Entscheidungen zu steigern. Sie sollen eine wesentliche Funktion in der Unterstützung öffentlicher Diskussionen über Technikfolgen haben. Ihre ursprüngliche, primär politikberatende Funktion könnte demgegenüber tendenziell an Bedeutung verlieren. Damit steht partizipative TA heute zum Teil sogar in einem Spannungsverhältnis zur repräsentativen Demokratie. Allerdings bedürfen diese Annahmen zur spezifischen Leistungsfähigkeit partizipativer Verfahren in weiten Teilen erst noch einer detaillierteren Analyse; empirische Studien geben jedenfalls Anlass zur Skepsis (z. B. Bora 1999; Görsdorf 2012). Damit diese Verfahren nicht systematisch ins Leere laufen und bei den Verfahrensbeteiligten, vor allem den Bürgern, nicht einlösbare Erwartungen an die Politik provozieren, die in der Folge zu entsprechenden Enttäuschungen führen, ist die systematische Verknüpfung dieser ebenso gesellschafts- wie auch politikberatenden Verfahren mit den Institutionen der repräsentativen Demokratie ein zentrales Problem. Hierbei müssen zum einen unterschiedliche politische Strukturen und Kulturen beachtet werden. Zum anderen muss die Frage, wer eigentlich die Adressaten partizipativer Verfahren sind, stärker als bislang differenziert werden. Hier besteht ebenfalls noch Forschungsbedarf, nicht zuletzt im Ländervergleich (vgl. Abels 2010).

Erwartungen an pTA-Verfahren

Zur demokratietheoretischen Fundierung von pTA ist zunächst anzuführen, dass die Partizipation von BürgerInnen am Prozess der Beratung und Entscheidung grundsätzlich für alle zeitgenössischen demokratietheoretischen Ansätze elementar ist (vgl. auch Laird 1993: 343 ff.). Unterschiede bestehen gleichwohl in der geforderten Ausgestaltung der Beteiligung. Sowohl partizipatorische Ansätze, die auf eine möglichst umfassende Beteiligung von BürgerInnen setzen, als auch deliberative Ansätze, welche den Schwerpunkt auf die Erörterung von Argumenten im öffentlichen Diskurs fokussieren, setzen auf eine individuelle und direkte Beteiligung; für diese ist eine face-to-face-Kommunikation der BürgerInnen untereinander sowie mit VertreterInnen anderer Funktionssysteme entscheidend. Für pluralistische Ansätze hingegen ist nur die in Gruppen organisierte Bürgerschaft in der Lage, Interessen in den politischen Prozess einzuspeisen. Unterschiede bestehen auch hinsichtlich der Funktion der Beteiligung. Während für partizipatorische Ansätze Partizipation per se erstrebenswert ist und eine erzieherische Funktion hat, besteht für pluralistische Ansätze, die auf die Beteiligung von organisierten Interessengruppen am politischen Prozess ausgerichtet sind, der Sinn der Partizipation allein in der effektiven Durchsetzung der Interessen. Dabei wird angenommen, dass Interessen immer schon fix gegeben sind und dann in kompromisshaften Prozessen ausgehandelt werden. Deliberative Ansätze sehen den Wert von Partizipation in einem besseren, da rationalen Politikergebnis, da dieses auf besseren Argumenten gründet. Sie unterstellen zudem, dass Interessen sich im öffentlichen Diskurs herausbilden und

Partizipatorische, deliberative und pluralistische Ansätze

aufgrund von Argumenten verändern können. Interessen sind also nicht exogen gegeben, sondern Ergebnis von Beratungsprozessen.

Drei politische Mechanismen zur Erzeugung von Legitimation

In Demokratien kann Legitimation auf unterschiedliche Weise erzeugt werden, Partizipation ist nur einer von mehreren politischen Mechanismen. In der Demokratietheorie wird zwischen drei Typen unterschieden: (1) input-orientierte Mechanismen, bei denen der Zugang zum politischen Prozess und die Beteiligung daran im Mittelpunkt steht; (2) output-orientierte Mechanismen, bei denen Legitimation hauptsächlich durch möglichst gute Politikergebnisse erzeugt wird; (3) throughput-orientierte Mechanismen, welche auf die Qualität des Beratungs- und Entscheidungsverfahrens fokussieren und hierbei Aspekten wie Verfahrensgerechtigkeit, Transparenz, Verantwortlichkeit (accountability) etc. einen hohen Wert beimessen.

Unterschiede

Input-orientierte und prozedurale demokratietheoretische Ansätze befassen sich vorrangig damit, wer auf welche Art und Weise Interessen und Präferenzen in den politischen Prozess einspeist und wie diese Interessen im politischen Prozess „verarbeitet" werden. Output- und effizienzorientierte Ansätze fokussieren hingegen auf die Politikergebnisse und die Qualität des Regierens für die Legitimationserzeugung. Diese Aspekte von Legitimitätserzeugung sind nicht immer gleichermaßen durchzusetzen. So können die Gebote der Bürgerbeteiligung und der Produktion effizienter Politik sogar in Konflikt miteinander geraten und zu einem „democratic dilemma" (vgl. Dahl 1994) führen. Partizipatorische Ansätze vernachlässigen, so betrachtet, tendenziell die Frage der Effizienz. Für pluralistische Ansätze hingegen ist die Durchsetzung der Interessen in Form des Output ein wichtiger Faktor; diese Durchsetzung ist das eigentliche Ziel der Organisation und Aktivitäten von Interessengruppen. Insofern sind pluralistische Ansätze stärker output-orientiert als partizipatorische Ansätze. Deliberative Demokratieansätze schließlich sind nicht in erster Linie nur auf die Input-Seite bezogen; sie unterstellen, dass durch die Qualität der Deliberation zwischen den Beteiligten auch ein besseres und damit stärker legitimiertes Verfahrensergebnis (Output) erzeugt werden kann. Die Ergebnisqualität ist ihr eigentliches Anliegen. Allerdings ist der Nachweis hierüber schwer zu führen und die Wirkungskette zwischen Input, Throughput und Output ist erst im Ansatz erforscht.

Demokratisches Dilemma

7.4 Formate: Bürger und Experten in unterschiedlicher Besetzung

Legitimation durch Verkopplung von Partizipation und Effizienz

Partizpativer TA geht es vor allem darum, die Sach- und Sozialdimension in spezifischer Hinsicht zu verknüpfen und daraus Optionen für die Politikberatung zu schaffen. Durch die Partizipation zumindest potentiell betroffener BürgerInnen – als Laien und InteressenvertreterInnen (Stakeholder) – sowie von (ggf. „repräsentativ" ausgewählten) ExpertInnen soll eine sachlich richtige Entscheidung ermöglicht werden; umgekehrt soll aus der sachlichen Angemessenheit des Ergebnisses eine sozialintegrative Wirkung resultieren. Anders gesprochen: Legitimation soll über eine spezifische Verkoppelung von Partizipation und Effizienz hergestellt werden.

Empirisch lassen sich eine ganze Reihe partizipativer TA-Modelle beobachten. Um die Mannigfaltigkeit der Verfahrensformen in den Griff zu bekommen, empfiehlt sich grundsätzlich die Beschreibung mit Hilfe dreier Dimensionen, des „Wer?", des „Wie?" und des „Wozu?" der Partizipation. Konkrete Beteiligungsformen kombinieren die Merkmale der drei Dimensionen auf je spezifische Weise (vgl. Abels/Bora 2004):

Drei beschreibende Dimensionen

„Wer?" – Hier geht es um die Frage, welche *Akteure,* Sprecher bzw. sozialen Adressen überhaupt als kommunikativ relevant ausgewählt und inkludiert werden. Zwei bekannte und hinreichend voneinander unterschiedene Verfahren sind die Repräsentation auf der einen sowie die breite Beteiligung aller (auch „Öffentlichkeitsbeteiligung" oder „Jedermannbeteiligung" genannt) auf der anderen Seite. Viele der empirisch beobachtbaren Verfahren sind auf einem gedachten Kontinuum irgendwo zwischen diesen beiden Polen angesiedelt.

„Wer?"

„Wie?" – Die zweite Dimension betrifft die *Beteiligungsrollen,* d. h. den jeweiligen Modus der Inklusion. Aktive Leistungsrollen unterschiedlichster Art stehen Publikumsrollen gegenüber. Dass auch die Publikumsrolle eine – wenngleich schwache und meist als unzureichend kritisierte – Form der Partizipation sein kann, zeigt die Bedeutung, welche beispielsweise der Sitzungsöffentlichkeit für die Durchsetzung politischer Kontrolle über rechtliche und politische Entscheidungsgremien zugemessen wird. In vielen der partizipativen TA-Verfahren wird die allgemeine Öffentlichkeit gar nicht, nur zu ausgewählten Ereignissen oder nur vermittelt über die Medienöffentlichkeit als Publikum zugelassen. Nur in besonderen Fällen gibt es eine breite, aktive „Jedermann"-Beteiligung. Deshalb ist die Frage von besonderer Bedeutung, welche Rolle in den Fällen der repräsentierten Öffentlichkeit deren VertreterInnen konkret im Verfahren einnehmen und welche Regeln die Verhaltensoptionen der Beteiligten im Verfahren steuern. Insofern variieren die Formen zwischen reinen Stakeholder-Verfahren auf der einen und Verfahren mit BürgerInnen, ExpertInnen, Interessengruppen und Policy-Makern auf der anderen Seite. Die konkrete Gestalt findet ihren Ausdruck in unterschiedlichen Verfahrensrollen und Beteiligungsregeln: Bürger- oder Expertenverfahren, Entscheidung durch Dritte, Auswahl der Verfahrensbeteiligten, Verfahrensregeln oder Kommunikationsmodi (argumentativ, verhandelnd).

„Wie?"

„Wozu?" – Mit welchem *Ziel* wird die Beteiligung – im Sinne der Inklusion von ursprünglich nicht involvierten Personenkreisen – im jeweiligen Verfahren verknüpft? Welches ist die zugeschriebene Funktion der Inklusion? Beratung im Sinne von Deliberation scheint uns empirisch der Hauptzweck partizipativer Verfahren zu sein, verbunden mit der Erwartung, über das Medium des Diskurses Konsens erzielen zu können. Ein direkter Entscheidungsbezug ist hingegen

„Wozu?"

selten. Daneben gilt es im Einzelnen zu prüfen, mit welchen Funktionserwartungen die Beteiligung in den einzelnen Verfahrensmodellen verbunden sind, welches die Adressaten der Verfahrensergebnisse sind und zu welchem Zweck die Partizipation im Einzelfall genau dienen soll.

Beispiel für die Integration heterogener gesellschaftlicher Diskurse

Es folgt ein Beispiel, um die Integration heterogener gesellschaftlicher Diskurse in pTA-Verfahren zu veranschaulichen: Im Herbst 2006 gab das Bundesinstitut für Risikobewertung (BfR) eine so genannte Verbraucherkonferenz zur Anwendung von Nanotechnologien in Verbraucherprodukten in Auftrag (Zimmer et al. 2007; zur wissenschaftlichen Bewertung vgl. vor allem Görsdorf 2012). Das Verfahren war nach dem Modell der Konsensuskonferenz ausgestaltet. Es stellte, soweit ersichtlich, den ersten Fall einer Konsensuskonferenz in Deutschland dar, die von einer öffentlichen Verwaltung in Auftrag gegeben und an deren Entscheidungsprozesse angebunden war. Das BfR hat unter anderem die Aufgabe, die öffentliche Wahrnehmung von Risiken neuer Verfahren wie der Nanotechnologie zu erforschen. Zu diesem Zweck setzt es auch Verbraucherkonferenzen als Instrumente ein. Neue Materialien, die auf der Basis der Nanotechnologie hergestellt werden, finden in Kosmetika, Bekleidungstextilien, Haushaltsprodukten und künftig auch in Lebensmitteln und Nahrungsergänzungsmitteln Verwendung. Ziel der Verbraucherkonferenz war es, vor diesem Hintergrund „herauszufinden, welche potenziellen Chancen und Risiken in der verbrauchernahen Anwendung dieser Technologien stecken und inwieweit Verbraucherinnen und Verbraucher bereit sind, diese Risiken vor dem Hintergrund des Nutzens zu akzeptieren" (Zimmer et al. 2007, 98). Die Verbraucherkonferenz setzte sich aus einer Laien- und einer Expertengruppe zusammen. Die Mitglieder der Laiengruppe waren zufällig ausgewählt, so dass die Gruppe soziale Schichten und Milieus übergreifen und damit die Vielfalt gesellschaftlicher Erfahrungen berücksichtigen sollte. Ferner wurde auf Geschlechterparität geachtet. Das Expertengremium war so zusammengesetzt, dass die Breite der in der Wissenschaft vertretenen Positionen ebenso wie gegebenenfalls daran anknüpfende politische Bewertungsdifferenzen möglichst gut abgebildet waren. Ein Organisationsteam trug die Verantwortung für den Ablauf des Verfahrens. Nach einer inhaltlichen Einführung in die Probleme der Nanotechnologie formulierte die Laiengruppe Fragen an das Expertengremium. Auf einer öffentlichen Anhörung diskutierten die Experten mit der Laiengruppe über deren Fragen zu Nanotechnologien in den Bereichen Lebensmittel, Kosmetika und Textilien. In nichtöffentlicher Sitzung verfasste die Laiengruppe anschließend ihr Votum an das BfR, in dem die Gruppe auf Chancen sowie auf Risiken der Anwendung von Nanotechnologien in unterschiedlichen Anwendungsbereichen hinwies (Bundesinstitut für Risikobewertung 2007).

7.5 Leistungsfähigkeit: Möglichkeiten und Grenzen partizipativer TA

Bereits auf rein abstrakter Ebene macht die Übersicht über die Verfahrensformate (s. Tabelle 1: Partizipative Verfahren der TA ab S. 104) deutlich, dass Partizipation nicht schon per se Entscheidungsverfahren verbessern oder zu deren Gelingen beitragen muss (Bora/Hausendorf 2010). Sie kann im Gegenteil auch die Zahl der zu treffenden Entscheidungen und damit die Komplexität der Kommunikation erhöhen (Luhmann 1987). In diesem Sinne ist Partizipation aus soziologischer Perspektive als normativ offenes Konzept zu verstehen. Das bedeutet vor allem, dass es von den Umständen der Situation, vom Entscheidungsproblem, von den konkret Beteiligten sowie den Modalitäten der Beteiligung abhängt, in welcher Weise sich die Inklusion von Personen in spezifische Entscheidungskontexte konkret auswirkt. Es mag also durchaus Fälle geben, in welchen durch die Mitwirkung von BürgerInnen in pTA-Verfahren die Probleme der Technikbewertung nicht gelöst, sondern verschärft werden. Diese empirische Ebene zu untersuchen und vor diesem Hintergrund die demokratietheoretisch begründeten Ansätze partizipativer TA zu betrachten, dies ist die Aufgabe einer soziologischen Analyse von Technikfolgenabschätzung. Hierfür bedarf es konkreter Studien, die sowohl die Unterschiede zwischen Ländern als auch zwischen Verfahrenstypen und Themenfeldern von pTA in den Blick nehmen.

Partizipation: normativ offenes Konzept

Alle Verfahrensmodelle wenden sich allgemein an die Legislative (Parlament) und/oder die Exekutive (Regierung, Ministerien). Sie sind also auch in jenen Fällen politisch von Bedeutung, in denen die Partizipation sich in erster Linie auf Administrationen bezieht. Insgesamt ist jedoch ihre mangelnde institutionelle Einbindung in die Strukturen der repräsentativen Demokratie zu bemängeln (vgl. Abels 2010).

Adressaten: Legislative und/oder Exekutive

Alle Verfahrensmodelle basieren in ihrer internen Strukturierung ausschließlich oder doch ganz überwiegend auf dem Kommunikationsmodus des „arguing", d. h. der Argumentation im Gegensatz zum „bargaining", d. h. zu strategischem Verhandeln. Immer geht es in erster Linie darum, die politischen und administrativen Instanzen mit guten Gründen für eventuell nachfolgende, von ihnen zu treffende Entscheidungen auszustatten. In zweiter Linie ist auch eine Aufklärungsfunktion gegenüber der allgemeinen Öffentlichkeit anvisiert. Dies weist bereits darauf hin, dass allgemeine technikpolitische Fragen eine Rolle spielen, also Themen, die argumentativ (und nicht etwa mit den Mitteln strategischen Verhandelns oder von Mediationsverfahren) zu bearbeiten sind. Alle Verfahren haben eher beratenden als (mit-)entscheidenden Charakter. Ihre Ergebnisse fließen (bestenfalls) in Entscheidungsprozesse ein, nehmen diese jedoch weder vorweg noch ersetzen sie diese. Auch im Verfahrenstyp des Erörterungstermins, der in ein administratives Entscheidungsverfahren direkt und gesetzlich vorgegeben eingebunden ist, beziehen sich die Partizipationsrechte

Kommunikationsmodus: Argumentation

zwar auf eine direkte Verfahrens-, aber nur auf eine indirekte Ergebniskontrolle. Verfahren der partizipativen Technikfolgenabschätzung sind damit vorrangig in Ansätzen einer partizipatorischen und insbesondere einer deliberativen Demokratie fundiert, beziehen aber in unterschiedlichem Maße pluralistische Ansätze mit ein.

Unterschiede der Modelle — Vor dem Hintergrund dieses Vorrats an Gemeinsamkeiten weisen die unterschiedlichen Verfahrensmodelle einige markante Differenzen auf. Die Verfahrenssynopse (Tabelle 1: Partizipative Verfahren der TA) ist durch ein zunehmendes Maß an Heterogenität, im Sinne einer Verschiedenheit verfahrensbeteiligter sozialer Gruppen, von Modell 1 bis Modell 7 gekennzeichnet. Mit dieser Heterogenität sind in je spezifischer Weise der Modus sowie der Umfang der Inklusion kombiniert. Nur der Erörterungstermin ist im strengen Sinne voll inklusiv dergestalt, dass er potentiell jede interessierte Person zur rechtmäßigen Verfahrensbeteiligten macht. Alle anderen Verfahrensmodelle sind repräsentativ. Sie versuchen, in abgestuften Modi der Inklusion jeweils relevante Akteure (Stakeholder, BürgerInnen, ExpertInnen, je nach Rollensetting im Verfahren) als Betroffene, stellvertretend oder exemplarisch einen technikpolitischen Konflikt bearbeiten zu lassen. Die Öffentlichkeit ist in diesen Fällen über die Medien vertreten. Und für diese sind die Verfahren nicht durchgängig offen; das gilt für die Beratungen des Laien-Panels in der Konsensuskonferenz (Modell 4) ebenso wie für die Debatten des Steuerungsgremiums in der pTA (Modell 2). In allen Verfahrensmodellen gibt es „Inseln des Geheimen", auf denen strategische Verhandlungen stattfinden mögen, einzelne Gruppen Positionen zur Disposition stellen usw., ohne dafür ihrer jeweiligen Klientel gegenüber rechenschaftspflichtig zu sein.

ExpertInnen sind in allen Verfahren vertreten; im Dialogverfahren nehmen sie allerdings keine verfahrenskonstitutive Rolle ein. In allen Modellen, außer im Dialogverfahren, haben sich die ExpertInnen mit Laien und/oder Stakeholdern auseinanderzusetzen. Auf der Ebene der Verfahrensform ist somit festzuhalten: *Eingeschränkte Öffentlichkeit* — Alle Verfahren sind unabhängig von ihrer Heterogenität nur in einem eingeschränkten Sinne „öffentlich" (Ausnahme: Erörterungstermin). Der Begriff „Öffentlichkeitsbeteiligung" sollte deshalb mit Bedacht verwendet werden.

Laien-Experten-Kommunikation — Alle Verfahren – das Dialogverfahren nur mit Einschränkung – sind im Kern durch Laien-Experten-Kommunikationen geprägt. Die Experten- und Laienrollen werden je nach Verfahrensmodell mit unterschiedlichen Aufgaben ausgestattet. Man kann unabhängig von der Heterogenität des jeweiligen Verfahrensmodells expertendominierte, laiendominierte (z. B. Konsensuskonferenz) und tendenziell zwischen beiden Gruppen balancierte Verfahren (Voting Conference, Szenario-Workshop) unterscheiden.

Oftmals diffuse Zielformulierungen — Die erwarteten Leistungen und konkreten Ziele sind oft sehr diffus formuliert. Dies gilt nicht für den Erörterungstermin (Modell 3), weshalb in diesem Falle auch die Diagnose des zumindest teilweisen Scheiterns leicht fällt, da ein Vergleich mit den normativen Funktionen methodisch zuverlässig durchgeführt werden kann. Es gilt mit Blick auf die formulierten Ziele ebenfalls nicht für die pTA (Modell 2), deren konsultative Funktion klar abgegrenzt ist. Beim Szenario-Workshop (Modell 7) wird man immerhin die Funktion des Agenda-Setting für hinreichend genau umrissen halten können. Unklarheiten herrschen über weite Strecken bei den unterschiedlichen Formen der Konsensuskonferenz. Auch für die Voting Conference (Modell 6) und für die Dialogverfahren (Modell 1) bleiben die Ziele wenig klar konturiert.

Entsprechend schwer fällt in der Regel die Bewertung der tatsächlichen Leistungsfähigkeit. Für den Erörterungstermin (Modell 3) gibt es entsprechende empirische Studien. Seine Leistungsfähigkeit ist durch das enge rechtliche Verfahrenskorsett stark eingeschränkt. An anderer Stelle wurde deshalb vorgeschlagen, die an sich legitime, aber praktisch nicht leistungsfähige Form der „Jedermann-Beteiligung" in administrativen Verfahren durch ein differenziertes Bündel an Beteiligungsformen abzulösen, die zum Teil auf hier diskutierte Modelle, zum Teil auf mediationsförmige Lösungen zurückgreifen. Rechtspolitisch läuft dieser Vorschlag auf eine prozedurale Differenzierung hinaus (Bora 2000; Bora 1999, Kap. 8).

Leistungsfähigkeit ...

Bislang mangelt es an einer theorieorientierten empirischen Forschung zu partizipativer TA. Vor diesem Hintergrund ist festzustellen, dass es keine klar und unbezweifelbar erkennbaren empirischen Stärken der Partizipation, die sich sozusagen bereits beim ersten Hinschauen entdecken ließen, gibt. Gleichwohl findet die pTA zunehmende Verbreitung, wobei sich v. a. Konsensus-Konferenzen (Modell 4) – und Abwandlungen von diesem laiendominierten Verfahrenstyp – nicht nur in Europa großer Beliebtheit erfreuen (vgl. Joss 2003). Zudem finden in der pTA entwickelte Beratungsverfahren teilweise Anwendung in Politikbereichen, in denen es nicht mehr um soziale Folgen wissenschaftlich-technologischen Wandels geht, und zwar selbst auf paneuropäischer Ebene (vgl. Boussaguet/Dehousse 2008). Der politische Einfluss von pTA muss gleichwohl skeptisch betrachtet werden.

der pTA im engeren Sinne

Das Modell 2, pTA im engeren Sinne, ist als Verfahrenstyp eher randständig geblieben. Im spezifischen Fall des sogenannten WZB-Verfahrens war das politische Verfallsdatum seines Themas (gentechnisch veränderte, herbizidresistente Pflanzen) nach dem relativ lange dauernden Verfahren gewissermaßen schon überschritten und stieß deshalb bei den Akteuren in der parlamentarischen Politik nicht mehr auf starke Resonanz. Hier ist immerhin ein Einfluss auf gleichzeitig oder nur wenig zeitversetzt ablaufende Verwaltungsverfahren nachweisbar, in denen die pTA-Ergebnisse bekannt waren. Sie wurden von den Akteuren in den Verwaltungsverfahren selektiv eingesetzt (Bora 1999).

Ob die Dialogverfahren (Modell 1) über Verhandlungen systematisch hinausgelangen, ist nach den in Teil 2 vorgestellten Berichten eher zweifelhaft.

der Dialogverfahren

Alle Formen der Konsensuskonferenz (Modell 4 und 5) sind in der Praxis von eher marginaler Bedeutung geblieben, was ihre Auswirkungen betrifft. Das gilt unter verschiedenen politisch-kulturellen und institutionellen Bedingun-

der Konsensuskonferenz

gen; selbst in Dänemark – dem Mutterland dieses Verfahrenstyps – ist die von Organisatoren und Unterstützern des Verfahrens berichtete Resonanz letztlich eher bescheiden. Die vielfach hervorgehobenen indirekten Effekte – Auswirkungen auf die Qualität und Intensität der öffentlichen Debatte oder Erweiterung der Wissens- und Wertebasis für ParlamentarierInnen (vgl. Joss 2002) – sind bislang schwer zu überprüfen und deshalb nach wie vor im Bereich der Spekulation angesiedelt. Eine erste empirische Studie über das „offene Gespräch und seine Grenzen" in einer Konsensuskonferenz (Görsdorf 2012) zeigt, wie die Beteiligten sich zwar erfolgreich auf Geselligkeit innerhalb des Kontexts der Konsensuskonferenz einstellen, dass die Kommunikation mit den Experten aber doch eher schwierig bleibt.

der Voting Conference

Bei der Voting Conference (Modell 6) könnte ein denkbarer Effekt in der Stärkung von Gemeinwohlinteressen bestehen; auch dies bliebe systematisch zu prüfen. Überdies wäre zu fragen, welchen Vorteil die Voting Conference gegenüber einer Meinungsumfrage hat, wenn sie bei (erwartbar) vom Unterlegenen angezweifelter Repräsentativität durch eine solche Bevölkerungsumfrage ihre Legitimation sichern muss.

des Szenario-Workshops

Beim Szenario-Workshop (Modell 7) sprechen einige Berichte für eine beobachtbare Funktion im politischen Agenda-Setting. Auch hier aber müssen, wie bei der Voting Conference, Diskreditierungsstrategien auf Seiten der jeweiligen „Verlierer" erwartet werden.

Einflussgröße: Rollenverteilung im Verfahren

Aus den vorliegenden Erfahrungen und der insgesamt noch nicht befriedigenden Forschungslage kann man den vorsichtigen Schluss ziehen, dass eine entscheidende verfahrensbezogene (nicht aus dem institutionellen rechtlich-politischen Kontext stammende) Einflussgröße für die Leistungsfähigkeit der Verfahren deren Struktur sein könnte, genauer gesagt: die Rollenverteilung im Verfahren (die in Kapitel 7.4 angesprochene „Wie"-Frage). Unter der Annahme, dass in allen Fällen versucht wurde, grundlegenden Geboten der Verfahrensgerechtigkeit Rechnung zu tragen, bleibt die Rollenverteilung zwischen ExpertInnen und Laien in den unterschiedlichen Verfahrensmodellen das wichtigste Distinktionsmerkmal. In Form von vorsichtigen Vermutungen lassen sich vor diesem Hintergrund weitere Ergebnisse formulieren:

Weitere Ergebnisse

Laiendominanz

Je stärker Laien dominieren, desto unschärfer sind bisher die normativen Funktionen (im Sinne der Ziele und erwarteten Leistungen) des Verfahrens bestimmt und desto weniger belastbare wissenschaftliche Evaluationen der empirisch beobachteten Leistungen gibt es.

Expertendominanz

Expertendominanz, kombiniert mit sachlicher und sozialer Repräsentativität im Verfahren oder mit adversatorischen Elementen, garantiert nicht die Akzeptanz der Ergebnisse, erhöht aber die Chancen auf sachlich und sozial belastbare Argumente und damit auf eine verbesserte Legitimität der Resultate (Output-Legitimität). Wegen der Expertendominanz bleibt das Vermittlungsproblem in der politischen Öffentlichkeit die Achillesferse dieses Konzepts.

Für Verfahren mit hohem (rechtlich erzeugten) Entscheidungsdruck und starker rechtlicher Rahmung (z. B. Erörterungstermin) wurde deshalb eine prozedurale Differenzierung vorgeschlagen. Das bedeutet, unterschiedliche Funktionen der Partizipation zu unterschiedlichen Zeitpunkten in unterschiedlichen Verfahrensformen zu verwirklichen.

Vorschlag: prozedurale Differenzierung

Balancierte Modelle mit gleichberechtigter Beteiligung von Laien und ExpertInnen unter Beteiligung weiterer sozialer Gruppen versprechen in der Politikberatung unter Umständen sowohl hohe Legitimation als auch breite Akzeptanz – falls diese Balance durch Verfahrensregeln stabil gehalten werden kann.

Balancierte Modelle

In den meisten Fällen bleiben die normativen Funktionsbeschreibungen der Verfahren vage. Empirisch belegte Evaluationen der beobachtbaren Verfahrensleistungen im Hinblick auf eine demokratische Technikbewertung sind selten.

Vage normative Funktionsbeschreibungen

7.6 Resümee

Der Grundgedanke partizipativer TA zielt auf Regulierung heterogener gesellschaftlicher Rationalitäten durch öffentliche Deliberation. Dabei besteht die Funktion der Einbeziehung von Öffentlichkeit oder Stakeholdern üblicherweise nicht in der Beteiligung an der Entscheidung selbst, sondern eher in der Konsultation, der Beratung bei der Entscheidungsvorbereitung. Die Stärken dieser Verfahren bestehen unter anderem darin, dass sie kognitive und evaluative Dimensionen kombinieren, der Pluralität gesellschaftlicher Wissensformen Rechnung tragen und auf die veränderte Rolle des modernen Staates reagieren, der sich zum „aktivierenden Staat", also allgemein zu kooperativen Formen der Staatstätigkeit entwickelt. Die Schwächen partizipativer Verfahren sind allerdings gravierend. Sie betreffen zum einen Fragen demokratischer Repräsentation und des Mandats: Wie sind diese Formen legitimiert, welche Art von Ergebnissen produzieren sie? Welche Funktion haben sie? Sie betreffen weiterhin die konkreten Partizipationskosten: Wenn Verfahren nicht zu win-win-Lösungen führen, die allen Konfliktparteien einen Vorteil bieten, werden Teilnehmer negative Effekte gegenüber ihren Herkunftsorganisationen und kulturellen Milieus in Rechnung zu stellen haben. Schließlich ist in empirischen Studien immer wieder zu beobachten, dass die Pluralität gesellschaftlicher Diskurse das partizipative Setting sprengt und dadurch nicht zu einer konsensualen Lösung, sondern im Gegenteil zu erhöhter Frustration und sinkender Akzeptanz bei den Verfahrensbeteiligten führt. Mit anderen Worten: Partizipation wird eingesetzt, um Engpässe des Expertenmodells zu umgehen, ist aber nicht die Lösung aller Probleme.

Partizipative TA entsteht aus „Funktionssystemversagen" und stellt vor diesem Hintergrund den Versuch einer Integration unterschiedlicher und konfligierender gesellschaftlicher Erwartungen dar. Eben deshalb wird pTA selbst aber häufig mit kontradiktorischen Erwartungen konfrontiert, die ein „Schei-

pTA: Versuch einer Integration differenter gesellschaftlicher Erwartungen tern" geradezu provozieren. Wenn pTA als Konzept Erfolg haben soll, dürfen die Erwartungen an die Leistungsfähigkeit des Instruments nicht überstrapaziert werden. Partizipative TA ist ein in seinen Möglichkeiten begrenztes, nicht berechenbares Instrument.

Partizipative Technikfolgenabschätzung und -bewertung

Tabelle 1 Partizipative Verfahren der TA

Anzahl und Heterogenität der Verfahrensbeteiligten (− → +)

	Modell 1 „Dialogverfahren"	Modell 2 „pTA" im engeren Sinne	Modell 3 „Erörterungstermin"	Modell 4 „Konsensuskonferenz"	Modell 5 „erweiterte Konsensuskonferenz"	Modell 6 „Voting Conference"	Modell 7 „Szenario-Workshop"
	Interessengruppen-Verfahren	Experten-Stakeholder-Verfahren	Entscheidungsorientiertes Betroffenenverfahren	Laien-Experten-Verfahren	Laien-, Interessengruppen- und Experten-Verfahren	Abstimmungsorientierte Verfahren	Verfahren mit Betroffenen, Experten und Politik
Beteiligte							
Laien			x	x	x	x	x
Wiss. ExpertInnen		x	x	x	x	x	x
Interessengruppen	x	x			x	(x)	x
Policy-Maker						x	x
Auswahl Beteiligte	Repräsentativität; z.T. Betroffenheit	Repräsentativität	„Jedermann"-Beteiligung; Betroffenheit	Bürger: Zufall/Repräsentativität; Experten: Auswahl	Bürger: Zufall/Repräsentativität; Experten: Auswahl; Interessengruppen: Kooptation	Bürger: Zufall/Repräsentativität; Experten u. Policymaker: Repräsentativität	Repräsentativität

Tabelle 1   Partizipative Verfahren der TA (Fortsetzung)

Form der Beteiligung						
Rollen	Beteiligte Akteure gleichberechtigt	Experten = Schlüsselrolle	Entscheider = Schlüsselrolle; Bürger liefern Argumente, Experten beraten	Laien = Schlüsselrolle, ExpertInnen als „Wissenslieferanten"	Laien = Schlüsselrolle, ExpertInnen als „Wissenslieferanten" (Zuarbeit für Dialog mit Interessengruppen)	Beteiligte Gruppen gleichberechtigt	Beteiligte Gruppen gleichberechtigt
Verfahrensregel(n)	Dialog zwischen Interessengruppen (z. T. mit Beteiligung von ExpertInnen); Transparenz der Interessen und Perspektiven	Diskurs zwischen wiss. ExpertInnen und Interessengruppen	Rechtliche Entscheidung; Betroffene haben beratende Aufgaben	Laien-Panel befragt ExpertInnen	Oft getrennte Beratung der Gruppen; Stellungnahme der Interessengruppen wird von Bürger-Panel evaluiert	Evaluation von Szenarien, die von Stakeholdern vorab entwickelt wurden; Abstimmung über Szenarien	Evaluation von vorab entwickelten Szenarien; getrennte Beratung der Gruppen unter sich und miteinander
Funktion der Beteiligung						
Themenschwerpunkt	Technikbewertung und -gestaltung; z. T. Planungsprozesse	Technik allgemein	Technik im Einzelfall (z. B. Gentechnik: Freisetzungsentscheidung)	Technik allgemein	Technik allgemein	Technik allgemein	Technik allgemein
Adressat	Politik (Entscheider); Interessengruppen; Öffentlichkeit	Politik allgemein, Öffentlichkeit	Administrative Entscheider	Politik allgemein, Öffentlichkeit	Politik allgemein, Öffentlichkeit	Politik allgemein, Öffentlichkeit	Politik allgemein, Öffentlichkeit

Tabelle 1 Partizipative Verfahren der TA (Fortsetzung)

Aufgabe/Ziel	Dialog zwischen Konfliktparteien in Gang bringen; interaktive Exploration von Zielen; evt. Entwicklung und Evaluation von Szenarien; Identifizierung von Konsens-/Dissensfragen	Sachklärung durch Experten u. Gegenexperten; dadurch Erzeugung pol. Handlungsoptionen; Legitimation von pol. Entscheidungen	Deliberation i. e. S., d. h. durch Argumente Entscheidung beeinflussen	Kommunikation zwischen Laien und Experten; Anregung und Aufklärung öffentlicher Debatte	Anregung und Aufklärung öffentlicher Debatte	Anregung und Aufklärung öffentlicher Debatte; Perspektiven unterschiedlicher Gruppen	Planungsprozess; Dialog zwischen allen Akteursgruppen; gegenseitiges Verständnis stärken
zugeschriebene/erwartete Leistung	Unterschiedliche Perspektiven der Interessengruppen offen legen/ Interessenklärung; Blockaden überwinden; Rückkoppelung in Verbände; Klärung v. Optionen für pol. Entscheider	Risikobewertung technikinduzierter Sachstandsklärung; unstrittiges Wissen als Entscheidungsgrundlage	Erwartete Leistung: 5 normative Funktionen: Information Bürger, Information Behörde, Interessenvertretung, Rechtsschutz, Akzeptanz/Legitimation	Typische Laienmeinung; z. T. Agenda-Setting,	Exploration von Zielen; typische Laienmeinung	Filter für konkurrierende Policy-Optionen	Unterschiedliche Perspektiven der beteiligten Gruppen offen legen; Agenda-Setting; politische Legitimation; Aufbrechen von Blockaden
demokratietheoretische Einordnung	**Pluralistisch, aber deliberatives Elementen**	**Unspezifisch; eher deliberativ**	**formal partizipatorisch, faktisch deliberativ**	**deliberativ**	**deliberativ-pluralistisch**	**deliberativ mit pluralistischem Element**	**Partizipatorisch-deliberativ mit pluralistischem Element**

Tabelle 1 Partizipative Verfahren der TA (Fortsetzung)

Verfahrensbezeichnung und Beispiele				Vorbild: Planungszelle			
Typische Verfahrensform	Mediationsorientierter Stakeholder-Diskurs	i. e. S. diskursive pTA	Öffentlichkeitsbeteiligung im administrativen Genehmigungsverfahren (techn. Anlagen- und Sicherheitsrecht)	Konsensuskonferenz, Bürgerforum, Citizens' Jury	Weiterentwicklung von Konsensuskonferenz und Bürgerforum	Abstimmungskonferenz	Szenario-Workshop (DK-Modell)
Konkrete Verfahrensbeispiele	Gideon Project (Niederlande); Unilever-Diskurs; Diskursprojekt Niedersachsen; Diskurs Grüne Gentechnik (Deutschland); Verkehrsforum Salzburg (Österreich)	WZB-Verfahren zu herbizid-resistenten Pflanzen	Atomgesetz, Bundesimmissionsschutz-Gesetz, Verwaltungsverfahrensgesetz	Dänische Konsenskonferenzen; Bürgerkonferenz Gendiagnostik (Deutschland); Consensus Conference on Plant Biotechnology (Großbritannien); Public Debate on GM Animals (Niederlande); Ozon Konsenskonferenz, Österreich; PubliForum Elektrizität, Schweiz; Consensus Conference on GM Food, Australia; Bürgerforum Gentechnik, Baden-Württemberg	Gen-Dialog, Schweiz; Citizen Foresight Project GM Food, Großbritannien; Citizens Jury on GM Crops, Indien	Voting Conference Drinking Water, Dänemark	Szenario-Workshop Urban Ecology, Dänemark; Future Search Conference Traffic Copenhagen, Dänemark

Quelle: Abels/Bora 2004, S. 79 ff.

Literatur

Abels, Gabiele/Bora, Alfons (2004): Demokratische Technikbewertung. Bielefeld: transcript.

Abels, Gabiele/Mölders, Marc (2007): Meeting of Minds – kritische Beobachtungen zu Form und Funktion der ersten europäischen Bürgerkonferenz. In: Bora, Alfons/Bröchler, Stephan/Decker, Michael (Hg.): Technology Assessment in der Weltgesellschaft. Berlin: edition sigma, S. 381–390.

Abels, Gabriele (2009): Citizens' deliberations and the EU democratic deficit: Is there a model for participatory democracy? Tübinger Arbeitspapiere zur Integrationsforschung (TAIF) 1/2009. URL: http://tobias-lib.ub.uni-tuebingen.de/volltexte/2009/4100/pdf/Abels_TAIF1_2009.pdf (Zugriff 05.02.2013).

Abels, Gabriele (2010): Participatory technology assessment and the „institutional void". Investigating democratic theory and representative politics. In: Bora, Alfons/Hausendorf, Heiko (Hg.): Democratic transgressions of law: Governing technology through public participation. Leiden, Boston, S. 239–268.

Bechmann, Gotthard (1993): Democratic function of technology assessment in technology policy decision-making. In: Science and Public Policy 20(1), S. 11–16.

Bora, Alfons (1999): Differenzierung und Inklusion. Partizipative Öffentlichkeit im Rechtssystem moderner Gesellschaften. Baden-Baden: Nomos.

Bora, Alfons (2000): Verhandeln und Streiten im Erörterungstermin – Zur Bürgerbeteiligung in gentechnikrechtlichen Genehmigungsverfahren. In: Daniel Barben/Gabriele Abels (Hg.): Biotechnologie – Globalisierung – Demokratie. Politische Gestaltung transnationaler Technologieentwicklung, Berlin: edition sigma, S. 335–357.

Bora, Alfons (2011): Technikfolgenabschätzung – Ein utopisches Projekt? In: Kraul, Margret/Stoll, Peter-Tobias (Hg.): Wissenschaftliche Politikberatung. Göttingen: Wallstein, S. 189–206.

Bora, Alfons/Hausendorf, Heiko (2010): Participation And Beyond. Dynamics of Social Positions in Participatory Discourse. In: Bora, Alfons/Hausendorf, Heiko (Hg.): Democratic Transgressions of Law: Governing Technology Through Public Participation. Leiden, Boston: Brill, S. 269–297.

Boussaguet, Laurie/Dehousse, Renaud (2008): Lay people's Europe: A critical assessment of the first EU Citizen's Conferences. European Governance Papers (EUROGOV) No. C-08-02. URL: http://edoc.vifapol.de/opus/volltexte/2011/2470/pdf/egp_connex_C_08_02.pdf (Zugriff 05.02.2013).

Bundesinstitut für Risikobewertung (2007): Verbrauchervotum zur Anwendung der Nanotechnologie in den Bereichen Lebensmittel, Kosmetika und Textilien. URL: http://www.ioew.de/fileadmin/user_upload/DOKUMENTE/Veranstaltungen/2006/Verbrauchervotum.pdf (Zugriff: 25.10.2012).

Carson, Rachel L. (1962): Silent Spring. Boston: Houghton Mifflin.

Dahl, Robert A. (1994): A democratic dilemma: system effectiveness versus citizen participation. In: Political Science Quarterly 109(1), S. 23–34.

Fischer, Frank (1999): Technological deliberation in a democratic society: the case for participatory inquiry. In: Science and Pubic Policy 26(5), S. 294–302.

Görsdorf, Alexander (2012): Das offene Gespräch und seine Grenzen. Strukturprobleme von Verfahren partizipativer Technikbewertung am Beispiel der Verbraucherkonferenz Nanotechnologie. Baden-Baden: Nomos

Grunwald, Armin (2010): Technikfolgenabschätzung – Eine Einführung. 2. Auflage. Berlin: edition sigma.

Japp, Klaus Peter (2000): Risiko. Bielefeld: transcript

Joss, Simon (2002): Toward the Public Sphere – Reflections on the Development of Participatory Technology Assessment. In: Bulletin of Science, Technology and Society 22(3), S. 220–231.

Joss, Simon (2003): Zwischen Politikberatung und Öffentlichkeitsdiskurs – Erfahrungen mit Bürgerkonferenzen in Europa. In: Schicktanz, Silke/Naumann, Jörg (Hg.): Bürgerkonferenz: Streitfall Gendiagnostik. Ein Modellprojekt der Bürgerbeteiligung am bioethischen Diskurs. Opladen: Leske + Budrich, S. 15–35.

Kropp, Sabine (2013): Runderneuerung der repräsentativen Demokratie im Bundesstaat oder: Welche Lehren ziehen wir aus Stuttgart 21? In: Keil, Silke I./Thaidigsmann, S. Isabell (Hg.): Zivile Bürgergesellschaft und Demokratie. Aktuelle Ergebnisse der empirischen Politikforschung. Wiesbaden: Springer VS, S. 469–488.

Laird, Frank N. (1993): „Participatory analysis, democracy and technological decision making". In: Science, Technology, & Human Values 18(3), S. 341–354.

Liberatore, Angela; Funtowicz, Silvio (2003): ‚Democratising' expertise, ‚expertising' democracy: What does this mean, and why bother? In: Science and Public Policy 30(3), S. 146–150.

Luhmann, Niklas (1987): Partizipation und Legitimation: Die Ideen und die Erfahrungen. In: ders.: Soziologische Aufklärung 4. Beiträge zur Funktionalen Differenzierung der Gesellschaft, Opladen: Westdeutscher Verlag, S. 237–264.

Schmidt, Manfred G. (2010): Demokratietheorien: Eine Einführung. 5. Auflage. Wiesbaden: VS-Verlag.

Wehling, Peter (2006): Im Schatten des Wissens? Perspektiven der Soziologie des Nichtwissens. Konstanz: UVK.

Zimmer, René/Domasch, Silke/Scholl, Gerd/Zschiesche, Michael/Petschow, Ulrich/Hertel, Rolf F./Böl, Gaby-Fleur (2007): Nanotechnologien im öffentlichen Diskurs. Deutsche Verbraucherkonferenz mit Votum. In: Technikfolgenabschätzung – Theorie und Praxis 16 (3), S. 98–100.

Strategische und konstruktive Technikfolgenabschätzung

8

Stefan Kuhlmann

8.1 Einleitung

Technikfolgenabschätzung (Technology Assessment, TA) soll Gestaltern, Nutzern und Entscheidungsträgern in Gesellschaft, Wissenschaft, Wirtschaft und Politik Einsichten und Wissen liefern, um geeignete Innovationsstrategien zu entwickeln. TA soll die Entscheidungsfindung erleichtern und die gesellschaftliche Einbettung technologischer Innovationsprozesse unterstützen. Dieser praktische Gestaltungsanspruch fand in den letzten Jahrzehnten des zwanzigsten Jahrhunderts prominenten institutionellen Ausdruck durch die Einbindung von TA in parlamentarische Entscheidungsprozesse westlicher Demokratien (hierzu Kapitel 6 von Armin Grunwald in diesem Band).

Ziel von TA

Seit dem Beginn des einundzwanzigsten Jahrhunderts dringen TA-Ansätze zusehends auch in den Prozess der Technikentwicklung selbst ein. Die Gestaltung neuer Technologien bleibt nicht mehr nur den Ingenieuren und Unternehmen vorbehalten, „Nutzer" und mehr oder weniger organisierte gesellschaftliche Interessengruppen mischen sich ein (z. B. Oudshoorn und Pinch 2003; von Hippel 2005; van Oost et al. 2008) – man denke an den Enthusiasmus der Linux-basierten *open domain software communities,* an die engagierte Mitwirkung Freiwilliger an diversen Wiki-Datenbanken oder an die vielfach entstehenden *FabLabs, Living Labs, Hacker Spaces* etc. (z. B. Gershenfeld 2005), die beanspruchen, den Zugang zu Produktionstechnologien und -wissen und Innovationsmöglichkeiten auch solchen gesellschaftlichen Gruppen zu ermöglichen, die wegen ihrer Bildung, ihrer wirtschaftlichen Möglichkeiten oder ihres Standortes dazu normalerweise nicht in der Lage wären. Auch Ingenieure und Unternehmen fördern die Nutzermitwirkung bei technischen Innovationen (z. B. van der Valk 2007).

Einmischung der Nutzer

Zwei interagierende Triebkräfte

Diese Entwicklung wird vor allem von zwei eigenständigen, aber interagierenden Triebkräften befördert: Einerseits rücken (wieder einmal, nach Nuklear- und Computertechnologien im 20. Jahrhundert) neue, emergente Wissenschaften und Technologien in unser Blickfeld, etwa Nanowissenschaften oder Genomik, gekennzeichnet durch Heterogenität der Wissensbestände, neue Dynamik interdisziplinären Austausches (z. B. *translational research* in der Biomedizin) sowie generische Einsatzmöglichkeiten mit weit reichenden potentiellen Effekten in Wirtschaft und Gesellschaft (z. B. Web-basierte Kommunikationstechnik). Andererseits hegen TA-Experten neue Hoffnungen hinsichtlich der Beherrschbarkeit des Collingridge-Dilemmas (Collingridge 1980), also des Problems der effektiven Gestaltung technologischer Entwicklungsprozesse bevor diese vollständig abgeschlossen, mithin nicht mehr gestaltbar sind.

Begründet auf Forschungserkenntnissen

Solche Hoffnungen gründen sich auf Erkenntnisse der internationalen interdisziplinären Wissenschafts-, Technologie- und Innovationsforschung: Sie verfügt inzwischen über ein verbessertes sozio-ökonomisches Verständnis von Innovationsprozessen (z. B. Dosi 1982), geprägt von historisch gewachsenen spezifischen technologischen, ökonomischen, sozialen, politischen und kulturellen „Regimes" (Rip und Kemp 1998), die sich über Mehrebenensysteme erstrecken (z. B. Geels und Schot 2007), beherrscht von je unterschiedlichen *de facto* Steuerungsbedingungen (Governance). Je besser das Verständnis dieser Zusammenhänge, desto eher wird eine vorausschauende „Modulation" technologischer Entwicklungen für möglich gehalten (z. B. Rip 2006).

Inhalt dieses Kapitels

Auf dieser Grundlage erwächst ein „realistischer", d. h. relativierter, dabei dennoch dezidierter Gestaltungsanspruch an Technologie im 21. Jahrhundert: Warum sollte nicht eine explizite und zugleich selbstkritisch reflexive Technikgestaltung möglich sein, betrieben im Wissen um die ihr gesetzten Grenzen? Das vorliegende Kapitel[1] skizziert ein strategisches Verständnis von TA und seines Beitrages zur notwendig eingeschränkten Steuerbarkeit technologischer Innovation. Es wird ein konstruktivistisches und reflexives TA-Konzept vorgestellt: Informiert durch systematische Analysen interagiert konstruktive TA (KTA) als modulierender Eingriff mit anderen sozialen Prozessen technologischer Innovation, wird somit Baustein im Fluss befindlicher *de facto* Governance.

8.2 Warum strategische und konstruktive Technikfolgenabschätzung?

Leitbild einer „Ökonomie wissenschaftlich-technischer Versprechungen"

Zunehmend artikulieren Politiker, Industrievertreter, gesellschaftliche Interessengruppen und Technologieexperten die Sorge, dass unangepasste Steuerungsversuche die Durchsetzungschancen und erwünschten Wirkungen technologischer Innovationen einschränken. Zu häufig erfolgte Technikgestaltung

---

1 Der Text ist teilidentisch mit Kuhlmann 2007, 2010, 2013.

orientiert am Leitbild einer „Ökonomie wissenschaftlich-technischer Versprechungen" (Felt et al. 2007): Weit reichende Versprechungen gegenüber Wirtschaft und Gesellschaft sollen Innovationen befördern, besonders deutlich bei emergenten Technowissenschaften wie Biotechnologien und Genomik, Nanotechnologien und Neurowissenschaften: Sie leben von der Projektion einer fiktiven, unsicheren Zukunft, zu deren Bewältigung große finanzielle, personelle und politische Ressourcen mobilisiert werden müssen. Nur im Erfolgsfall, so die Diagnose, werde man im weltweiten Wettbewerb bestehen können. Unser Lebensstandard gerate in Gefahr, wenn wir nicht eine führende Rolle in der Wissensproduktion und bei der Ausbeutung der neuen Technowissenschaften erreichen. Das Leitbild unterstellt eine spezifische Governance-Konfiguration zwischen Technologiepromotoren und Zivilgesellschaft: „Let us (= promoters) work on the promises without too much interference from civil society, so that you can be happy customers as well as citizens profiting from the European social model" (Felt et al. 2007, 25). Aus dieser Perspektive übernehmen Politik, Wissenschaft und Industrie die Führung und zivilgesellschaftliche Kräfte verbleiben in einer passiven Konsumentenrolle. Kritische Studien haben gezeigt, dass durch Versprechungen geweckte Erwartungen den technologischen Innovationsprozess und den Wandel von Märkten tatsächlich befeuern können, dass aber andererseits überschießende Hoffnungen häufig in Enttäuschungen münden oder auch Befürchtungen gegenüber technologischen Risiken erst entstehen lassen (u. a. van Lente 1993).

Demgegenüber schlagen Felt et al. (2007) das Leitbild einer „Ökonomie des kollektiven Experimentierens" vor, das soziale Räume des Ausprobierens und Lernens schaffen will. Ein wichtiger Unterschied zum anderen Leitbild besteht darin, dass das Experimentieren nicht zum Zwecke der Beförderung eines bestimmten technologischen Versprechens betrieben wird, sondern Zielen folgt, die aus kollektiven Problemdiagnosen experimentell hergeleitet werden: „Such goals will often be further articulated in the course of the experimentation" (Felt et al. 2007, 26 f.). Dieses Leitbild erfordert die Mitwirkung oder sogar anstoßende Initiative durch betroffener „Nutzer" (z. B. Callon 2005) und eine entsprechende Arbeitsteilung. Beispielhaft lassen sich nachfrage- und nutzergetriebene Innovationsprozesse nennen, etwa im Sport (z. B. Lüthje et al. 2005; von Hippel 2005) oder die Mitwirkung von Patientenorganisationen in der Gesundheitsforschung und in der Pharmakogenomik (z. B. Rabeharisoa und Callon 2004; Boon et al. 2011). Das Konzept *Open Innovation,* häufig diskutiert im Kontext nutzergetriebener nichtpatentierter *Open Source Software,* und noch genereller in Chesbroughs einflussreichem Buch zum Thema (Chesbrough 2003), hat viele Gemeinsamkeiten mit dem Leitbild des kollektiven Experimentierens: Die Steuerung offener Innovationsprozesse bleibt immer prekär und verlangt eine langfristige Bindung von Akteuren, die häufig keine großen organisatorischen und finanziellen Ressourcen zur Verfügung haben, so dass opportunistisches Verhalten nicht ausgeschlossen werden kann. Gefragt ist also eine Governance

Leitbild einer „Ökonomie des kollektiven Experimentierens"

technologischer Innovation, die von Austausch und Auseinandersetzungen, von Verhandlungen und Kooperation zwischen Unternehmen, Wissenschaft, politischem System und Zivilgesellschaft lebt. Welche Rolle kann TA dabei spielen?

„Wachhund-" und „Spürhund-TA"

Welche TA? Smits et al. (2010) unterscheiden zwischen „Wachhund-" und „Spürhund-TA" *(watchdog/tracker)*. *Wachhund-TA* baut vor allem auf Projekte der Technikfolgenforschung, welche die Wirkungen neuer Technologien abzuschätzen versuchen. Hier soll TA eine Frühwarnfunktion für die Politik erfüllen, häufig durchgeführt von expliziten, zentralen TA-Einrichtungen. Akteure des technologischen Innovationsprozesses übernehmen in der Regel keine aktive Rolle bei der Technikbewertung. *Spürhund-TA* hingegen will in den Prozess der Technikgestaltung und Innovation aktiv und konstruktiv eingreifen (KTA). Deshalb bilden ausgewählte gesellschaftliche Problemstellungen den Ausgangspunkt eines interdisziplinären Analyse- und Gestaltungsprozesses, an dem alle relevanten Akteure beteiligt werden sollen. Organisiert als explorativer Forschungs- und Gestaltungsprozess nutzt KTA vielfältige, heterogene Informationsquellen.

Heute: TA konstruktiv-eingreifend

Die Unterscheidung von *watchdog* und *tracker* TA hatte zum Ende des 20. Jahrhunderts eine gewisse historische Berechtigung. In der aktuellen TA-Landschaft (jedenfalls in Europa und den USA) besitzt sie kaum noch Gültigkeit: Professionelle TA folgt heute in der Regel konstruktiv-eingreifend dem *tracker*-Ansatz, wobei die Frühwarnfunktion des *watchdog*-Ansatzes eine wichtige Rolle bei der Ausarbeitung alternativer Entwicklungsszenarien einnehmen kann. Der konstruktiv-eingreifende Charakter erfordert allerdings – bis heute ein Schwachpunkt der TA-Forschung – ein explizites Verständnis der Gestaltungsbedingungen und Handlungsspielräume der Akteure, also der Steuerbarkeit und der *Governance* technologischer und sozialer Innovationsprozesse. Besonders bei neu entstehender Wissenschaft und Technologie ist dies schwierig: Anwendungsgebiete sowie Technikpotentiale, Märkte, betroffene Akteure, Entscheidungsdimensionen und -mittel sind noch im Fluss, politische Arenen und Agenden festigen sich erst langsam.

8.3 Analyse von Technologiedynamik, Innovationsprozess und Governance als Baustein von KTA

Überwindung des Collingridge-Dilemmas

Ein Schlüsselelement für jeden Versuch in langfristige sozio-technische Entwicklungsprozesse effektiv einzugreifen bildet das Verständnis der *de facto* Governance mit Blick auf die treibenden Kräfte und die verfügbaren Handlungsspielräume der Akteure. Es geht darum das Collingridge-Dilemma zu überwinden (Collingridge 1980). Es besteht darin, dass es in frühen Phasen der Technikentwicklung zwar viel Gestaltungsraum gibt, aber nur wenige Anhaltspunkte, um die möglichen Gestaltungsvarianten zu bewerten, und in späten Phasen zwar die Abschätzung und Bewertung leichter fällt, aber der Ge-

Abbildung 4 Collingridge-Dilemma

staltungsspielraum aufgrund verschiedenster Verfestigungstendenzen erheblich reduziert ist (siehe Abbildung 4).

Das Collingridge-Dilemma beschreibt zwei Extremzustände; dazwischen ist jedoch mit einem mehr oder weniger kontinuierlichen Übergang von Zuständen eher hoher Gestaltbarkeit und eher schwieriger Bewertbarkeit zu zunehmender Verfestigung zu rechnen. Darüber hinaus kann je nach Technologiefeld der Grad an Reversibilität und Abschätzbarkeit sehr verschieden ausfallen. Man hat es also nicht mit einem Entweder/Oder zu tun, sondern mit einem Kontinuum, entlang dessen verschiedene Gestaltungsansätze möglich sind. Die soziale Technikentwicklung besteht aus vielen sukzessiven und parallelen Beiträgen, die auf verschiedenste Weise dazu beitragen, ob und auf welche Weise die Technikentwicklung und ihre soziale Einbettung erfolgt. Hier setzt nun konstruktive TA ein: Ihre Protagonisten aus Wissenschaft, Technik, Wirtschaft, gesellschaftlichen Organisationen und Politik analysieren die *de facto* Governance eines Technikentwicklungsprozesses und versuchen alternative Entwicklungsoptionen sichtbar und kommunizierbar zu machen.

Dabei bietet die Schule der evolutionär-ökonomischen Analyse der Technologiedynamik eine hilfreiche Heuristik. Sie gründet sich unter anderem auf Arbeiten von Nelson und Winter (1977), die – auf der Suche nach einer „nützlichen" Theorie der Innovation sowie überzeugt vom stochastischen, evolutionären, organisatorisch komplexen und diversen Charakter von Innovationen – historisch gewachsene Suchstrategien von Ingenieuren verschiedener Industrien und deren Einfluss auf die technische Entwicklung als institutionelle *Regimes* beschrieben. Andere nahmen diesen Grundgedanken auf und definierten ein technologisches Regime als „the complex of scientific knowledge, engineering practices, production process technologies, product characteristics, user practices, skills

Evolutionär-ökonomische Analyse der Technologiedynamik

and procedures, and institutions and infrastructures that make up the totality of a technology" (van den Ende und Kemp 1999, 835). Rip und Kemp (1998) fügten der „Grammatik" eines Regimes explizit die staatlichen und privaten Strategien und *policies* der beteiligten Akteuren hinzu: Technologie wird begrifflich und artefaktisch gesellschaftlich konstruiert, einschließlich der Governance des jeweiligen Regimes. Diese Elemente wurden zu einer Heuristik der „multi-level Perspektive" auf sozio-technische Transitionen ausgebaut (Geels und Schot 2007), gekennzeichnet von Nischeninnovationen auf der Mikroebene (entstehend in zufällig oder absichtlich geschützten „Inkubationsräumen", die Radikalität erlauben), sozio-technischen Regimes auf der Mesoebene sowie sozio-technischen Landschaften auf der Makroebene (makroökonomische, kulturelle sowie makropolitische Entwicklungen). Betrachtet durch die Brille dieser Heuristik lösen Regimes einander ab oder werden umgewälzt, teils getrieben durch radikale Veränderungen übergreifender Landschaften, teils stimuliert von Nischeninnovationen, die dominante Regimes unterminieren (siehe Abbildung 5).

In solchen Umwälzungsprozessen wirken Versprechungen und Erwartungen als Treibstoff der Technikgestaltung und Innovation (van Lente 1993). Akteure antizipieren und bewerten Handlungsoptionen angesichts sich wandelnder Regimes und schaffen so faktisch neue Handlungsmuster (Rip 2001), die später unumkehrbare Institutionalisierungen zur Folge haben können (*irreversibilities*; Callon 1991), welche schließlich in eine je „endogene Zukunft" münden (*endogeneous futures*; Rip 2001). Mit anderen Worten: Die Analyse der Transition sozio-technischer Regimes offeriert eine Heuristik, welche den scheinbar fatalen

Abbildung 5 Schematische Darstellung der Rekonfiguration eines technologischen Regimes

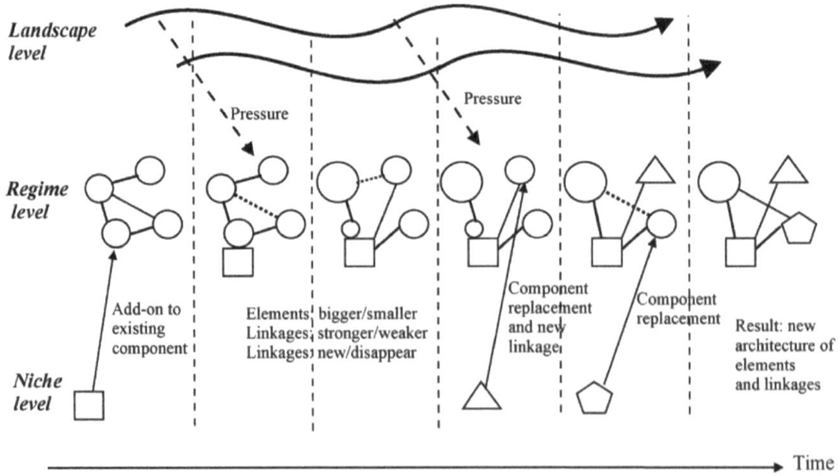

Quelle: Geels und Schot 2007, 412.

Umschlagpunkt des Collingridge-Dilemmas der empirischen Analyse zugänglich macht. Dies gilt auch für die Governance der Technikgenese in Regimes: Wir gewinnen Einsichten in ihre Gestaltbarkeit.

An dieser Stelle ist eine Klarstellung des zugrunde gelegten Verständnisses von „Governance" als Voraussetzung strategischer Interventionen erforderlich: Wir bezeichnen damit eine den Politischen Wissenschaften entliehene Heuristik (also *nicht* eine normative Zielgröße wie „good governance"), welche die dynamischen Beziehungen meist organisierter Akteure – charakterisiert durch Interessen, Überzeugungen, Ressourcen – sowie die Foren ihrer Auseinandersetzung, die Spielregeln, die Arenen der Entscheidungsvorbereitung, die Verhandlungs- und Entscheidungsproduren und die schließlich vereinbarten Politikkonzepte und -instrumente erfasst (z. B. Kuhlmann 2013; Benz 2006; Braun 2006). Spezifische Governance-Profile technologischer Regimes finden ihren Ausdruck nicht zuletzt im Charakter öffentlicher Debatten zwischen Interessengruppen, politischen Entscheidern und Experten – man denke hier an die Auseinandersetzungen um die Zulässigkeit genetisch modifizierter Organismen (GMO), oder (noch eher im *status nascendi*) die Debatten zur Governance emergenter generischer Nanotechnologien (z. B. Joly und Rip 2007).

Klärung des Governance-begriffs

Zu fragen ist dann: Welchen Spielraum haben Akteure in einem gegebenen Regimekontext *de facto*? Konzeptionell bietet sich dazu der „akteurzentrierte Institutionalismus" an (Mayntz/Scharf 1995; Scharpf 2000). Ausgehend von Institutionen als Regeln, welche den Akteuren Erwartungssicherheit und Sinn verschaffen, beschränkten Mayntz und Scharpf ihr Modell allerdings auf regulatorische Aspekte und ließen normative oder kognitive Dimensionen außer Betracht. Um jedoch die Dynamik neuer Akteurskonstellationen beim Wandel von Technologieregimen verstehen zu können, ist es erforderlich auch weiche, noch nicht kodifizierte Formen sozialer Regeln in den Blick zu nehmen. Institutionen strukturieren menschliches Verhalten durch (1) nutzenorientierte Regeln, die notfalls mit Gewalt durchgesetzt werden können („regulatorisch"), (2) normenbasierte Verpflichtungen („normativ") sowie (3) die Anwendung nicht hinterfragter Modelle von Wirklichkeit („kognitiv"): Institutionen speichern also die historische Erfahrung der Idiosynkrasien des alltäglichen Handelns der Akteure (Scott 1995). Ein solcherart erweitertes Institutionenverständnis korrespondiert mit einem Governance-Begriff, der über klassische Definitionen von politischer Kontrolle und Steuerung hinausgeht (Mayntz 1998).

Frage nach Spielraum der Akteure

Die *de facto* Governance sozio-technischer Regimes lässt sich als Gewebe kognitiver, normativer und regulatorischer Regeln begreifen und untersuchen. Akteure mit Gestaltungsabsicht sind diesen Regeln ausgesetzt, die ihren Handlungsspielraum definieren. Während sie diesen also notwendig reproduzieren, tragen sie durch „abweichendes Verhalten" auch zu seiner Weiterentwicklung bei. Im Kontext sich entwickelnder sozio-technischer Regimes können Akteure also nicht mehr (aber auch nicht weniger) als gestalten, was geschieht, während die Regeln gleichzeitig von neuen Entwicklungen transformiert werden.

Gewebe von Regeln

KTA als moderierende Faktoren

Die Praktiken, Instrumente und Verfahren der KTA können in diesem Zusammenhang als modulierende Faktoren der Governance und ihrer koevolutionären Entwicklung aufgefasst werden. Je besser wir die *de facto* Governance eines gegebenen Regimes analysiert und verstanden haben, desto eher kann KTA realistisch, strategisch und konstruktiv als „einwirkende" Intervention erfolgen statt als ambitionierter Steuerungsversuch zu scheitern. Als Mittel reflexiver Governance weiß KTA um die Begrenztheit von Steuerungsmöglichkeiten und macht dieses Wissen zum impliziten Baustein strategischer Anstrengungen (Voß et al. 2006; Rip 2006).

8.4 Strategische Intelligenz, die Rolle von Studien und von Foren

Foren als sozialer Ort soziotechnischer Auseinandersetzungen

KTA versucht, die unterschiedlichen Perspektiven und Interessen konkurrierender Akteure rund um soziotechnische Regimes (oder Ausschnitte davon) transparent und debattierbar zu machen – nicht um schlechte Kompromisse zu erzielen, sondern Lernfähigkeit zu erzeugen. Dafür ist ein sozialer Ort erforderlich. Hier bietet sich das Konzept des *Forum* soziotechnischer Auseinandersetzungen an (Edler et al. 2006): Ein Forum ist ein interinstitutioneller Raum, in dem heterogene Akteure aus verschiedenartigen Arenen „das Gespräch suchen"; dabei werden strategische Entscheidungsmöglichkeiten sichtbar und debattierbar (siehe Abbildung 6). Edler et al. (2006) unterscheiden hier eine Reihe von

Abbildung 6 Forum zur Deliberation soziotechnischer Themen

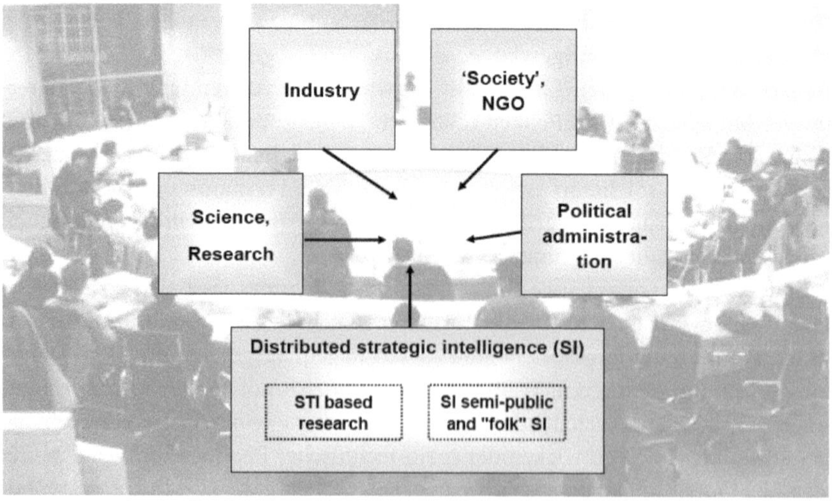

Quelle: Kuhlmann 2007.

Governance-Funktionen: Foren können einen ergebnisoffenen Diskurs organisieren; politische Informationen zu bestimmten Themen anbieten; politische Planungs- und Implementationsprozesse unterstützen (Szenarien, Agenda-setting, Instrumentierung); oder Konflikte adressieren und Konsensbildung anstreben.

Es gibt vielfältige Variationen von Foren. Im Kontext von KTA als Mittel reflexiver Governance interessieren vor allem jene, die „Strategische Intelligenz explizit" einsetzen. Hierzu folgen zwei Beispiele:

Strategische Intelligenz

Beispiel 1

Konstruktive Technikfolgenabschätzung von Lab-on-a-Chip-Technologie

Ein Labor-auf-dem-Chip ist ein mikrofluidisches System, welches die gesamte Funktionalität eines makroskopischen Labors auf einem nur plastikkartengroßen Kunststoffsubstrat unterbringt. Mit dieser Technologie lassen sich geringste Mengen einer Flüssigkeit auf einem einzigen Chip vollständig und automatisch analysieren. Auf dem Chip finden komplexe biologische, chemische und physikalische Prozesse statt. Wegen seiner geringen Größe ist das Labors sehr einfach zu transportieren, was es beispielsweise für die medizinische Erstversorgung außerhalb von Arztpraxen und Krankenhäusern interessant macht (vgl. http://de.wikipedia.org/wiki/Lab-on-a-Chip). Nach allgemeiner Ansicht steht die Lab-on-a-Chip-Technologie erst am Anfang ihrer Möglichkeiten.

Im Rahmen eines niederländisches KTA-Projektes (van Merkerk und Smits 2008) hat eine Gruppe von Wissenschaftlern, Wirtschaftsvertretern, Nutzern, Investoren und Politikvertretern im Rahmen von Workshops im Laufe eines Jahres alternative Entwicklungsoptionen von Lab-on-a-Chip-Technologien erarbeitet. KTA-Forscher haben den Prozess initiiert, vorbereitet, sozio-technische Analysen beigesteuert, und moderiert. In einem dreistufigen Verfahren wurden Informationen gegeben, alternative sozio-technische Szenarios entwickelt, Dialoge geführt, Lernerfahrungen evaluiert und rückgekoppelt (s. Abbildung 7).

Beispiel 1

Abbildung 7 Ablauf der Intervention

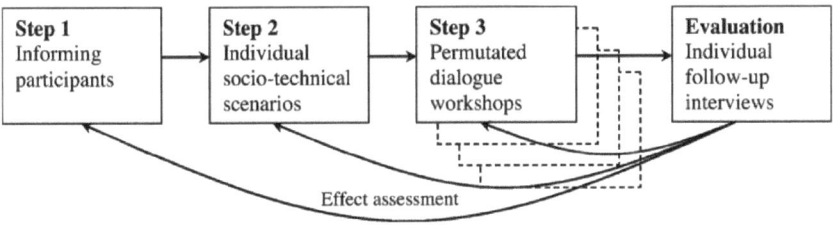

Quelle: van Merkerk und Smits 2008, 321.

Beispiel 2

Beispiel 2

Konstruktive Technikfolgenabschätzung von Nanotechnologie-unterstützter Nahrungsmittelverpackung

Im Nahrungsmittelsektor gibt es weit reichende Erwartungen an die Möglichkeiten der Nanotechnologie, doch Unternehmen zögern zu investieren, da sie negative Reaktionen ihrer Kunden erwarten. Als besonders vielversprechendes Feld gilt die Verpackungstechnik; zwar könnte man annehmen, dass nano-optimierte Verpackung weniger kontrovers ist als Nanotechnik in Nahrungsmitteln selbst, doch es gibt bereits Sorgen über mögliche schädliche Umweltwirkungen von Silbernanopartikeln und hinsichtlich der Verlässlichkeit von Sensoren in Verpackungen zur Messung der Verderblichkeit von Nahrungsmitteln – ein Collingridge-Dilemma.

Ein niederländisches KTA-Vorhaben setzte sich zum Ziel, wichtige Akteure aus Wirtschaft, Wissenschaft, Konsumentenorganisationen und Politik zu frühzeitiger Befassung mit den Möglichkeiten und Risiken Nanotechnologie-unterstützter Nahrungsmittelverpackung zu stimulieren (te Kulve und Rip 2001) . Dazu reichte es nicht die Akteure zu mobilisieren und ins Gespräch zu bringen; frühes Engagement verlangte auch substantielle Kenntnis der technischen Möglichkeiten und denkbarer Entwicklungspfade.

Die KTA-Initiatoren entwickelten deshalb drei Szenarien, um sie mit relevanten Akteuren zu diskutieren:

Szenario 1: „Little Nano" – wegen der erwarteten kritischen gesellschaftlichen Diskussion reduzieren Wissenschaft und Wirtschaft ihre Investitionen in risikoreiche Entwicklungen. Im Ergebnis bleiben nennenswerte Innovationen aus.

Szenario 2: „Regulation Helps" – wegen anhaltend kritischer gesellschaftlicher Diskussion verstärken Regulierungsinstanzen (Gesetzgeber; Normierung) ihre Bemühungen zur Eingrenzung angenommener Risiken. Dies bringt vor allem für kleine und mittlere Unternehmen Belastungen mit sich, so dass sie sich zurückziehen, große hingegen setzen weiterhin auf technologische Innovation.

Szenario 3: „Thresholds are passed" – unternehmerische Nanotechnologie-Forscher und einige Industrielle ergreifen die Initiative und vernetzten wichtige Verpackungsproduzenten; sie schaffen entsprechende Aktionsplattformen und laden erfolgreich einige kritische NGOs ein, daran mit zu wirken. Schließlich beteiligen sich auch staatliche Stellen, und ein breites Forum schafft die Grundlagen für einen bedeutenden Innovationsschub.

Die gemeinsame Auseinandersetzung mit diesen Szenarien verhalf den Akteuren zu neuen Perspektiven und strategischen Alternativen.

Strategische Intelligenz kann definiert werden als Reservoir heterogener Informationsquellen sowie explorativer und analytischer (theoretischer, heuristischer, methodischer) Instrumente, häufig lose verteilt über diverse Medien, Organisationen und Länder, die – unter Berücksichtigung der Interessenlagen und *bounded rationality* der beteiligten Akteursgruppen – wissenschaftlich begründete Einsichten in die erwartbaren oder bewirkten Kosten und wünschbaren Effekte soziotechnischer Entwicklungen und darauf gerichteter Strategien und Politiken vermitteln; dabei erheben sie keinen Anspruch auf übergreifend gültige „Wahrheit" (Kuhlmann 2003). Strategische Intelligenz wird von (halb-) öffentlichen Instituten (z. B. parlamentarischen TA-Einrichtungen; sozialwissenschaftliche Technikforschung) produziert, es gibt aber auch „folk intelligence" durch Graswurzelorganisationen (eine TA-bezogene Übersicht bieten Smits et al. 2010). Strategische Intelligenz, in Foren eingebracht und von den Teilnehmern dort verarbeitet, kann das aufklärerische Potential von Auseinandersetzungen steigern.

Begriffsklärung: strategische Intelligenz

8.5 KTA – Deliberation als Ausweg? Offene Fragen

Konstruktive TA verwendet heute ein ganzes Spektrum von Ansätzen und Instrumenten strategischer Intelligenz, um auf diversen Foren die *de facto* Governance der Technikentwicklung durch Deliberation und gesteigerte Reflexivität der Akteure zu gestalten, etwa die gezielte Mobilisierung von „Nutzern" oder die Schaffung geschützter Nischen des Experimentierens (*Strategic Niche Management*, Kemp et al. 1998), unter anderem mit Hilfe von Konsultationsverfahren und Scenario-Workshops (z. B. Elzen et al. 2004; van Merkerk und Smits 2008; te Kulve und Rip 2011; Robinson 2010).

Nun kann man aber fragen, ob KTA letztlich eher exklusiven Foren vorbehalten bleibt, auf denen Idealisten eher esoterischen Vorstellungen huldigen. Denn trotz aller Errungenschaften entwickelter TA (Konstruktivismus, Reflexivität, Governance-Perspektive, Deliberation, interdisziplinäre Strategische Intelligenz) bleibt sie doch nur ein Faktor unter vielen, welche die tatsächliche soziotechnische Entwicklung treiben. Im Konzert widerstreitender Marktkräfte, vielfältiger politischer Motive heterogener Akteure, spätmoderner Wertevielfalt und Bereitschaft zur Risikoproduktion spielt TA häufig nur eine Randmelodie. Oder ihre Zielsetzungen werden von symbolischer Politik in den Dienst genommen, die eigentlich ganz anderen Motiven folgt. TA läuft also Gefahr lediglich eine beschwichtigende Geste im Gewirr konkurrierender Kräfte der gesellschaftlichen Technikgenese zu bleiben.

KTA: Gefahr der Randständigkeit

Es ist gerade die Governance-Perspektive, welche die TA-Experten im 21. Jahrhundert mit neuen Herausforderungen konfrontiert: Die Komplexität der Interessen und der Governance emergenter soziotechnischer Systeme sowie der damit einhergehenden Eigendynamik der Prozesse überfordern „die tradi-

Neue Herausforderungen durch Governance-Perspektive

tionellen, demokratiepolitischen Instrumente ..., und auch die neueren einer partizipativen und deliberativen Demokratie stoßen angesichts unüberbrückbarer Gegensätze bald an ihre Grenzen" (Nowotny und Testa 2009, 138). Foren des Experimentierens werden deshalb den geschützten Raum verlassen und sich den polyvalenten Zumutungen und Auseinandersetzungen in der Gesellschaft aussetzen müssen. Denn, so argumentieren Nowotny und Testa mit Bezug auf die Gentechnologie, „das molekulare Zeitalter schafft einen Raum zwischen Hunden und Katzen, den eine pluralistische *Polis* zu füllen bereit ist." (2009, 143). Sie illustrieren, wie dringend es wird, neue Institutionen zu schaffen, welche die „kreativen Individuen zu einer eigenmächtigen Zukunftsgestaltung" unter der Voraussetzung möglichst großer Autonomie sowie materieller und immaterieller Ressourcen und ohne Verordnung von oben befähigen; dazu ist institutionelle „Erfindungsgabe" notwendig (2009, 143).

Wünschenswerte Ausgestaltung der TA

Einen wichtigen Beitrag zu diesem neuartigen institutionellen Rahmen der Technikgestaltung kann eine konstruktive TA-Kultur leisten, die soziotechnischen Wandel reflexiv in historischer Mehr-Ebenen-Perspektive begreift, sensibel für widerstreitende Governance-Dynamiken ist und dabei auf Wissenschafts-, Technologie- und Innovationsstudien als Quellen strategischer Intelligenz zurückgreifen kann. Je besser TA auf diese Weise Wirkungszusammenhänge begreift und kommuniziert, desto eher wird sie als Praxis zu einer vorausschauenden, experimentellen Modulation technologischer Entwicklungen auch jenseits geschützter Räume beitragen können.

Literatur

Benz, A. (2006): Governance in connected arenas – political science analysis of coordination and control in complex control systems. In: Jansen, D. (Hg.): *New Forms of Governance in Research Organizations. From Disciplinary Theories towards Interfaces and Integration*, Heidelberg, New York (Springer), 3–22.

Boon, W.; Moors, E. H.; Kuhlmann, S.; Smits, R. E. (2011): Demand articulation in emerging technologies: intermediary user organisations as coproducers? In: *Research Policy* 40(2), 242–252.

Braun, D. (2006): Delegation in the distributive policy arena: the case of research policy. In: Braun, D.; Gilardi, F. (Hg.): *Delegation in Contemporary Democracies*. London (Routledge), 146–170.

Callon, M. (1991): Techno-economic networks and irreversibility. In: Law, J. (Hg.): *A Sociology of Monsters: Essays on Power, Technology and Domination*. London (Routledge), 132–165.

Callon, M. (2005): Disabled persons of all countries, unite. In: Latour, B.; Weibel, P. (Hg.): *Making Things public, Atmospheres of Democracy*. Karlsruhe, Cambridge, Mass. (ZKM/MIT), 308–313.

Chesbrough, H. W. (2003): *Open Innovation: The New Imperative for Creating and Profiting from Technology*. Boston, MA (Harvard Business School).

Collingridge, D. (1980): *The Social Control of Technology*. London, New York (Pinter).

Dosi, G. (1982): Technological Paradigms and Technological Trajectories: A Suggested Interpretation of Determinants and Directions of technical Change. In: *Research Policy* 11(3), 147–162.

Edler, J.; Joly, P.-B.; Kuhlmann, S.; Nedeva, M.; Propp, T.; Rip, A.; Ruhland, S.; Thomas, D. (2006): *Understanding „Fora of Strategic Intelligence for Research and Innovation"*. The PRIME Forum Research Project, Karlsruhe (Fraunhofer ISI).

Elzen, B.; Geels, F. W.; Hofman, P.; Green, K. (2004). Sociotechnical scenarios as a tool for transition policy: An example from the traffic and transport domain. In: Elzen, B.; Geels, F.; Green, K. (Hg.): *System Innovation and the Transition to Sustainability: Theory, Evidence and Policy*. Cheltenham (Edward Elgar), 251–281.

Elzen, B. (2006): Combining technical and behavioral change: The Role of Experimental Projects as a Step Stone Towards Sustainable Mobility. In: Verbeek, P. P., Slob, A. (Hg.): *User Behavior and Technology Development. Shaping Sustainable Relations Between Consumers and Technologies* (Ecoefficiency in industry and science, 20). Dordrecht (Springer), 331–339.

Felt, U.; Wynne, B; Callon, M.; Gonçalves, M. E.; Jasanoff, S.; Jepsen, M.; Joly, P.-B.; Konopasek, Z.; May, S.; Neubauer, C.; Rip, A.; Siune, K.; Stirling, A.; Tallachini, M. (2007): *Taking European Knowledge Society Seriously*. Report of the Expert Group on Science and Governance. Brüssel (European Commission), http://ec.europa.eu/research/science-society/document_library/pdf_06/european-knowledge-society_en.pdf (Zugriff 25.01.2013).

Geels, F. W.; Schot, J. (2007): Typology of sociotechnical transition pathways. In: *Research Policy* 36(3), 399–417.

Gershenfeld, N. A. (2005): *Fab: the coming revolution on your desktop—from personal computers to personal fabrication*. New York (Basic Books).

Joly, P. B.; Rip, A. (2007): A timely harvest. In: *Nature* 450(8), 174.

Kemp, R.; Schot, J.; Hoogma, R. (1998): Regime Shifts to Sustainability Through Processes of Niche Formation: The Approach of Strategic Niche Management. In: *Technology Analysis & Strategic Management* 10(2), 175–195.

Kuhlmann, S. (2003): Evaluation as a Source of „Strategic Intelligence". In: Shapira, Ph., Kuhlmann, S. (Hg.): *Learning from Science and Technology Policy Evaluation: Experiences from the United States and Europe*. Cheltenham (Edward Elgar), 352–379.

Kuhlmann, S. (2007): *Governance of innovation: Practice, policy, and theory as dancing partners*. Inaugural Lecture, University of Twente, http://doc.utwente.nl/59649/1/rede_S_Kuhlman.pdf (Zugriff 28.01.2013).

Kuhlmann, S. (2010): TA als Tanz: Zur Governance technologischer Innovation. Neue Aufgaben des Technology Assessment. In: Aichholzer, G.; Bora, A.; Bröchler, S.; Decker, M.; Latzer, M. (Hg.): Technology Governance. Der Beitrag der Technikfolgenabschätzung. Berlin (edition sigma), 41–60.

Kuhlmann, S. (2013): Innovation Policies (vis-á-vis Practice and Theory). In: Carayannis, E. D. (Hg.): *Encyclopedia of Creativity, Invention, Innovation, and Entrepreneurship*. o.O. (Springer Science+Business Media) i.E.

Lüthje, C.; Herstatt, C.; von Hippel, E. (2005): User-innovators and „local" information: The case of mountain biking. In: *Research Policy* 34(6), 951–965.

Martin, B. R.; Nightingale, P.; Yegros-Yegros, A. (2012): Science and technology studies: Exploring the knowledge base. In: *Research Policy* 41(7), 1182–1204.

Mayntz, R. (1998): *New Challenges to Governance Theory*. Florenz (European University Institute, The Robert Schuman Centre, Jean Monnet Chair Papers 50).

Mayntz, R.; Scharpf, F. W. (1995): Der Ansatz des akteurzentrierten Institutionalismus. In: dieselben (Hg.): *Gesellschaftliche Selbstregelung und politische Steuerung*, Frankfurt, New York (Campus), 39–72.

Nelson, R.; Winter, S. (1977): In search of a useful theory of innovation. In: *Research Policy* 6(1), 36–76.

Nowotny, H.; Testa, G. (2009): *Die gläsernen Gene. Die Erfindung des Individuums im molekularen Zeitalter*. Frankfurt (Suhrkamp, edition unseld 16).

Oudshoorn, N.; Pinch, T. (Hg.) (2003): *How Users Matter: The Co-construction of Users and Technologies*. Cambridge, MA; London (MIT Press).

Rabeharisoa, V.; Callon, M. (2004): Patients and scientists in French muscular dystrophy research. In: Jasanoff, S. (Hg.): *States of Knowledge. The co-production of science and social order*. London (Routledge), 142–160.

Rip, A. (2001): Assessing the Impacts of Innovation: New Developments in Technology Assessment. In: *OECD Proceedings, Social Sciences and Innovation*, Paris (OECD), 197–213.

Rip, A. (2006): A coevolutionary approach to reflexive governance – and its ironies. In: Voß, J.-P.; Bauknecht, D.; Kemp, R. (Hg.): *Reflexive governance for sustainable development*. Cheltenham UK (Edward Elgar), 82–100.

Rip, A.; Kemp, R. (1998): Technological Change. In: Rayner, S.; Malone, L. (Hg.): *Human Choice and Climate Change*, Vol. 2, Resources and Technology, Washington DC (Batelle Press), 327–400.

Robinson, D. (2010): *Constructive Technology Assessment of Emerging Nanotechnologies. Experiments in Interactions*. Enschede (University of Twente, PhD dissertation), http://doc.utwente.nl/74640/1/thesis_D_Robinson.pdf (Zugriff 28. 01. 2013).

Scharpf, Fritz W. (2000): *Interaktionsformen. Akteurzentrierter Institutionalismus in der Politikforschung*. Opladen (Leske + Budrich).

Scott, R. (1995): *Institutions and Organizations*, London (Sage).

Smits, R.; van Merkerk, R.; Guston, D.; Sarewitz, D. (2010): Strategic Intelligence: The Role of TA in Systemic Innovation Policy. In: Smits, R., Kuhlmann, S.; Shapira, P. (Hg.): *The Theory and Practice of Innovation Policy: An International Research Handbook*. Cheltenham; Northampton, MA (Edward Elgar), 387–416.

te Kulve, H.; Rip, A. (2011): Constructing Productive Engagement: Pre-engagement Tools for Emerging Technologies. In: *Science and Engineering Ethics* 17(4), 699–714.

van den Ende, J.; Kemp, R. (1999): Technological transformations in history: how the computer regime grew out of existing computing regimes. In: *Research Policy* 28(8), 833–851.

van der Valk, T. (2007): *Technology dynamics, network dynamics and partnering – The case of Dutch dedicated life sciences firms*. Utrecht (Utrecht University).

van Lente, H. (1993): *Promising Technology: the dynamics of expectations in technological developments*. Enschede (Universiteit Twente, WMW-Publikatie 17).

van Merkerk, R.; Smits, R. (2008): Tailoring CTA for emerging technologies. In: *Technological Forecasting & Social Change* 75(3), 312–333.

van Oost, E. C. J.; Verhaegh, S. J. S.; Oudshoorn, N. E. J. (2008): From Innovation Community to Community Innovation. User-initiated Innovation in Wireless Leiden. In: *Science, technology and human values*, 34(2), 182–205.

von Hippel, E. (2005): *Democratizing innovation*, Cambridge/Mass (MIT Press).

Voß, J.-P.; Bauknecht, D.; Kemp, R. (Hg.) (2006): *Reflexive Governance for Sustainable Development*, Cheltenham (Edward Elgar).

9 Technikbewertung auf Basis der VDI-Richtlinie 3780

Axel Zweck

9.1 Einführung

Für strategische Entscheidungen in Politik und Wirtschaft sind Fragen nach mehr oder weniger offensichtlichen oder versteckten Risikopotentialen technologischer Innovationen und damit verbundener Entscheidungsprozesse von besonderer Bedeutung. Betont sei vorab, dass technische Innovationen nicht mehr als isolierte oder rein technische Entwicklungen betrachtet werden können. Heutigen Einsichten der Techniksoziologie folgend sind sie mit sozialen Prozessen eng verflochten, weshalb richtiger von soziotechnischen Prozessen gesprochen werden sollte. Eine Auseinandersetzung mit potentiellen Risiken in Abwägung mit den sich aus den betrachteten Entwicklungen ergebenden Chancen ist Voraussetzung für verantwortungsvoll vorbereitete strategische Entscheidungen im Umfeld von Technik, Wissenschaft und Innovation. Eine Technikfolgenabschätzung nimmt Entscheidungen keinesfalls vorweg sondern trägt – wie auch andere Instrumente der Zukunftsforschung (Zweck und Cebulla 2012) – relevante Informationen zusammen und schafft eine zum Entscheidungszeitpunkt optimal mögliche Informationsgrundlage. Auf diesem Weg minimiert Technikfolgenabschätzung die mit strategischen Entscheidungen verbundenen Unsicherheiten durch ein Maximum an aktuell verfügbaren Informationen. Natürlich verbleiben für strategische Entscheidungen Unsicherheiten, die durch den Technikfolgenabschätzungsprozess nicht aufgelöst, zumindest aber deutlicher charakterisiert werden können. Mit einem Technikfolgenabschätzungsprozess verbunden sind die Ziele einer möglichst realistischen Abwägung der Chancen und Risiken sowie eine Formulierung von Optionen zur Minimierung der identifizierten Risiken.

Risikoabwägung bei soziotechnischen Prozessen

Technikfolgenabschätzung kann als Instrumentenkasten verstanden werden, der über einen Fundus von Instrumenten beziehungsweise Methoden verfügt,

TA als Instrumentenkasten der Zukunftsforschung

die je nach Fragestellung und Gegenstand ausgewählt und einzeln oder kombiniert eingesetzt werden. Technikfolgenabschätzung kann so in einen übergeordneten Bezugsrahmen gestellt werden und – neben Foresight und Technologiefrüherkennung – als ein Instrumentenkasten der Zukunftsforschung betrachtet werden (Zweck 2002). Im Falle des Anspruches einer umfassenden Zukunftsbetrachtung müssen die Ergebnisse einer Technikfolgenabschätzung um die Perspektiven aus Foresight und Technologiefrüherkennung ergänzt werden.

TA als innovationsbegleitende Maßnahme

Eine andere Möglichkeit Technikfolgenabschätzung in einen übergeordneten Rahmen zu stellen, liegt in ihrer Charakterisierung als innovationsbegleitende Maßnahme. Im Rahmen eines Integrierten Technologiemanagements werden verschiedene innovationsbegleitende Maßnahmen wie Technikfolgenabschätzung, Technologiefrüherkennung, Technologietransfer etc. miteinander zielgerichtet koordiniert, sodass sich die Effekte der Einzelmaßnahmen auf den Innovationsprozess wechselseitig stimulieren (Zweck 2003, 2008, 2011).

Herausforderungen für die TA

Aus historischer, aber heute ebenso gültiger Sicht muss sich Technikfolgenabschätzung einigen Herausforderungen stellen (Paschen 1986, S. 22). Erstens soll sie die Bedingungen für und mögliche Auswirkungen durch Einführen und Anwenden neuer Techniken systematisch ermitteln und bewerten. Da die Ergebnisse aus Forschung und Entwicklung im Unternehmen in konkrete Produkte einfließen, ist es entscheidend, dass ein Technikfolgenabschätzungsprozess möglichst frühzeitig einsetzt. Zweitens soll Technikfolgenabschätzung gesellschaftliche Konfliktfelder aufgreifen, wie sie durch den praktischen Einsatz in Betrieb oder Gesellschaft entstehen können. Insofern hat ernstgenommene Technikfolgenabschätzung auch eine Art Frühwarnfunktion, und zwar sowohl für eventuell falsch eingeschätzte aber intendierte als auch für nicht intendierte Wirkungen in Wirtschaft, Politik und Gesellschaft (Malanowski und Zweck 2008; Zweck 2012a). Ihre dritte Aufgabe liegt im Aufzeigen von Handlungsmöglichkeiten zur Minimierung erkannter oder eventuell möglicher Risiken, die betreffende Technik oder damit in Zusammenhang stehende Produkte zu verbessern.

Unterschiedliche Situationen in der Praxis

Möchte man die Vielseitigkeit und zugleich die erforderliche Offenheit der mit Technikfolgenabschätzung befassten Fragen und Reflexionen illustrieren, macht es Sinn einige grundsätzlich unterschiedliche Situationen herauszuarbeiten, denen Technikfolgenabschätzung in der Praxis begegnet (BMFT 1989, VDI 1991).

Probleminduzierte vs. technikinduzierte TA

In der Diskussion um Technikfolgenabschätzung spielte vor allem der Gegensatz zwischen *probleminduzierter* und *technikinduzierter* Technikfolgenabschätzung eine Rolle. Demgemäß sucht probleminduzierte Technikfolgenabschätzung nach Möglichkeiten zur Lösung existierender Defizite oder für Probleme, wie sie von Gesellschaft und Markt hervorgebracht werden. Durch ein gegeneinander Abwägen der Vor- und Nachteile verschiedener technischer Alternativen erfolgt eine Präzisierung des technischen Bedarfs, und bestehende

Technikdefizite werden ermittelt. Diese dienen dazu, über konkrete Forschungs- und Entwicklungsfragen und sich daraus ergebender neuer Technologien oder Produkte, Lösungen für die in Frage stehenden Probleme in Aussicht zu stellen. Eine probleminduzierte Technikfolgenabschätzung reicht über die Betrachtung reiner Technikfolgen zwangsläufig hinaus, da Probleme von „[…] Technologien in einem oft nur schwer durchschaubaren ‚Zusammenspiel' (mit-)verursacht werden" (Paschen 1986, S. 30) oder soziologischer formuliert: da sie in dem bereits erwähnten soziotechnischen Kontext stehen. Im Gegensatz dazu legt es technikinduzierte Technikfolgenabschätzung darauf an, mit bestehender oder kurz vor der Realisierung stehender Technik verbundene und bereits erkannte Folgen zu erfassen und entsprechend modifizierte Gestaltungsmöglichkeiten zu entwickeln. Bestehende Technik, Produkte und Produktlinien werden durch technikinduzierte Technikfolgenabschätzung neu bewertet, um verbesserte Lösungen zu finden, die die technischen Möglichkeiten bis an die Grenzen des Machbaren vorantreiben. In einer auf betriebliche Herausforderungen zugespitzten Form wurde in diesem Zusammenhang auch von Produktfolgenabschätzung (Minx und Meyer 1998) gesprochen.

In einem kurzen historischen Abriss ist auch die mit der technologischen Entwicklung befasste *Technikgeneseforschung* zu erwähnen. Ihr Gegenstands- und Analysebereich umfasst neben den Organisationsstrukturen der Akteure auch die Forschung, Entwicklung und Entscheidungsfindung bei der Einführung und Anwendung neuer Technologien. Dazu gehören auch die Handlungs-, Entstehungs- und Durchsetzungsbedingungen technologischer Innovationen. Technikgeneseforschung setzt frühzeitig, also bereits im Entstehungsprozess technologischer Innovationen an und lässt sich, wie die *Technikfolgenforschung*, die sich detaillierter und oft disziplinärer auf im Technikfolgenabschätzungsprozess erkannte Wissenslücken konzentriert, als Grundlage für die Phase der Folgenabschätzung (s. u.) betrachten. Technikfolgenforschung hat entweder, dann nicht als solche klassifiziert, bereits vor der Technikbewertung durch Grundlagenforschung stattgefunden oder sie bildet eine Art Unterprogramm der Phase der Folgenabschätzung (Zweck 1993, S. 9 ff.).

Technikgeneseforschung

Technikfolgenforschung

In der teils öffentlichen Diskussion um Technikfolgenabschätzung in Wissenschaft und Politik, aber auch in der betrieblichen Praxis wurde oft die auf (vermeintlich) kritische Folgen fixierte Perspektive der Technikfolgenabschätzung bemängelt. Um negativen Assoziationen einer primär auf Risiken fokussierten Folgen-Betrachtung vorzubeugen, wurde im Rahmen der Auseinandersetzung mit Technikfolgenabschätzung im Verein Deutscher Ingenieure der Begriff Technikbewertung favorisiert. Die Akzentuierung auf Technik-Bewertung soll verdeutlichen, dass es bei einer Technikfolgenabschätzung zwar um das Ermitteln und Darstellen von Risiken geht, das Herausarbeiten der Chancen zukünftiger Produkte und Technologien aber für eine ausgewogene Chancen-Risiken-Abwägung von ebenso entscheidender Bedeutung ist. Im Folgenden wird der Begriff Technikbewertung verwendet.

Favorisierter Begriff: Technikbewertung

Innovative und reaktive Technikbewertung

Eine weitere Differenzierung zur Technikbewertung bietet die VDI-Richtlinie 3780, in der unter anderem das Bewusstsein für die in der Praxis wichtige Unterscheidung von *Innovativer* und *Reaktiver Technikbewertung* geschärft werden sollte. Das entscheidende Kriterium zu deren Differenzierung liegt in dem Zeitpunkt, zu dem die Technikbewertung erfolgt. Innovative Technikbewertung kommt zum Zuge, wenn technische Lösungen für erwartete Probleme gesucht werden oder sich die technische Entwicklung noch im Stadium erster Produktplanungen oder Entwicklungskonzepte befindet, dann also, wenn die Ergebnisse der Technikbewertung im weiteren Forschungs- als Entwicklungsprozess noch signifikante Wirkungen entfalten können. Im Gegensatz dazu setzt Reaktive Technikbewertung erst ein, wenn Forschung und Entwicklung eines Produktes weitgehend abgeschlossen sind. Eine Einflussnahme der Ergebnisse von Technikbewertung auf bereits laufende Produktionsprozesse und vermarktete Produkte ist dann meist nur stark eingeschränkt möglich (VDI 1991, S. 14; Collingridge 1980).

Technikbewertung und die betriebliche Ebene

Die folgenden Ausführungen unterstreichen, weshalb Technikbewertung gut geeignet ist, zukunftsorientierte und vor allem unwägbare Fragestellungen im Kontext betrieblicher Innovation angemessen zu bearbeiten. Technikbewertung entwickelt sich auf betrieblicher Ebene zu einem Instrument, das Innovationspotenziale neuer Techniken aufdeckt und Innovationshemmnisse abbaut (Stötzel und Baron 1999). Erfolgversprechende Anwendungsfelder innovationsorientierter Technikbewertung im betrieblichen Innovationsprozess lassen sich schon früh für die Gentechnik (Simonis und Droz 1999; Ropohl 1999), das recyclinggerechte Konstruieren (Müller 1997) oder auch in Zusammenhang mit neuen Werkstoffen (Harig und Langenbach 1999) finden. Es scheint absehbar, dass Technikbewertungsprozesse noch stärker auf Innovationsprozesse im Unternehmen zugeschnitten werden können (Baron et al. 2003). Allerdings herrscht in der wissenschaftlichen Diskussion noch keine Einhelligkeit darüber, wie weit sich Technikbewertung auf eine Auseinandersetzung mit unternehmerischen Fragestellungen einlassen kann und darf (Grunwald 2000; Zweck 2001; Baron und Zweck 2003).

Neues Konzept: ITA

Auf Basis einer Analyse der Situation der Technikfolgenabschätzung in Deutschland (Weber et al. 1999) wurde die Förderung der Technikfolgenabschätzung durch das Bundesministerium für Bildung und Forschung strategisch neu ausgerichtet. Erklärtes Ziel des neuen strategischen Konzeptes mit der Bezeichnung Innovations- und Technikanalyse, kurz ITA, war eine stärkere Ausrichtung auf die gesellschaftliche Integration technologischer Innovationen und eine stärkere Verbindung von Forschung und Praxis. Auf eine Darstellung der Weiterentwicklung der Begrifflichkeiten in Zusammenhang mit ITA hin zu einer noch umfassenderen, verstärkt Innovationsgesichtspunkte einbeziehenden Betrachtung muss hier (abgesehen von einem Literaturhinweis: Zweck et al. 2004) verzichtet werden.

Festzuhalten bleibt, dass unternehmensinterne Technikbewertung dazu dient, bestehende und künftige Produkte und Produktlinien auf intendierte und nicht-intendierte Folgen zu prüfen. Hinweise für die verbesserte Produktgestaltung schützen das Unternehmen vor ungewollten technischen oder soziotechnischen (Neben-)Effekten oder anders formuliert: Sie schützen das Unternehmen vor gefahrvollen oder zumindest verlustreichen Reaktionen des Marktes, der Nutzer oder Konsumenten und sich daraus ableitenden staatlichen Eingriffen oder rechtlichen Konsequenzen. Die Ergebnisse der Technikbewertung dienen als Informationsbasis für strategische Entscheidungen für Geschäftsführung oder Aufsichtsrat vor und nach Produkteinführung.

Ziel unternehmensinterner Technikbewertung

9.2 Betriebliche Praxis der Technikbewertung und die VDI-Richtlinie 3780

Die reibungslose Realisierung einer Technikbewertung im Unternehmen erfordert eine ausdrückliche Unterstützung durch die Geschäftsleitung. Zwar mag es überraschen, diesen Punkt als erstes erwähnt zu finden. Zahlreiche Erfahrungen versandeter Initiativen oder durch Änderungen in der Geschäftsleitung bedingte Abbrüche von Technikbewertungsprozessen machen aber deutlich, warum dieser Punkt entscheidend ist: Während einer Technikbewertung werden bewusst Risiken und kritische Gesichtspunkte artikuliert, die die üblichen Arbeitsroutinen hemmen und zu Reflexionen anregen, die den Prozess verzögern können. Dementsprechend stehen besonders zu Beginn vor allem nicht oder nur teilweise Involvierte und sogar Beteiligte dem Technikbewertungsprozess oft skeptisch gegenüber. Ohne eindeutigen Rückhalt aus der Geschäftsleitung sind diese Widerstände nur schwer überwindbar. Wenn bezüglich der Durchführung von Technikbewertungsprozessen im betreffenden Unternehmen keine Erfahrungen vorliegen, sollte das Heranziehen einer externen Beratungsunterstützung ins Auge gefasst werden.

Unterstützung durch die Geschäftsleitung

Eine weitere vorab zu klärende Frage ist, ob der Technikbewertungsprozess einen aktuellen, konkreten Anlass besitzt, was meist einen engen zeitlichen Rahmen für die Durchführung des Prozesses nach sich zieht. Anders verhält es sich, wenn eine Technikbewertung durch grundsätzliche strategische Erwägungen getragen wird. Sie hat dann eher einen umfassenden Charakter und kann als kontinuierlicher Prozess organisiert werden, der ein systematisches Monitoring für schwache (Risiko-)Signale möglich macht. Ein derartiges Monitoring erfolgt im einfachsten Fall durch Investieren eines Teils der für den Bewertungsprozess vorgesehenen Kapazitäten für die Unterhaltung eines begleitenden und auf die unternehmensrelevanten Technik- oder Produktfelder ausgerichteten Expertennetzwerkes. Ergänzendes Literaturscreening sowie eine kontinuierliche, eventuell standardisierte Befragung stellen sicher, dass aufkommende

Konkreter Anlass oder kontinuierlicher Prozess

Risikodiskussionen im Produktumfeld erfasst und frühzeitig sowohl im Technikbewertungsprozess als auch bei strategischen Entscheidungen berücksichtigt werden können.

Ziele und Beteiligte unternehmensintern vereinbaren

Ein zu Beginn des Prozesses alle Ebenen einbeziehende Übereinkunft bezüglich der unternehmensinternen wie -externen Darstellung und Vermittlung des Technikbewertungsprozesses ergänzt die bereits angesprochene erforderliche positive Haltung der Geschäftsleitung wesentlich. Ziele und Beteiligte sollten unternehmensintern in jedem Fall bereits zu Beginn offengelegt werden, um Problemen mit Kontakten, die während des Prozesses erforderlich werden, aus dem Weg zu gehen. Zugleich erleichtert eine klare Vorstellung der Adressaten der Ergebnisse des Technikbewertungsprozesses (Geschäftsleitung, Aufsichtsrat oder Abteilungsleiter etc.) das Implementieren der späteren Ergebnisse. Offensichtlich ist auch, dass eine solche Initiative das Selbstverständnis des Unternehmens ebenso wie seine Selbstdarstellung im Sinne eines responsible care betrifft. Auch besteht ein klarer Bezug zu Nachhaltigkeitsfragen, was Konsequenzen für künftige Marketingstrategien haben kann, wobei schon die ernst gemeinte Auseinandersetzung mit Fragen der Technikbewertung den Gefahren eines green washing entgegenwirkt.

Genese der VDI-Richtlinie 3780

Neben dem erwähnten eher definitorischen Charakter der VDI-Richtlinie 3780 stand auch das Ziel einer stärkeren Durchsetzung der Technikbewertung als Instrument unternehmerischer Verantwortung in der betrieblichen Praxis im Vordergrund. Die Vorarbeiten und Vorüberlegungen zu dieser 1991 fertiggestellten Richtlinie reichen bis in die frühen 1970er Jahre zurück und sind für viele der bereits beschriebenen Differenzierungen der Technikbewertungsdiskussion nicht nur historisch wichtig. Im Zuge der normativen Technikdiskussion wurde 1979 im Verein Deutscher Ingenieure der Bereich „Technikbewertung" konstituiert, der den Ausschuss „Grundlagen der Technikbewertung" mit der Aufgabe einrichtete, eine übergreifende VDI-Richtlinie zur Standesethik der Ingenieure zu entwerfen, die sowohl Empfehlungen zur Technikbewertung wie auch Orientierungswissen für die betriebliche Praxis enthalten sollte. Im Verlauf des für VDI-Richtlinien üblichen Verhandlungsverfahrens wurde deutlich, dass mit der Richtlinie kein Anspruch auf definierte Verfahren, ausgewählte Werte und vorgegebene Methoden verbunden sein sollte. Der Titel „Empfehlungen zur Technikbewertung" wurde daher zu Gunsten der Formulierung „Technikbewertung – Begriffe und Grundlagen" geändert. Zielgruppe der VDI-Richtlinie sollten „[...] alle Verantwortlichen und Betroffenen in Wissenschaft, Gesellschaft und Politik, die an Entscheidungen über technische Entwicklungen beteiligt und mit der Gestaltung der entsprechenden gesellschaftlichen-kulturellen Rahmenbedingungen befasst sind, insbesondere Ingenieure, Wissenschaftler, Planer und Manager, die neue technische Entwicklungen bewertend gestalten" (VDI 1991, S. 2) sein. Der Beitrag der VDI-Richtlinie 3780 war es, „[...] allen Beteiligten ein gemeinsames Verständnis für Begriffe, Methoden und Wertbereiche zu vermitteln. Die Richtlinie soll durch systematisches Analysieren von Zielen, Werten und Handlungsalternativen begründete Entscheidungen ermöglichen. Die hier vorgelegten Ausführungen […] liefern begriffliche Klärungen und theoretische Grundlagen für die Diskussion der Technikbewertung" (VDI 1991, S. 2). Durch Darstellen abzuwägender Werte, der Phasen des Prozesses sowie eines Portfolios von Methoden sollten die Bewertungsmöglichkeiten von Technik verdeutlicht und das Problembewusstsein der mit Gestaltung und Bewertung von Technik Befassten sensibilisiert werden.

Die auch in der Wirtschaft als definitorische Grundlage weitgehend anerkannte VDI-Richtlinie 3780 beschreibt Technikbewertung als „[…] das planmäßige, systematische und organisierte Vorgehen das

Definition Technikbewertung

- den Stand einer Technik und ihre Entwicklungsmöglichkeiten analysiert,
- unmittelbare und mittelbare technische, wirtschaftliche, gesundheitliche, ökologische, humane, soziale und andere Folgen dieser Technik und möglicher Alternativen abschätzt,
- aufgrund dieser Ziele und Werte diese Folgen beurteilt oder auch weitere wünschenswerte Entwicklungen fordert,
- Handlungs- und Gestaltungsmöglichkeiten daraus herleitet und ausarbeitet […]" (VDI 1991, S. 2),

sodass begründete Entscheidungen vorbereitet und in gewisser Hinsicht erst ermöglicht werden können. Im Weiteren unterscheidet die Richtlinie zwischen einem weiten und einem engen Technikbewertungsbegriff. Der weite Begriff umfasst alle der im Folgenden dargestellten vier Phasen (Definition und Strukturierung des Themas, Folgenabschätzung, Bewertung, Entscheidung, s. u.). Der engere Begriff der Technikbeurteilung ist als normatives Element prozedural der prognostischen Phase (Folgenabschätzung) nachgelagert und bereitet die Ausarbeitung von Handlungsoptionen unmittelbar vor.

Weiter und enger Technikbewertungsbegriff

9.3 Definition und Strukturierung des Themas

In der ersten Phase der Technikbewertung geht es um die Definition und Abgrenzung eines Technik-, Produkt- oder Themenfeldes, dessen Auswahl gegenüber anderen Optionen als besonders relevant begründet und belegt werden muss. Sofern ein konkreter Anlass für eine Technikbewertung vorliegt, ist eine separate Themengenerierung zur Auswahl eines geeigneten Themenkandidaten nicht erforderlich, in jedem anderen Fall aber sehr wohl. Denn zum einen sind die Ressourcen zur Durchführung derartiger Prozesse beschränkt, was die Anzahl der bearbeitbaren Themen von vornherein einschränkt. Zum anderen muss nachvollziehbar und belegbar sein, warum aus einer Vielfalt möglicher Themen der Aufwand des folgenden Technikbewertungsprozesses auf das ausgewählte konzentriert wird.

Form der Themenwahl und Vorarbeiten

Im einfachsten Fall erfolgt die Themenwahl über ein Brainstorming, durch Ergebnisse von anderen Managementprozessen wie der Technologiefrüherkennung (Zweck 2005), auf Basis von Marktanalysen oder sich abzeichnenden öffentlichen Diskussionen zu Technologien oder Themen, die in der Nähe des gegenwärtigen oder anvisierten Portfolios des Unternehmens liegen. Der Festlegung eines zumindest grob formulierten Themenfeldes folgt die mehr oder weniger scharfe Abgrenzung des zu untersuchenden Produkt- oder Technologiefeldes. Diskussionen im Umfeld des Themas sowie eine Übersicht relevanter Einflussfaktoren helfen bei der Formulierung des Gegenstandes der bevorstehenden Technikbewertung. Der Anspruch, den Gegenstandsbereich der Technikbewertung weder zu offen noch zu geschlossen zu gestalten, unterstützt die möglichst präzise Abgrenzung des Themas und verringert spätere Probleme beim Festlegen direkter und indirekter Wirkungen (s. u.). Bereits zu diesem Zeitpunkt müssen Fragen bezüglich Herkunft und Verfügbarkeit erforderlicher Daten, Informationen und Quellen zur Analyse des Themas reflektiert werden. Auch der für den Bewertungsprozess erwartete Zeithorizont sowie die Klärung der Frage, wie mögliche Bewertungskriterien erfasst und gewichtet werden, tragen dazu bei, das Technik- oder Produktfeld in eine bewertungsfähige Form zu bringen. Zwar muss betont werden, wie wichtig eine klare Definition und Abgrenzung des zu bewertenden Themas ist. Andererseits ist nicht auszuschließen, dass durch Ergebnisse des weiteren Technikbewertungsprozesses thematische Erweiterungen oder definitorische Korrekturen erforderlich werden. Die Praxis zeigt: Je besser die Vorarbeiten im Sinne einer nachvollziehbaren Auswahl des zu bewertenden Themas gelingt und je größer die Sorgfalt bei der Definition der betrachtenden Fragestellung sind, desto geringer ist die Gefahr späterer Änderungen, die den Gesamtablauf empfindlich stören können.

9.4 Folgenabschätzung

Vorbereitung einer optimalen Informationsgrundlage

Schon einführend zu diesem Beitrag wurde hervorgehoben, dass es – wie bei anderen zukunftsorientierten Managementprozessen – auch bei der Technikbewertung darum geht, alle relevanten Informationen zusammen zu tragen und eine optimale Informationsgrundlage für sich anschließende Entscheidungen vorzubereiten (Zweck 2012b). In der Phase der Folgenabschätzung erfolgt daher das Erarbeiten eines möglichst klaren Gegenwarts- und, soweit auf Basis verfügbarer Informationen möglich, Zukunftsbildes des zu untersuchenden Produkt- oder Technologiefeldes (Zweck 1993). Dazu gehören das:

- Ermitteln des Standes der Technik;
- Formulieren des erwarteten Entwicklungszieles der Technik;
- Ermitteln des zeitlichen Horizontes der Entwicklung der Technik;

- Aufarbeiten historischer Daten vergleichbarer Techniken aus der Vergangenheit (historische Analogiebildung);
- Ermitteln direkter kausaler Folgen gegenwärtiger und zukünftiger Anwendungen der Technik;
- Erfassen auch solcher Wirkungen, die nicht eindeutig monokausal abgeleitet werden können; hier sind Wechselwirkungen und Synergien verschiedener Wirkungsdimensionen (s. u.) von besonderem Interesse;
- Heranziehen möglicher technologischer oder sonstiger Alternativen;
- Formulieren fachlicher Bewertungskriterien;
- Vergleichen von untersuchtem Produkt- oder Technologiefeld und seiner Alternativen.

Die ersten Punkte bereiten in der betrieblichen Praxis selten Schwierigkeiten. Für die Ermittlung des Standes der Technik sind im Allgemeinen unternehmensinterne Experten wie auch fundierte Informationsquellen verfügbar. Entwicklungsziele, Anwendungsfelder und Zeithorizonte liegen oft bereits zu Beginn des Technikbewertungsprozesses vor und müssen entweder nur ergänzt oder in geeignete Form gebracht werden. Die eigentliche Herausforderung beginnt mit dem Erfassen und Formulieren erwarteter und nicht erwarteter Wirkungen. Zweckmäßig ist ein Brainstorming als Ausgangspunkt zur Ermittlung möglicher Wirkungen im betrachteten Themenfeld. Ein kreatives und offenes Brainstorming kann beispielsweise mit der Frage beginnen, ob es in der Vergangenheit Beispiele ähnlicher Technologien oder Produkte gegeben hat und welche Wirkungen hier auftraten. Flankiert wird diese Phase durch eine umfassende Literaturrecherche, die nicht nur das unmittelbar betrachtete Themenfeld, sondern auch dessen Umfeld einschließt und weitere Wirkungen offen legt.

Herangehensweise an einzelne Phasen

Die identifizierten Wirkungen werden nach ihrer Art gruppiert und sogenannten Wirkungsdimensionen zugeordnet. Diese Wirkungsdimensionen spielen für den weiteren Technikbewertungsprozess insofern eine besondere Rolle, als sich der Technikbewertungsprozess an dieser Stelle quasi in einzelne Prozesse zu jeder Wirkungsdimension aufgliedert. Recherchen und Analysen werden in der Praxis also zumindest vorrübergehend entlang dieser Wirkungsdimensionen durchgeführt. Das Abarbeiten der Wirkungsbündel in Wirkungsdimensionen erleichtert und strukturiert den Arbeitsprozess in dieser Phase. Eine Aufteilung der durchzuführenden Arbeiten in verschiedene Teams, die sich mit je einer der Wirkungsdimensionen befassen, beschleunigt den Prozess erheblich, muss aber übergreifend koordiniert werden. Wirkungen, die nicht einzelnen Wirkungsdimensionen zugeordnet werden können, sondern auf mehrere einwirken, bieten erste Hinweise auf die Vernetzung der Wirkungsdimensionen. Diese Hinweise können als Ausgangspunkte für die zu betrachtenden Wechselwirkungen zwischen Wirkungsdimensionen herangezogen werden, ein Schritt, der die Analyse entlang der Wirkungsdimensionen im Allgemeinen abschließt.

Wirkungsdimensionen

Nicht jede betrachtete Technik oder jedes Produkt muss Wirkungen in allen der im Folgenden kurz skizierten Wirkungsdimensionen besitzen. Die Wirkungsdimensionen sind auf Basis der Wertorientierungen abgeleitet (Zweck 1993, S. 131 ff.) die in der VDI-Richtlinie 3780 hervorgehoben wurden.

Technische Dimension
In der technischen Dimension werden neben vorhandenen, erwarteten und potentiellen Anwendungen der betreffenden Technik auch sämtliche funktionale Aspekte ermittelt. Zwar erfolgt die Definition der Funktionalität bereits während der Technikentwicklung selbst, muss aber vor dem Hintergrund der im Technikbewertungsprozess besonders relevanten Aspekte Sicherheit, Risiken oder Außenwirkung erneut beleuchtet werden. Der technischen Dimension kommt bei der Ermittlung des Standes der Technik und des aktuellen Wissensstandes eine gewisse Basisfunktion zu.

Wissenschaftlich-technologische Dimension
Die wissenschaftlich-technologische Dimension greift über die eigentliche Analyse des Standes der Technik hinaus. Insbesondere in Zusammenhang mit der betreffenden Technikentwicklung stehende wissenschaftliche Erkenntnisse, die zwar noch keine praktische oder produktbezogene Umsetzung erfahren haben, jedoch die weitere Entwicklung der Technik beeinflussen, sind für die Extrapolation künftiger technischer Möglichkeiten und Produktanwendungen wichtig. Hier ist ein Überblick über den Stand heutiger Wissenschaft und Forschung erforderlich, weil er künftige Möglichkeiten absehbarer macht. Für den langfristigen Zeithorizont spielen auch öffentliche Förderprogramme und technikpolitisch relevante Strategiepapiere eine Rolle.

Wirtschaftliche Dimension
Im Vordergrund der wirtschaftlichen Dimension stehen Fragen der Wirtschaftlichkeit im Sinne des Kosten-Nutzen-Aufwandes und der Rentabilität. Neben Aufwand und Investitionsbedarf in das Technologie- oder Produktfeld sind unmittelbare Kosten und indirekte Aspekte, wie die Wirkung des durch das Produkt vermittelten Unternehmensbildes einzubeziehen. Diese Perspektive ist dem marktorientierten Unternehmer oder Manager geläufig. Daten, Erfahrungen und Einschätzungen aus Marketing und internem Controlling können hier integriert werden.

Ökologische und gesundheitsbezogene Dimension
Historisch gesehen haben ökologische wie auch gesundheitsbezogene Dimensionen in der Technik- bzw. Produktentwicklung nicht immer eine vorrangige Rolle gespielt. Im Rahmen der Nachhaltigkeitsdiskussion wurden sie in den letzten Jahrzehnten zum Kernpunkt konsumentenbezogenen sowie öffentlichen und damit unternehmerischen Interesses. Unter Zuhilfenahme der in der technischen Dimension erarbeiteten Charakterisierung werden Informationen zu produktlebens- oder herstellungsprozessbezogenen Emissionen, zur Energieeffizienz in Produktion und Verwendung des Produktes, zur Ressourceneffizienz oder Ökobilanzen ebenso herangezogen, wie mögliche toxikologische oder karzinogene Wirkungen auf die Menschen und Auswirkungen auf die Umwelt. Fragen einer Zukunftsgestaltung, die Belange künftiger Generationen einbezieht, nehmen meist hier ihren Ausgangspunkt, können aber im Sinne eines umfas-

senden Nachhaltigkeitsbegriffes auch in anderen Wirkungsdimensionen aufgegriffen werden.

Um die Wirkungen der Einführung einer neuen Technik auf den Einzelnen wie auch das soziale Gefüge einer Gesellschaft geht es in der sozial-kulturellen Dimension, die unter anderem Fragen der Sozialverträglichkeit einer Technik adressiert. Meist gehen hier aufgegriffene grundsätzliche Fragen, wie die Auswirkung technisch-wissenschaftlicher Entwicklungen auf Wissenschaft und Technik selbst oder Fragen bezüglich der Leitbilder verschiedener gesellschaftlicher Interessengruppen, über die Tiefe unternehmensbezogener Technikbewertungsprozesse hinaus. Erwartete Auswirkungen und Anforderungen auf künftige Arbeitsplätze, Berufsbilder oder auch die Anforderungen an die Technik bezüglich veränderter gesellschaftlicher Verhältnisse, wie die demographische oder anthropologische Dimension, greifen hier hinein, können aber oft aufgrund ihrer Komplexität nur durch Technikbewertungen im öffentlichen Bereich ausführlich behandelt werden. Sofern derartige Ergebnisse aus öffentlich zugänglichen Studien vorliegen, sollten sie für die betriebliche Technikbewertung herangezogen werden. *Sozial-kulturelle Dimension*

Eine Gruppe weiterer Dimensionen liegt im Umfeld der Politik. Fragen der Sicherung menschlicher Grundrechte oder der Ausdifferenzierung demokratischer Strukturen und Legitimationen spielen in der politischen Dimension ebenso eine Rolle wie sich wandelnde Institutionen und Akteure, administrativ-institutionelle oder rechtliche Fragestellungen. Je nach Relevanz werden Teilaspekte der politischen Dimension zusammengefasst oder als eigenständige Dimension behandelt. Fragen bezüglich regionaler Infrastruktur, Flächennutzung, Beeinträchtigung des Stadt- und Landschaftsbildes oder der Siedlungsstruktur können – sofern nicht bereits im Rahmen der Nachhaltigkeitsdimension reflektiert – eine Rolle spielen. Derartige Fragen gehen im Allgemeinen über die betriebliche Technikbewertung hinaus, können aber durch Berücksichtigung öffentlich finanzierter und damit frei verfügbarer Studien in den betrieblichen Technikbewertungsprozess einbezogen werden. Sich auf eine konkrete Technik oder Produktlinie beziehende Fragen können hieraus mit geringem Aufwand abgeleitet werden. *Politische Dimension*

Das Einbeziehen der historischen Dimension dient der Vermeidung der Wiederholung bereits vollzogener Fehlentscheidungen im eigenen Unternehmen oder bei Konkurrenten (Pahl 1980). Sie besitzt im Rahmen der VDI-Richtlinie 3780 in Form des Instruments der historischen Analogiebildung einen besonderen Stellenwert (VDI 1991, S. 16). Sie greift in die bisher angeführten Dimensionen insofern ein, als in allen die historische Betrachtung vergleichbarer oder ähnlicher technischer Entwicklungen eine hilfreiche Grundlage für die aktuell betrachtete Technik und damit verbundener Extrapolationen darstellt. *Historische Dimension*

Von besonderer Bedeutung ist für die aus den in der VDI-Richtlinie abgeleiteten Wirkungsdimensionen auch der Wertewandel, da beispielsweise ur- *Wertewandel* sprünglich durch Subkulturen oder gesellschaftliche Randgruppen aufgebrachte Wertorientierungen einzubeziehen sind (z. B. informationelle Selbstbestimmung, Datenschutz im Internet etc.). Ein Untersuchungsobjekt (technische oder produktbezogene Innovationen) kann die Bemessungsgrundlage (Wertorientierung) beeinflussen, wie z. B. die Vergrößerung der Akzeptanz von Mensch-Maschine-Schnittstellen durch medizinische Fortschritte in der medizinischen Prothetik zeigt. Das Objekt kann auch die technische Entwicklung im Allgemeinen beeinflussen, da die Dynamik des technischen Wandels die Perspektive des diesen Wandel Beobachtenden verändert (Zweck 1993). Technikbewertung trägt durch Reflexion zur Transparenz der durch technische Entwicklungen veränderten Wertorientierungen bei.

Ziel: objektive, fachliche Folgenabschätzung

Wie dargestellt, bietet die Phase der Folgenabschätzung die erforderliche Wissensbasis für den Technikbewertungsprozess. Zu einer nachvollziehbaren Methode der Datenerhebung gehört auch die sorgfältige Prüfung der verwendeten Informationen und Quellen. Eine so gut wie möglich abwägende Gegenüberstellung der sich aus der Recherche ergebenden Einschätzungen ist sowohl für eine weitgehend unangreifbare Festlegung des Standes der Technik als auch für die Objektivität daraus abzuleitender Wirkungs- und Folgeszenarien erforderlich. Durch Einbeziehen einer Vielzahl von Akteuren aus dem Unternehmen, zumindest bei der Analyse der Wirkungsdimensionen, und durch eine systematische Ausgrenzung subjektiver und individueller Einschätzungen, wird in der Phase der Folgenabschätzung versucht, dem Ideal einer weitgehenden Ausgrenzung nichtfachbezogener Bewertungen nahe zu kommen. Die in diesem Sinne näherungsweise objektiven Ergebnisse der Phase der Folgenabschätzung werden in der Enddokumentation entsprechend streng von bewertenden Einschätzungen der folgenden Phasen getrennt (siehe dazu z. B. Malanowski et al. 2001 oder Albertshauser und Malanowski 2004).

9.5 Bewertung

Phase der Bewertung

Die sich der Folgenabschätzung anschließende Phase der Bewertung greift den Stand der Technik, die ermittelten Wirkungen strukturiert entlang der ausgearbeiteten Wirkungsdimensionen und zugehörige vorausschauende Beschreibungen der weiteren Entwicklung auf und gliedert die Wirkungen anhand eines definierten Wertekataloges in wünschenswerte, zu vermeidende und ambivalent zu beurteilende Wirkungen. Die den einzelnen Wirkungsdimensionen zugeordneten Wertorientierungen, wie Funktionssicherheit, Wirtschaftlichkeit, Sicherheit, Umweltverträglichkeit, Sozialverträglichkeit, Persönlichkeitsentfaltung und Gesellschaftsqualität sind in der VDI-Richtlinie 3780 detailliert dargestellt (vgl. dazu auch Ropohl et al. 1988). Der eigentliche Bewertungsprozess liegt in einer Abwägung der verschiedenen Wirkungen innerhalb und zwischen den Wirkungsdimensionen, wobei den einzelnen Bewertungskriterien durchaus unternehmensspezifisch geprägte Gewichtungen zugeordnet werden können.

Für Entscheidungen der Leitungsebene im Unternehmen ist die Gegenüberstellung der Pro- und Contra-Argumente zum untersuchten Technik- oder Produktfeld, am besten ergänzt durch eine übersichtliche Verflechtungsmatrix, ausreichend. Zur besseren Übersicht können darüber hinaus verschiedene Technik- oder Produktlinien in einer Kreuztabelle gegen die ermittelten Wirkungen nach Wirkungsdimensionen gegliedert dargestellt werden. Eine Gewichtung der einzelnen Schnittpunkte, wie in der Technologiefrüherkennung üblich, ist für einen betrieblichen Technikbewertungsprozess im Allgemeinen nicht erforderlich. Entscheidend ist vielmehr, dass sämtliche ermittelte Wirkungen an genannten Werten gespiegelt werden. Als Ergebnis der Bewertungsphase muss deutlich werden, ob das betrachtete Technik- oder Produktfeld unvertretbare Wirkungen in einer der Wirkungsdimensionen erkennen lässt und wie erkannte Risiken vermieden oder zumindest minimiert werden können. Ein Ergebnis kann auch sein, dass für eine Einschätzung der Situation oder schon für die Identifikation möglicher Wirkungen eine unzureichende Wissensbasis besteht und die Ergebnisse weiterer Technikfolgenforschung (s. o.) abgewartet werden müssen, um abschließende Einschätzungen abgeben zu können. Die Darstellung der Ergebnisse gipfelt in jedem Fall mit der Darstellung verschiedener Handlungsoptionen und ihrer Konsequenzen.

Darstellung der Ergebnisse

Das Beschriebene sollte deutlich gemacht haben, dass eine betriebliche Technikbewertung an einigen Stellen nicht die Tiefe einer öffentlich (d. h. durch Parlament oder Ministerien) getragenen erlangen kann. Zahlreiche übergreifende und gesellschaftsweite Gesichtspunkte sind für eine Behandlung im einzelnen Großunternehmen und umso mehr für kleine und mittelständische Unternehmen nicht zu stemmen. Wie schon betont, sind jedoch derartige öffentlich getragene Technikbewertungs- als auch strategische Zukunftsstudien (Technologieanalysen, Ergebnisse von nationalen Foresightprozessen etc.) für den betrieblichen Technikbewertungsprozess eine hilfreiche und, da im Gegensatz zu unternehmensbezogenen Technikbewertungen öffentlich publiziert, leicht verfügbare Datenquelle (vgl. dazu Baron et al. 2003). Diese Einschränkung ist rechtfertigbar, da die Verantwortung eines einzelnen Unternehmens im Allgemeinen nicht der eines staatlichen Engagements in einem gesamten Forschungsfeld wie der Bio- oder Nanotechnologie entspricht. Für ein Unternehmen geht es vielmehr um die Abschätzung und Abwägung von Risiken und Chancen einzelner Technik- und Produktentwicklungen des Unternehmens. Kommen diese im Einzelfall an die Verantwortungsqualität staatlicher Entscheidungen heran, bieten sich abgestimmte und eventuell gemeinsame Initiativen von Unternehmen und öffentlichem Partner an.

Betriebliche und öffentliche Technikbewertung

9.6 Entscheidung

Technikbewertung in der Wirtschaft dient der Vorbereitung strategischer Unternehmensentscheidungen. Die VDI-Richtlinie 3780 hebt die Wichtigkeit einer Entscheidung als Folge der bisher dargestellten Schritte hervor, weshalb sie die Entscheidung ausdrücklich als Element des Technikbewertungsprozesses betrachtet. Dies betont die Notwendigkeit einer Kontinuität von Bewertung zur Entscheidung und unterstreicht die erforderliche Ernsthaftigkeit des Prozesses durch das ausdrückliche Interesse der Unternehmensleitung. Andererseits muss immer wieder auf die strikte Trennung von Bewertung und Entscheidung auch im organisatorischen Sinne hingewiesen werden. Entscheidungen können nicht durch diejenigen getroffen werden, die das Bewertungsverfahren durchführen (ihr Einfluss ist durch die Formulierung der Handlungsempfehlungen bereits erheblich!), sondern gehören auf die Geschäftsführungs- oder Aufsichtsratsebene. Die organisatorische Trennung darf andererseits das Engagement des mit dem Technikbewertungsprozess Betrauten – vor allem bei der Vermittlung der Ergebnisse des Prozesses – keinesfalls schmälern.

9.7 Ausblick und Hinweise auf Methoden

Ziel des Beitrages ist es, dem von der universitären Ausbildung Kommenden eine einführende Hilfestellung zu bieten, wie sich ableitend aus der ihm bereits während des Studiums nahegebrachten Historie der Technikfolgenabschätzung ein Technikbewertungsprozess im Unternehmen ableiten lässt. Eine ausführlichere Darstellung dazu wie auch zur Durchführung von Technologiefrüherkennungsprozessen findet sich in Zweck (2005). Dort ist auch eine ausführliche Darstellung der im Prozess einsetzbaren Methoden einschließlich weiterführender Literaturhinweise zu finden, die im Rahmen dieses Beitrages nicht möglich war. Hier sei nur betont, dass für einen Technikbewertungsprozess zahlreiche sozialwissenschaftliche Erhebungsmethoden sowie je nach Thema relevante naturwissenschaftliche Verfahren und vor allem interdisziplinäre Ansätze grundsätzlich einsetzbar sind. Die VDI-Richtlinie 3780 bietet neben einer Übersicht wichtiger Methoden der Technikbewertung eine Einordnung in die verschiedenen Phasen des Technikbewertungsprozesses sowie eine Klassifizierung ihres qualitativen und quantitativen Charakters. Weiterführende Anregungen dazu bieten Ludwig (1995), Paul (1987) oder Zweck et al. (2004).

Literatur

Albertshauser, U. und N. Malanowski. 2004. Innovations- und Technikanalyse im Management. Perspektiven für die strategische Unternehmensführung. Frankfurt, New York: Campus.

Baron, W., S. Häußler, W. Luther und A. Zweck. 2003. Innovations- und Technikanalyse. Chancen und Barrieren betrieblicher Integration. Frankfurt, New York: Campus.

Baron, W. und A. Zweck. 2003. Innovations- und Technikanalyse für die Wirtschaft. Umwelt und Technik im Gleichklang. Technikfolgenforschung und Systemanalyse in Deutschland. In: Stein, G. (Hrsg.), Umwelt und Technik im Gleichklang. Technikfolgenforschung und Systemanalyse in Deutschland. Berlin, Heidelberg, New York: Springer, 19–31.

BMFT, Bundesministerium für Forschung und Technologie. 1989. Memorandum zur Technikfolgenabschätzung. Bonn.

Collingridge, D. 1980. The Social Control of Technology. London: Milton Keynes: The Open University Press.

Grunwald, A. 2000. Partizipative Technikfolgenabschätzung – wohin? In: TA-Datenbank-Nachrichten, Oktober 2000, 9(3): 3–11.

Harig, H. und C. J. Langenbach (Hrsg.). 1999. Neue Materialien für innovative Produkte. Berlin: Springer.

Ludwig, B. 1995. Methoden zur Modellbildung in der Technikbewertung. Clausthal-Zellerfeld: Papierflieger.

Malanowski, N. und A. Zweck. 2008. Identifikation neuer Themen im Bereich Politikberatung. In: Bröchler, B. und R. Schützeichel (Hrsg.). Politikberatung. Stuttgart: Lucius & Lucius, 299–309.

Malanowski, N., C. P. Krück und A. Zweck (Hrsg.). 2001. Technology Assessment und Wirtschaft. Eine Länderübersicht. Frankfurt, New York: Campus.

Minx, E. und H. Meyer. 1998. Produktfolgenabschätzung im Rahmen des Innovationsmanagements. Voraussetzungen, Vorgehensweise und Erfahrungen. Berlin: Daimler-Benz AG.

Müller, W. 1997. Kreislaufwirtschaftsgesetz und recyclinggerechtes Konstruieren. In: von Westphalen, R. (Hrsg.), Technikfolgenabschätzung als politische Aufgabe. München: Oldenbourg, 448–464.

Pahl, G. 1980. Technikfolgenabschätzung: Eine Herausforderung für die Wissenschaft. In: Forschung, DFG-Mitteilungen 3/1980: 5–19.

Paschen, H. 1986. Technology Assessment – ein strategisches Rahmenkonzept für die Bewertung von Technologien. In: Dierkes, M., T. Peterman und V. von Thienen (Hrsg.), Technik und Parlament. Technik-Folgenabschätzung: Konzepte, Erfahrungen, Chancen. Berlin: Edition Sigma, 21–46.

Paul, I. 1987. Technikfolgenabschätzung als Aufgabe für Staat und Unternehmen. Frankfurt a. M.: Lang.

Ropohl, G., H. Lenk und F. Rapp. 1988. Wertgrundlagen der Technikbewertung. In: von Westphalen, R. (Hrsg.), Technikfolgenabschätzung. München, Wien, 47–73.

Ropohl, G. 1999. Innovative Technikbewertung. In: Bröchler, S. et al. (Hrsg.), Handbuch Technikfolgenabschätzung. Berlin: Edition Sigma, 83–94.

Simonis, G. und R. Droz. 1999. Die neue Biotechnologie als Gegenstand der Technikfolgenabschätzung und Technikbewertung. In: Bröchler, S. et al. (Hrsg.), Handbuch Technikfolgenabschätzung. Berlin: Edition Sigma, 909–934.

Stötzel, M. und W. Baron. 1999. TA-Aktivitäten des Bundesministeriums für Bildung, Wissenschaft, Forschung und Technologie (BMBF) – Stand und Perspektiven. In: Bröchler, S. et al. (Hrsg.), Handbuch Technikfolgenabschätzung. Berlin: Edition Sigma, 509–514.

Verein Deutscher Ingenieure VDI. 1991. VDI-Richtlinie 3780. Düsseldorf.

Weber, J., U. Schäffer, D. Hoffmann und T. Kehrmann. 1999. Technology Assessment. Eine Managementperspektive. Bestandsaufnahme – Analyse – Handlungsempfehlungen. Wiesbaden: Gabler.

Zweck, A. 1993. Die Entwicklung der Technikfolgenabschätzung zum gesellschaftlichen Vermittlungsinstrument. Opladen: Westdeutscher Verlag.

Zweck, A. 2002. Three Perspectives for one Future in Economy and Society. In: Futures Research Quarterly 18(1): 55–66.

Zweck, A. 2001. Technikfolgenabschätzung in der Wirtschaft, kein Gang in die Höhle des Löwen. In: TA-Datenbank-Nachrichten 2001/1: 141–144.

Zweck, A. 2003. Zur Gestaltung technischen Wandels – Integriertes Technologie- und Innovationsmanagement (ITIM) begleitet Innovationen ganzheitlich. In: Wissenschaftsmanagement 2003/2: 25–30.

Zweck, A., U. Albertshauser, W. Baron, M. Braun, C. Krück, G. Reuscher und P. Seiler. 2004. Technikentwicklung: Herausforderungen und Gestaltung Innovations- und Technikanalyse als Plattform für Wirtschaft, Wissenschaft und Politik im Innovationsprozess. Vijlen: Verlag Wechselwirkung.

Zweck, A. 2005. Technologiemanagement – Technologiefrüherkennung und Technikbewertung. In: Schäppi, B., M. Andreasen, M. Kirchgeorg, und F.-J. Radermacher (Hrsg.), Handbuch der Produktentwicklung. München, Wien: Hanser, 169–193.

Zweck, A. 2008. Technikfolgenabschätzung im Kontext einer Theorie innovationsbegleitender Maßnahmen. In: Technikfolgenabschätzung. Theorie und Praxis 2008/1: 109–115.

Zweck, A. 2011. Innovationsbegleitung mit System. Erste Schritte zu einer Theorie innovationsbegleitender Maßnahmen. In: Zeitschrift für Politikberatung 3(3-4): 363–376.

Zweck, A. und E. Cebulla. 2012. Wissensmanagement als Beitrag für eine solidere Zukunftsforschung. In: Koschnik, W. J. (Hrsg.), Prognosen, Trend- und Zukunftsforschung. Focus-Jahrbuch 2012. München: Focus-Magazin-Verlag, 435–452.

Zweck, A. 2012a. Zukunftsthemen erschließen am Beispiel des Vereins Deutscher Ingenieure. In: Popp, R. und Zweck, A. (Hrsg.), Zukunftsforschung und Zukunftsgestaltung. Beiträge aus Wissenschaft und Praxis, Band 3. Berlin, Heidelberg: Springer Verlag im Druck.

Zweck, A. 2012b. Gedanken zur Zukunft der Zukunftsforschung. In: Popp, R. (Hrsg.), Zukunftsforschung und Zukunftsgestaltung. Beiträge aus Wissenschaft und Praxis, Band 2. Berlin, Heidelberg: Springer Verlag im Druck.

Technology Governance   10

Georg Simonis

10.1 Gegenstand

Governanceanalyse beschäftigt sich mit gemeinsamen Problemen individueller und kollektiver Akteure, die im Rahmen von Institutionen bearbeitet werden. Institutionen vermögen das Handeln autonomer und gleichzeitig interdependenter, also voneinander mehr oder weniger wechselseitig abhängiger, Akteure zur Bewältigung gemeinsamer Probleme zu koordinieren (Benz et al. 2007, Mayntz 2009a). Im Zentrum von Technology Governance (TG) stehen daher einerseits Institutionen und Akteure sowie andererseits die Probleme, die bei der Entwicklung, Anwendung und Entsorgung technischer Artefakte (technischer Systeme) entstehen. Demnach interessiert sich eine governanceanalytische Betrachtung von Technologien für

Probleme, Institutionen, Akteure

- jene Probleme eines Gemeinwesen (Interdependenzprobleme), die sich durch den Einsatz technischer Systeme (Technologien) im Verständnis der beteiligten Akteure[1] faktisch oder auch nur vermeintlich besser bewältigen lassen;
- für die verschiedenen Akteure mit ihren unterschiedlichen Zielen, Normen (z. B. Nachhaltigkeit, Vorsorge), Handlungskapazitäten und Strategien;
- das institutionelle Gefüge, in dem sich die Akteure bewegen, das bestimmte Koordinationsformen (hierarchische Anordnung, Markt, Wettbewerb, Kooperation in Netzwerken) und Koordinationsregeln (Prinzipien, Normen, Verfahren) zur Problembearbeitung vorgibt;

Felder der Governanceanalyse

---

[1] Bevor Probleme bearbeitet werden können, müssen sie zuvor von der Gesellschaft mit ihren unterschiedlichen Akteuren als gemeinsame Probleme erkannt worden sein.

- die Art und Weise des Problemlösungshandelns mit seinen Konflikten und Konsensbildungsprozessen;
- den Impact (Effektivität) des Problemlösungshandelns einschließlich dessen Nebenwirkungen sowie
- den Wandel des Institutionengefüges, ausgelöst durch die Reaktionen des Publikums und der Kontrollorgane (Rechenschaftsverpflichtung) sowie jene der betroffenen und beteiligten Akteure auf die Ergebnisse und Leistungsfähigkeit (Effizienz) des Governancesystems.

Aufbau des Beitrags

In dem nachfolgenden Beitrag wird zunächst der Begriff Technology Governance erläutert. Im zweiten Schritt beschäftigt er sich mit der Entstehung des analytischen Konzepts, wobei auf reale Veränderungen im Bereich der Technologiepolitik abgestellt wird. Danach wenden wir uns der theoretischen Betrachtung von Technology Governance zu, wobei ein einfaches Modell zur Analyse von Governancestrukturen vorgestellt wird. Im nächsten Untersuchungsschritt wird das Analysemodell durch die Einbeziehung unterschiedlicher Formen von Governance erweitert. Der Beitrag schließt mit einer Untersuchung der Leistungsfähigkeit von Technology Governance und wie diese durch die verstärkte Nutzung und Entwicklung der verschiedenen Methoden der Technikfolgenabschätzung weiter verbessert werden könnte.

10.2 Begriff

Unterscheidung von Technologiepolitik und

Vom Begriff Technology Governance sind die Begriffe Techniksteuerung und Technologiepolitik zu unterscheiden. *Technologiepolitik* ist ein amorpher, da mehrdeutiger Begriff. Er bezeichnet erstens ein bestimmtes Politikfeld[2], nämlich das Politikfeld, in dem Staaten die Innovation von Technologien fördern und den Umgang mit ihnen bestimmten Regeln unterwerfen (Simonis 2001). Der Begriff bezieht sich zweitens auf das Handeln von Politikern und anderen politischen Akteuren, die sich darüber streiten, welche Technologien gefördert und in welcher Weise vorhandene Technologien genutzt werden sollten. Drittens geht es bei der Technologiepolitik auch um den Erwerb und die Sicherung politischer Macht mittels technischer Systeme (z. B. Waffen und andere Rüstungsgüter). Die genannten Aspekte von Technologiepolitik stehen in einer engen Beziehung zur Governance von Technologien. Ohne Konflikte und Konsensbildungsprozesse, in denen es auch um die Erhaltung und Verteilung gesellschaftlicher Macht geht, ist Technology Governance nicht möglich. Die Governance von Technologien findet immer in einem oder mehreren Politikfeldern (z. B. der

---

2 Die Analyse von Politikfeldern bildet ein eigenständiges, großes Sachgebiet der Politikwissenschaft. Zur Einführung siehe Blum und Schubert 2009; Schneider und Janning 2006.

Energiepolitik, der Umweltpolitik oder der Forschungs- und Innovationspolitik) statt. Dabei stehen im Fokus von Technology Governance gesellschaftliche Probleme, die erstens durch die Entwicklung technischer Innovationen besser gelöst werden können, die zweitens durch die reale Nutzung von Technologien als unerwünschte Nebenwirkungen verursacht werden und die daher beseitigt werden sollten und die drittens bei der zukünftigen Nutzung von Technologen mit einer gewissen Wahrscheinlichkeit entstehen könnten, die aber vermieden werden sollen.

Politische Techniksteuerung bezeichnet den Sachverhalt, dass politische Handlungsträger, in erster Linie politisch legitimierte Regierungen, sich damit beschäftigen, die Entwicklung und Ausprägung technologischer Systeme entsprechend politischer Ziele[3] und Normen zu fördern (Werle 2001, Simonis 1993, Seeger und Kubicek 1993). Das Objekt – die Technologie – soll gemäß den Zielvorstellungen des staatlichen Subjekts – kurz: einer Regierung – entwickelt und verfügbar gemacht werden. Techniksteuerung beruht auf politischen Konzeptionen, die einerseits staatlichen Aktivitäten und andererseits technischen Artefakten (Technologien) als Instrumenten zur direkten oder indirekten Umsetzung staatlicher Ziele einen großen Stellenwert beimessen. Der moderne Staat betreibt Techniksteuerung mit unterschiedlichen Zielen, um im internationalen Konkurrenzkampf zu bestehen, seine Verteidigungsfähigkeit zu gewährleisten, seine innere Sicherheit zu stärken, aber auch um die Wohlfahrt seiner Bürgerinnen und Bürger durch die Förderung von Gesundheits-, Umwelt-, und Infrastrukturtechnologien und deren breiter Nutzung direkt zu steigern. Dieser instrumentelle Blick auf Technik im theoretischen wie politisch-praktischen Ansatz der Techniksteuerung wird vom Konzept der Technology Governance nicht geteilt. Das Konzept der Governance von Technologien stellt vorrangig auf die Institutionen sowie deren Leistungsfähigkeit zur Problembewältigung, gemessen an Kriterien wie Effektivität, Effizienz, Nachhaltigkeit, Legitimität, Akzeptanz und normative (rationale) Akzeptabilität, ab.

politischer Techniksteuerung

Die Beziehungen der drei Begriffe und sie unterfütternden Konzepte lassen sich in einem einfachen Dreieck veranschaulichen, an dessen Spitze immer der Begriff steht, dem gerade das Interesse gilt.

Politische Technology Governance[4] erzeugt und nutzt das institutionelle Arrangement eines Governancesystems als Rahmenbedingung für Technik-

Erläuterung von Abbildung 8

---

3 Häufig werden missionsorientierte Ziele von diffusionsorientierten Zielen unterschieden (vgl. Ergas 1987; Cantner und Pyka 2001). Für die Bundesrepublik Deutschland konnten Cantner und Pyka (2001) zeigen, dass der Anteil der missionsorientierten FuE-Ausgaben im Verhältnis zu den diffusionsorientierten FuE-Ausgaben seit den 70er Jahren kontinuierlich gesunken ist.

4 Das Governancekonzept wird auch von der sozialwissenschaftlichen (soziologischen) Technikforschung verwendet. Diese Forschungsrichtung untersucht technische Artefakte als soziale Konstruktionen (Phänomene). Sie beschäftigt sich mit der Entstehung von technischen Artefakten, die sie als sozio-technische Systeme begreift. Aus der Perspektive

Abbildung 8 Technologiedreieck

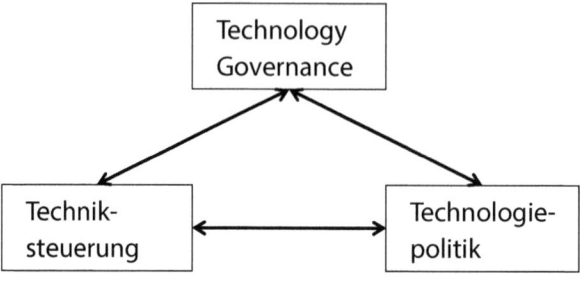

Quelle: Eigene Darstellung

steuerung und Technologiepolitik. Ihrerseits beeinflussen Technologiepolitik und Techniksteuerung die Formen und die Leistungsfähigkeit von Technology Governance. Ohne Technologiepolitik würden Techniksteuerung und Technology Governance gar nicht stattfinden oder mangels technologischer Konflikte leer laufen. Zwischen Techniksteuerung und Technology Governance besteht ein dilemmatisches (unauflösliches) Spannungsverhältnis. Techniksteuerung, auch wenn sie noch so intelligent und strategisch informiert angelegt ist, wirkt mit an der Erzeugung jener Probleme, die von dem System der Technology Governance zu beheben sind. Und umgekehrt, Technology Governance ist zur Bewältigung technikbedingter Probleme auf die Förderung von Technologien, also auf Techniksteuerung, angewiesen.

10.3 Institutionalisierung von Technology Governance

Theoretischer Perspektivwechsel als Folge ...

Die analytische Perspektive, die das Konzept der politischen Technology Governance eröffnet, hat sich erst seit wenigen Jahren entwickelt und sich gleichermaßen als wissenschaftlich wie auch politisch-administrativ fruchtbar erwiesen. Der theoretische Perspektivwechsel wurde durch reale Veränderungen in der Innovationspolitik sowie im gesellschaftlichen Umgang mit Technik und ihren Folgen vorbereitet. Dabei haben u. a. die folgenden Faktoren eine Rolle gespielt (siehe Dolata 2006, Meyer-Krahmer 2005, Edler und Kuhlmann 2005):

1. des Scheiterns einiger Großprojekte;

Viele technologische Großprojekte (Weyer 2005), die mit beträchtlichen Summen staatlich gefördert wurden, erwiesen sich als technologisch zu aufwän-

---

der Analyse sozio-technischer Systeme bezeichnet das Governancekonzept die formellen und informellen, aber institutionalisierten Regeln, die auf die Entwicklung sozio-technischer Systeme einwirken (vgl. Kuhlmann 2010, Dolata 2011, Rip 2012).

dig (z. B. der Schnelle Brüter[5] oder GROWIAN[6], die große Windkraftanlage der frühen 1980iger Jahre), als unwirtschaftlich und sozio-ökonomisch nicht integrierbar (z. B. der Transrapid) oder es fehlte an dauerhafter breiter Akzeptanz (zivile Nutzung der Kerntechnologie). Um die staatliche Steuerungsfähigkeit von neuen Technologien und sozio-technischen Systemen zu erhöhen, wurden neue Methoden zu deren Verbesserung entwickelt[7]. Die nicht-intendierten, vom Staat und den Unternehmen nicht vorhergesehenen, aber unerwünschten Nebenwirkungen technologischer Großprojekte, insbesondere der Atomtechnologie, sollten u. a. durch den Aufbau einer umfangreichen Sicherheitsforschung sowie die Entwicklung von Methoden der Technikfolgenabschätzung frühzeitig erkannt werden, um die neue Technologie entsprechend auszulegen. Außerdem sollten begleitende Instrumente der Techniksteuerung (Gutachten von Experten, Information der betroffenen Bevölkerung) die Akzeptanz der politisch beförderten und finanzierten Großtechnologien in der breiten Öffentlichkeit und relevanter Stakeholder sichern. Jedoch wurden diese Ziele immer nur ansatzweise erreicht und in prominenten Fällen, wie der Atomtechnologie und dem Transrapid, gänzlich verfehlt. Die staatliche Inszenierung, Planung und Realisierung technologischer Großprojekte wie auch die umfangreiche Förderung von speziellen risikoreichen Zukunftstechnologien, u. a. der Gentechnologie oder der Nanotechnologie, erwies sich für den Staat selbst als risikoreich, da er das dafür erforderliche Wissen über die Entwicklung der Technologien und ihrer Risiken, über den gesellschaftlichen Bedarf (die Märkte) und die zukünftigen Wertvorstellungen und Einstellungen in der Gesellschaft nicht besitzt. Zwar lassen sich die Grenzen des Nichtwissens durch die Entwicklung und Nutzung neuartiger Instrumente der Zukunftsforschung (u. a. Technology intelligence, Technology foresight, Technology forecasting, Technology roadmapping, auch

---

5   Im niederrheinischen Kalkar wurde 1985 ein Kernkraftwerk vom Typ „Schneller Brüter" fertiggestellt, aber aufgrund immer stärker werdender Proteste gegen die Kernenergie im Allgemeinen und Zweifel an der Beherrschbarkeit der Brütertechnologie nicht mit einem Reaktorkern versehen. Der GAU von Tschernobyl 1986 war der endgültige Todesstoß für das Projekt, das 1991 endgültig eingestellt wurde. In einer der größten Investitionsruinen Deutschlands befindet sich mittlerweile ein Freizeitpark (s. http://de.wikipedia.org/wiki/Kernkraftwerk_Kalkar).

6   Die Große Windenergieanlage ging 1983 als Prestigeprojekt des Bundesforschungsministeriums in Betrieb, kostete den Steuerzahler rund 54 Millionen Euro und wurde nach „einer nicht endenden Pannenserie und Rissen an den Rotorblättern" und insgesamt nur 420 Stunden Laufzeit 1987 wieder stillgelegt (Welt Online 23.08.2007). Erst die „Miniaturisierung" der Anlagen brachte der Windenergie den Durchbruch. Die Großtechnologie erwies sich zum damaligen Zeitpunkt als (noch) unbeherrschbar. Aktuell erleben wir in Frankreich wieder eine ähnliche – und für die französische Technologiepolitik nicht untypische – Situation. Dort wird in der Loiremündung seit März 2012 von einem EDF-Konsortium, das drei von vier Ausschreibungen der französischen Regierung gewinnen konnte, eine 6-MW-Anlage (Haliade 150) getestet (vgl. VDI-Nachrichten, 03.08.2012).

7   Die Beiträge in diesem Band geben einen Überblick über die Vielzahl von methodischen Ansätzen, die Governance der Innovationspolitik zu verbessern.

Technology assessment) herausschieben, überwinden lassen sie sich aber nicht (vgl. Rader 2011).

2. der staatskritischen Debatte, ob Technikförderung eine Staatsaufgabe ist;

Die Erfahrungen über die beschränkte staatliche Steuerungsfähigkeit wurden von einem zweiten Argumentationsstrang aufgegriffen und kritisch verschärft, indem gefragt wurde, ob die staatliche Technikförderung überhaupt eine Aufgabe des Staates sei und wie sie sich begründen ließe. Als Ergebnis dieser liberalen und staatskritischen Debatte ergab sich, dass Technologiepolitik (Technikförderung, Technikregulierung) dann als staatliche Aufgabe zu gelten habe, wenn sie ein Öffentliches Gut erzeugt, das durch Private nicht oder nur in zu geringem Umfang hergestellt wird. Das gilt offenkundig für den ganzen Bereich der Grundlagenforschung, die von grundsätzlich interessierten Unternehmen nicht durchgeführt wird, da die nicht forschenden Mitkonkurrenten als Trittbrettfahrer profitieren würden. Dies trifft auch für die anwendungsbezogene Forschung und Technologieentwicklung zu, die technologisches Wissen erzeugen, das von rational kalkulierenden Unternehmen nicht bereitgestellt wird, da dessen Generierung die finanziellen und/oder die wissenschaftlich-technologischen Kapazitäten einzelner Unternehmen übersteigt. Ein ganz besonderes Öffentliches Gut bildet in diesem Zusammenhang die Innovationfähigkeit von Wirtschaft und Gesellschaft, also die Fähigkeit einer Gesellschaft, innovative Produkte und Verfahren zu erzeugen, die auf dem Weltmarkt nachgefragt werden und die möglichst auch noch eine hohe nationale Wertschöpfung besitzen. Die Aufgabe von Technology Governance besteht aus diesem Blickwinkel in der Sicherung und Steigerung der Innovationsfähigkeit einer Gesellschaft als einem Öffentlichen Gut, das von der Privatwirtschaft nicht bereit gestellt werden kann. Soweit öffentliche (staatliche) Aufwendungen für Forschung und Entwicklung (Technologie) der Stärkung der Innovationsfähigkeit dienen, sind sie daher ordnungspolitisch zulässig. Aus dieser Perspektive wird Technikförderung (Techniksteuerung) transformiert in Innovationsförderung und zu einem legitimen Ziel (Problem) von Technology Governance (Legler und Krawczyk 2009, Bundesministerium für Bildung und Forschung 2010). Da das wirtschaftliche Wachstum und der erreichte gesellschaftliche Wohlstand von der Innovationskraft einer Gesellschaft deutlich beeinflusst werden (vgl. Abbildung 9), hat sich zwischen den entwickelten Industrie- und den aufsteigenden Schwellenländern (China, Indien) ein Wettlauf um die Beherrschung wichtiger Zukunftstechnologien ergeben.

3. der Verbindung bzw. Beseitigung von Nebenwirkungen der Innovationen

Ein dritter Faktor, der in der Öffentlichkeit und in der Politik Interesse für die Etablierung von Governancestrukturen im Bereich der Technologiepolitik[8] hat entstehen lassen, sind die von der breiten Nutzung technischer Systeme erzeugten gefährlichen Nebenwirkungen. Um diese zu beseitigen oder erst gar nicht entstehen zu lassen, wurden in den letzten Jahrzehnten neue Governancestrukturen in vielen Funktionsbereichen, vor allem in den Bereichen des Um-

---

8 Hier verstanden als Politikfeld.

Abbildung 9 Zusammenhang zwischen FuE und Wirtschaftswachstum in wichtigen Industrieländern in den Jahren 1994–2008*

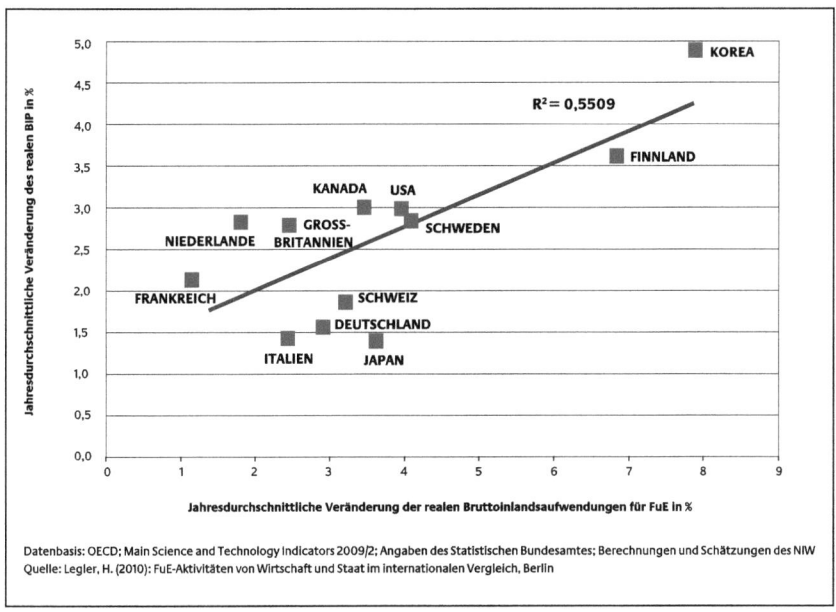

Quelle: Bundesbericht Forschung und Innovation 2010, S. 17.
* Niederlande, Schweiz, Japan und Korea: 1994–2007

weltschutzes, der Gesundheit, des Arbeitsschutzes, der Reproduktion, des Datenschutzes, der Sicherheit von Infrastruktursystemen (Verkehr, Energie) etc., aufgebaut. In allen diesen Politikfeldern wurden institutionalisierte Vorkehrungen (Errichtung von Governancesystemen) getroffen, um unerwünschte Nebenwirkungen der Technologie intensiven Zivilisation zu begrenzen. Zur Aufgabe von Technology Governance wurde die Bewältigung der Probleme, die von den wissenschaftlich-technischen Lebens- und Arbeitsformen selbst erzeugt werden. Da die Problembeseitigung überaus kostspielig ist, wird die Problemvermeidung zu einem zentralen, allerdings überaus voraussetzungsvollen und komplexen Handlungsfeld von Technology Governance. Durch die Verbesserung der Technik sollen entstandene Schäden behoben und neue Schäden und Gefährdungen vermieden werden. Im Zeitalter der reflexiven Modernisierung, wie der Soziologe Ulrich Beck (Beck et al. 1996, Beck und Bonß 2001, Beck 2006) unsere heutige Epoche bezeichnet hat, in der immer mehr staatliche und zivilgesellschaftliche Einrichtungen und Akteure damit beschäftigt sind, unerwünschte Nebenwirkungen der Nutzung technischer Systeme zu bearbeiten, ist Technology Governance zu einer Kernfunktion staatlicher Politik aufgestiegen, mit der die Kontrolle und Regulierung sozio-technischer Systeme sowie die Förderung von Innovationen mit weniger Nebenwirkungen zu festen Bestandteilen staatlicher Aufgaben wurden.

Ausdifferenzierung der Governancestruktur

In den 70iger und 80iger Jahren des vergangenen Jahrhunderts vollzog sich im Politikbereich der deutschen Technologiepolitik, wie auch in anderen Ländern der heutigen Europäischen Union, eine zunehmende Ausdifferenzierung der Governancestruktur. Dafür gab es mehrere Gründe, wie den Ausbau der rechtlichen Kompetenzen und organisatorischen (Geld, Personal) Kapazitäten für Technologieprogramme auf der europäischen Ebene, die Stärkung der regionalen und lokalen technologiepolitischen Aktivitäten als neue oder ergänzende Instrumente der Wachstums- und Beschäftigungspolitik, den verstärkten Aufbau technologischer Kapazitäten in unterschiedlichen Politikfeldern (z. B. Umwelt, Landwirtschaft, Entwicklungszusammenarbeit) sowie die zunehmende betriebliche wie auch überbetriebliche Beteiligung einzelner Stakeholdergruppen, vor allem der Beschäftigten und ihrer Gewerkschaften, an der Gestaltung einzelner sozio-technischer Systeme (Projekte im Bereich der Humanisierung der Arbeit, Einführung und Anwendung der Informations- und Kommunikationstechnologie). Ein wichtiges Ergebnis dieser Erweiterung der technologiepolitischen Aktivitäten im Prozess der reflexiven Modernisierung war, dass sich funktional unterschiedliche Governanceregime herausbildeten, in denen zwar auch Technologien gesteuert (gefördert, reguliert) werden, die aber jeweils eigene problemspezifische Aufgaben zu lösen haben, wie z. B. die Zulassung von gentechnologischem Saatgut, das Monitoring der Nutzung der grünen Gentechnologie oder die Förderung von CO_2-armen Technologien zur Umsetzung von Verpflichtungen des internationalen/europäischen Klimaregimes.

Zusammenfassung

Zusammenfassend kann festgehalten werden: Die Defizite traditioneller Techniksteuerung, so insbesondere von zu optimistischen Förderprogrammen bei gleichzeitiger Durchtechnisierung der modernen Gesellschaft als Folge des technologischen Fortschritts einerseits wie der Bekämpfung seiner Nebenwirkungen mit technischen Verfahren und Instrumenten andererseits, haben ein funktional differenziertes Governancesystem entstehen lassen, in dem im Rahmen zahlreicher, mehr oder weniger autonomer Teilsysteme die Chancen und die Risiken sowie die nicht intendierten Folgen moderner Technologien bearbeitet werden. Dieses System wirft in einem formal analytischen Sinne zwei Typen von Governanceproblemen auf. Erstens hat jedes Teil- oder Subsystem – wir sprechen von Governanceregimen – sein ihm eingeschriebenes Problem zu bearbeiten, was mehr oder weniger erfolgreich, gemessen an Kriterien wie seiner Effektivität, Effizienz, Kontrolle, Legitimität und Lernfähigkeit, geschehen kann. Das zweite Problem, das sich als Problem der Metagovernance[9] bezeichnen lässt, bezieht sich auf die Wechselwirkung und das Zusammenwirken der autonomen Teilsysteme. Die verschiedenen Teilsysteme können sich behindern, aber auch

---

9   Zum Konzept der Metagovernance siehe Jessop 2002.

ergänzen, wodurch ihre Leistungsfähigkeit gesteigert wird. Damit Blockaden vermieden werden, ist Metagovernance erforderlich. Ein wichtiges Instrument zu ihrer Förderung besteht in der Vorgabe von handlungsanleitenden Prinzipien, die den Charakter von Normen, an denen sich alle Teilsysteme zu orientieren haben, besitzen. Dabei haben sich einige basale Prinzipien im Bereich der Technology Governance etablieren können, wie insbesondere die Nachhaltigkeit sozio-technischer Systeme und deren Demokratieverträglichkeit, das Vorsorgeprinzip, das Prinzip der informierten Einwilligung und das Prinzip der Fehlerfreundlichkeit.

Durch die gesellschaftliche, politische und rechtliche Anerkennung dieser und ähnlicher Prinzipien als handlungsleitende Normen für Technology Governance wurde die Techniksteuerung – zumindest teilweise – entpolitisiert und dem Willen des handelnden staatlichen Subjekts entzogen. Der staatliche Voluntarismus, der weiterhin existiert, wird in einem konfliktreichen und mit Rückschlägen gepflasterten globalen Lernprozess an die Einhaltung von Prinzipien mit Normencharakter gebunden. Die Überprüfung, ob die Normen der Techniksteuerung im Rahmen der Technology Governance eingehalten werden, ist allerdings eine höchst voraussetzungsvolle Aufgabe, die nur inter- und transdisziplinär zu bewältigen ist und beachtliche Forschungs- und Wissenskapazitäten voraussetzt.

10.4 Analysemodell

Governanceanalyse bezieht sich auf Institutionen. Sie interessiert sich für Institutionen, die mehr oder weniger autonome, aber interdependente Akteure zur Bewältigung gemeinsamer Probleme zu koordinieren vermögen (siehe Benz et al. 2007). Im Zentrum von Technology Governance stehen aus dieser Perspektive Institutionen und Akteure, die Probleme bearbeiten, die bei der Entwicklung, Nutzung, gesellschaftlichen Diffusion und Entsorgung technischer Systeme auftreten (Bröchler 2007, Bröchler 2008, Bröchler 2010). An Technology Governance sind alle großen gesellschaftlichen Teilsysteme: Wissenschaft, Kultur, Wirtschaft, Politik und Gesellschaft beteiligt. Wir können einen weiteren und einen engeren Begriff von Technology Governance unterscheiden. In einem weiteren Sinne kann das „Zusammenwirken von Unternehmen, Wissenschaft, Staat und Gesellschaft für die Entwicklung und Nutzung technischer Systeme" (Bröchler 2010: 63) als Technology Governance verstanden werden. Im Blickpunkt dieses weiteren Konzepts stehen technische Systeme (Technologien, Produkte, Verfahren), wobei zu erklären versucht wird, wie diese Artefakte entstehen und sich im Kontext, also in der Interaktion mit der Gesellschaft, entwickeln. Politische Faktoren der Förderung und Prägung der technischen Artefakte spielen dabei zwar eine Rolle, aber eine Rolle neben vielen anderen Einflussfaktoren.

Weit gefasster TG-Begriff

Eng gefasster TG-Begriff

Im Zentrum dieses Kapitels steht dagegen ein engerer Begriff von Technology Governance, der aus einer politikwissenschaftlichen Perspektive danach fragt, in welcher Weise das politische Gemeinwesen – der Staat – auf die Innovation von Technologien sowie deren Gestaltung und Nutzung einwirkt. Hier beschäftigt uns die Wirkmächtigkeit der Politik im Reich der Technologien, konkret von einzelnen Staaten, insbesondere natürlich von Deutschland, im Vergleich zu anderen Staaten, von einzelnen staatlichen Handlungsebenen (internationale Regime und Organisationen, Europäische Union, zentralstaatliche Ebene, regionale und lokale Ebene), von unterschiedlichen Regulierungsformen sowie von Konstellationen politischer Akteure im Verhältnis zu Akteuren aus Wissenschaft, Wirtschaft und Gesellschaft. Zur Untersuchung dieser enormen Vielfalt realer Erscheinungsformen von Technology Governance bietet sich ein methodisches (analytisches) Vorgehen an, das im ersten Untersuchungsschritt ein einfaches, dafür aber breit anwendbares, Analysemodell eines Governancesystems entwirft, das dann in nachfolgenden Schritten konkretisiert, d. h. dem jeweiligen Realitätsausschnitt, der betrachtet werden soll, angepasst wird.

Rule maker und Rule taker

In Orientierung an Arbeiten von Streeck/Thelen (2005), Streeck (2009) und Keohane/Victor (2010) lässt sich politische Technology Governance als ein spezieller politischer Regimekomplex, der aus verschiedenen Teilregimen besteht, verstehen. Institutionalisierte und politisch legitimierte Handlungsprogramme koordinieren und steuern zur Bearbeitung gemeinsamer Probleme das Handeln von Akteuren, die als *Rule taker* klassifiziert werden (vgl. Abbildung 10). Von der Akteurgruppe der *Rule taker* sind die *Rule maker* zu unterscheiden, die die Regeln, nach denen sich die *Rule taker* zu richten haben, formulieren. Bestimmte *Rule taker* sind auch als *Rule maker* tätig. Jedoch sind alle *Rule maker* auch *Rule taker,* gleichwohl gelten für sie nicht alle Normen gleichermaßen. Da die Spielregeln des Regimekomplexes, der sich auch als Governancesystem bezeichnen lässt, auf der nationalstaatlichen Ebene von allen Akteuren – jedenfalls im Normalfall – eingehalten werden, ist dessen Legitimität im Kern unstrittig. Die Akteure bewegen sich in einem gemeinsamen sozio-politischen Kontext, in dem legal zustande gekommene Entscheidungen befolgt werden. Das Schema der Abbildung 10 abstrahiert von allen Teilregimen und beschränkt sich auf die Wiedergabe grundlegender Funktionselemente.

Umfeldprobleme

Die Struktur des Regimes zur Governance technischer Artefakte hat eine gewisse Ähnlichkeit mit einem kybernetischen Regelkreis, der einen bestimmten Zustand seiner Umwelt stabilisiert (Deutsch 1969). Im Zentrum technologischer politischer Governance stehen Umfeldprobleme, die als öffentliche Aufgaben definiert werden und die mit Hilfe sozio-technischer Instrumente, denen vernachlässigbare Nebenwirkungen zugeschrieben werden, lösbar erscheinen. Allerdings wurden nicht wenige der öffentlichen Aufgaben, für deren Bewältigung heute technische Innovationen erforderlich sind, selbst erst durch die Nutzung technische Artefakte und Verfahren erzeugt. Technology Governance

Abbildung 10   Strukturschema politischer Technology Governance

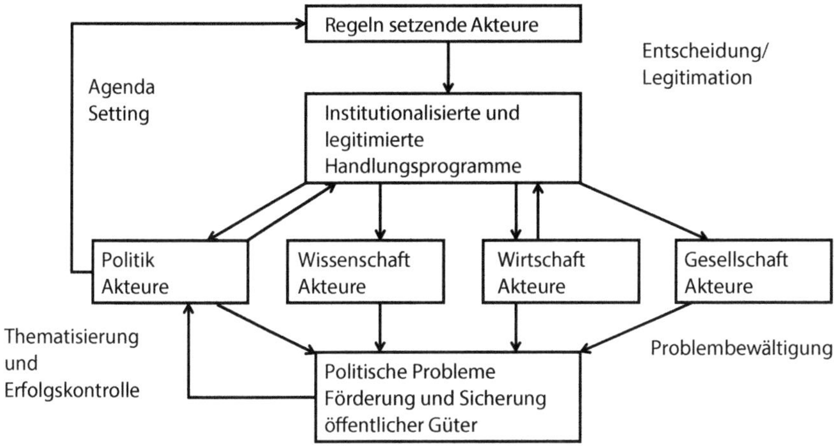

```
                    ┌──────────────────────────┐
         ┌─────────▶│   Regeln setzende Akteure│
         │          └────────────┬─────────────┘     Entscheidung/
  Agenda │                       │                   Legitimation
  Setting│          ┌────────────▼─────────────┐
         │          │ Institutionalisierte und │
         │          │ legitimierte             │
         │          │ Handlungsprogramme       │
         │          └──┬──────┬────▲────┬──────┘
         │             │      │    │    │
         │   ┌─────────┘  ┌───▼────┴─┐  └────────┐
         │   │            │          │           │
      ┌──┴───┴──┐  ┌──────▼───┐  ┌──▼──────┐  ┌──▼────────┐
      │ Politik │  │Wissen-   │  │Wirtschaft│ │Gesellschaft│
      │ Akteure │  │schaft    │  │ Akteure  │ │ Akteure   │
      │         │  │Akteure   │  │          │ │           │
      └────▲────┘  └────┬─────┘  └──────────┘ └─────┬─────┘
           │            │                            │
Thematisierung          │                          Problembewältigung
und                     ▼
Erfolgskontrolle  ┌──────────────────────┐
           └──────│ Politische Probleme  │
                  │ Förderung und Sicherung
                  │ öffentlicher Güter   │
                  └──────────────────────┘
```

Quelle: Eigene Darstellung.

verlangt die Beobachtung (Monitoring) des sozialen, ökonomischen und ökologischen Umfeldes.

Ein Governancesystem kann nur funktionieren, wenn erstens die zur Problembewältigung aufgelegten (institutionalisierten) Handlungsprogramme hinsichtlich des Umfangs der von ihnen ermöglichten und erreichten Problembewältigung irgendwie überprüfbar sind, und wenn zweitens die Leistungen des Governancesystems an die *Rule maker* zurückvermittelt werden. Dies sind keine einfachen Bedingungen, da häufig nicht leicht zu ermitteln ist, ob Veränderungen im Problemfeld durch politische Handlungsprogramme oder durch andere Faktoren ausgelöst wurden. Außerdem interessieren sich die *Rule maker*, falls zwischenzeitlich andere Themen (Probleme) die aktuelle politische Agenda bestimmen, nur randständig für die Leistungen und Versäumnisse früherer Akteure. Schließlich ist auch die Annahme gewagt, dass *Rule maker* an der Lösung von Sachproblemen ein echtes Interesse haben. Sie sind eher damit beschäftigt, ein drängendes Problem politisch zu lösen, in dem eine Entscheidung herbeigeführt wird, die das Problem von der Agenda aktueller Themen verschwinden lässt. Die Sachdimension ist dabei häufig zweitrangig. Daher ist der Einbau von Kontrollmechanismen, die unabhängig vom politischen Willen der Entscheider (*Rule maker*) Rückmeldungen über die Leistungen des Governancesystems geben, von großer Bedeutung für die Sicherung der Funktionalität institutionalisierter Governance.

Funktionsbedingungen

Die Verwendung des Begriffs des Regimekomplexes zur Bezeichnung des Systems der politischen Governance von Technologien macht darauf aufmerksam, dass die nationalen Governancestrukturen, die wegen der Globalisierung zunehmend in europäische und internationale Technikregime eingebettet

Verbundene, interagierende Regime

sind, aus mehreren, miteinander verbundenen und interagierenden Regimen bestehen. Als Beispiel kann auf das deutsche System der Technology Governance hingewiesen werden, das seit den Reformbemühungen der großen Koalition (2005–2009) verstärkt problemorientiert ausgerichtet ist. Für die nationale Aggregationsebene weist der Bundesbericht Forschung und Innovation 2010 (Bundesministerium für Bildung und Forschung 2010), mit dem die Bundesregierung in etwa vierjährigem Abstand über den Leistungsstand des deutschen Innovationssystems berichtet, fünf Bedarfsfelder im Sinne globaler Herausforderungen, die von der deutschen Hightech-Strategie 2020 fokussiert werden, aus: Klima/Energie, Gesundheit/Ernährung, Mobilität, Sicherheit und Kommunikation. Die Hightech-Strategie soll die nationale Innovationsstrategie auf die Bedürfnisse der Menschen ausrichten: „So wird zur Lösung der drängenden globalen Probleme unserer Zeit beigetragen. Gleichzeitig werden die Megamärkte des 21. Jahrhunderts adressiert." (ebd., S. 21). Um auf diesen Megamärkten, von denen erwartet wird, dass sie einen Beitrag zur Erleichterung drängender Menschheitsprobleme leisten, präsent zu sein, werden (1) Schlüsseltechnologien gefördert, (2) Querschnittsthemen bearbeitet und (3) Rahmenbedingungen verbessert. An der Bewältigung dieser Aufgaben sind Organisationen (kollektive Akteure) als *Rule taker* aus Politik, Wirtschaft, Wissenschaft und Gesellschaft, die in jeweils unterschiedlichem Umfang auch als Entscheider *(Rule maker)* an dem Zustandekommen der Regelwerke mitwirken, beteiligt (vgl. Abbildung 11).

Abbildung 11 Akteure des deutschen Forschungs- und Innovationssystems

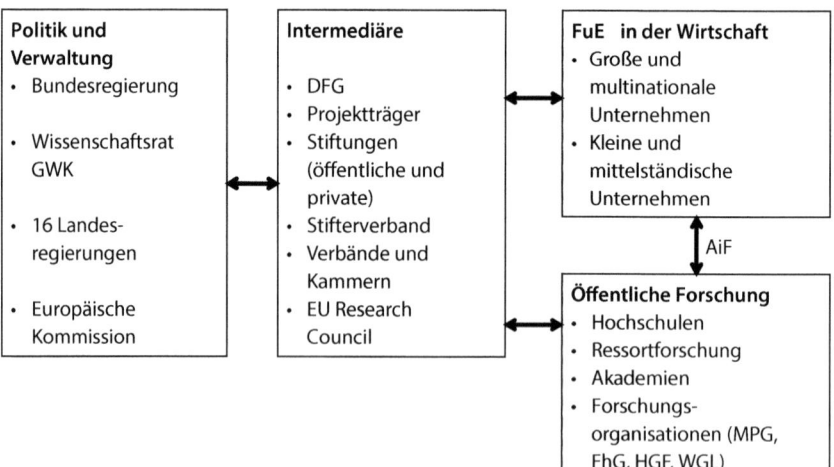

Quelle: Bundesbericht Forschung und Innovation 2010, S. 39, nach VDI/VDE-IT (AiF = Arbeitsgemeinschaft industrieller Forschungsvereinigungen, MPG = Max-Planck-Gesellschaft, FhG = Fraunhofer-Gesellschaft, HGF = Helmholtz-Gemeinschaft Deutscher Forschungszentren, WGL = Wissenschaftsgemeinschaft Gottfried Wilhelm Leibniz, DFG = Deutsche Forschungsgemeinschaft, GWK = Gemeinsame Wissenschaftskonferenz).

Die rechtlichen Grundlagen für die Ausgestaltung der institutionellen Struktur deutscher Technology Governance, die *Rule taker* und *Rule maker* integriert, wurden mit dem Grundgesetz (1949), den deutschen Länderverfassungen und dem die europäischen Verträge überwölbenden Vertrag von Lissabon (2010) geschaffen. Neben der Governancestruktur der Forschungs- und Innovationsförderung, deren rechtliche Vorgaben sich dem Bundesbericht Forschung und Innovation 2010 (S. 43 ff.) entnehmen lassen, gehören alle Politikbereiche, in denen über die Nutzung technischer Systeme entschieden wird, als Teilregime dem Regimekomplex Technology Governance an. Zu erwähnen sind insbesondere die Technik intensiven Politikfelder der Bereiche Gesundheit, Energie, Umwelt und Mobilität. Die in Deutschland vom Bundesministerium für Bildung und Forschung federführend verantwortete Förderung von Forschung und Innovationen ist somit aus einer problemorientierten Governanceperspektive eine Querschnittsaufgabe, zu deren Erfüllung die meisten Ministerien beitragen.

<small>Rechtliche Grundlagen</small>

Sofern nicht das nationale Governancesystem insgesamt interessiert, weil dessen Innovationskraft und Leistungsvermögen überprüft werden soll, empfiehlt es sich, orientiert an der zu untersuchenden Fragestellung, den Regimekomplex zu desaggregieren und ein spezielles Teilregime genauer zu betrachten. Das könnte beispielsweise das internationale Ozon-Regime sein, in dessen Rahmen die Verwendung von FCKW global geregelt wird (Breitmeier 1997), oder das europäische Regime zur Kontrolle und Zulassung gentechnisch veränderter Organismen für die medizinische, landwirtschaftliche oder industrielle Nutzung, das jeweils Chancen und mögliche Risiken abzuwägen hat und das eine institutionalisierte Mehrebenenstruktur[10] (europäische, nationale, regionale Ebene) besitzt (Saalbach 2008, Dolata 2006). Die beiden angegebenen Beispiele sollen nochmals darauf hinweisen, dass in der heutigen globalisierten Welt Technology Governance auch auf der europäischen und internationalen Ebene stattfindet.

<small>Analyse von Teilregimen</small>

Das Analysemodell ermöglicht auch, den Wandel von Technology Governance zu erfassen. Dabei stehen die Akteure im Mittelpunkt. Sie definieren die Probleme, die von den bestehenden Institutionen und Handlungsprogrammen unzureichend bearbeitet werden. Institutioneller Wandel kann schnell und breitflächig, wie in Deutschland 2011 nach der Havarie von Fukushima mit der abrupt eingeleiteten Energiewende, oder inkrementell, also in kleinen Schritten und konzentriert auf wenige Nischen, erfolgen. Zur Erklärung des Wandels technologischer Regime gibt es eine umfangreiche Literatur (stellvertretend die Beiträge in Decker 2012). Aus der Perspektive der politischen Technology Governance interessiert an diesem Forschungsfeld insbesondere die Frage, ob der Wandel ein emergentes Phänomen ist, das sich aus den vielen Interaktionen der beteiligten Akteure, mehr oder weniger also hinter deren Rücken, heraus-

<small>Wandel von Technology Governance</small>

---

10 Zur Analsye von Politik in Mehrebenensystemen vgl. den Überblick von Arthur Benz (2009).

bildet, oder ob die staatlichen Akteure in der Lage sind, die Entwicklung nachhaltig zu beeinflussen und eine am Gemeinwohl orientierte Problembewältigung durchzusetzen.

10.5 Formen

Phasen der Technologieentwicklung

Politische Technology Governance erfolgt in allen „Lebensphasen" der Entwicklung einer Technologie. Hierbei werden drei Phasen unterschieden: Invention/Innovation, Nutzung/Anwendung und Entsorgung. In allen drei Stadien kann über fördernde, regulierende, kontrollierende oder infrastrukturorientierte Maßnahmen (Governancemodi) auf die Art der Entwicklung und die sozio-ökologische Gestaltung einer Technologie Einfluss genommen werden. Als Ergebnis bildet sich ein von vielen Faktoren, u. a. der Nachfrage, den Angebots- und Produktionsbedingungen, der gesellschaftlichen Zustimmung und Unterstützung sowie und vor allem der institutionalisierten Governancestruktur, beeinflusster Technologiepfad mit jeweils eigensinnigen Innovations-, Anwendungs- und Entsorgungsregimen heraus. Analytisch ergibt sich eine Zwölf-Felder-Tafel der Technology Governance. Jedes Feld bildet einen regimeprägenden Teilaspekt, eine Substruktur, einer umfassenden Governancestruktur ab, die neben der Förderung und den Aufbau technischer Infrastrukturen auch die gesellschaftliche Regulierung und soziale Einbettung technischer Systeme sowie deren Überwachung und Kontrolle zur Aufgabe hat (vgl. Abbildung 12).

Erläuterung von Abbildung 12

Das Schema „Handlungsfelder politischer Technology Governance" hat analytischen Charakter. Es soll und kann nur auf die prinzipiell möglichen Substrukturen politischer Technology Governance, die auf die Ausprägung eines sozio-technischen Regimes sowie auf die gesellschaftliche Technology Governance einzuwirken vermögen, aufmerksam machen. In jedem konkreten Fall werden einige Elemente eine herausragende Bedeutung haben, während andere schwächer oder gar nicht ausgebildet (institutionalisiert) sind. Das Schema soll helfen, Governanceprobleme, die im Rahmen der drei, den Lebenszyklus eines

Abbildung 12 Handlungsfelder politischer Technology Governance

	FuE-Förderung/ öffentliche Nachfrage	Regulierung/ Einbettung	Überwachung/ Kontrolle	Infrastruktur
Innovation				
Nutzung				
Entsorgung				

Quelle: Eigene Darstellung.

technischen Systems bestimmenden, Substrukturen im Zusammenhang mit deren Förderung, Regulierung (Einbettung), Kontrolle und infrastrukturellen Nutzung auftreten könnten, zu identifizieren. Diese Problemorientierung, die auf bestehende, mit einer gewissen Wahrscheinlichkeit eintretende, noch unbestimmte oder nur subjektiv befürchtete Probleme abstellt, ist das Markenzeichen der Governanceanalyse. Ihr geht es im Kern um die Vermeidung und die Bewältigung von Governancedefiziten. Aufgrund dieser problemzentrierten und regulativen Perspektive interessiert sich die Governanceanalyse für die institutionalisierten Normen, die ein, bei zuvor festgelegten Bedingungen einsetzendes, Handeln der *Rule taker* auslösen, ermöglichen oder wahrscheinlich machen, sowie für alternative Normenkonfigurationen, die problematisches Handeln mit einiger Wahrscheinlichkeit abzustellen vermögen. Dass dabei wiederum nicht erwünschte Nebenwirkungen ausgelöst werden können, gilt es nach Möglichkeit – u. a. über die Einschaltung wissenschaftlicher Beratung und Analyse – zu vermeiden.

Für die sozialwissenschaftliche und speziell die politikwissenschaftliche technikbezogene Governanceforschung bilden die institutionalisierten Regelsysteme und deren Alternativen nur den Ausgangspunkt für wissenschaftliche Analysen. Diese sind auf die Akteure, die Akteurskonstellationen und Entscheidungen fokussiert, die diese Normensysteme erzeugen. Technologische Regime sind nicht alleine das Ergebnis technischer und ökonomischer Faktoren, sondern auch Resultat von Governancearbeit, deren Akzeptanz und Legitimität Ausdruck der jeweiligen gesellschaftlichen Rahmenbedingungen sind. Technology Governance untersucht das interdependente Handeln der *Rule taker* und der *Rule maker*, um – technokratisch formuliert – Stellschrauben zu ermitteln, die sich zur Verbesserung der Governanceleistung des Regimes bedienen lassen, ohne – im Idealfall – zur Entstehung neuer Governanceprobleme beizutragen.

Akteure im Fokus der Governanceforschung

Wie oben bereits angemerkt wurde, weisen Governancestrukturen, die sich auf die Innovation, Nutzung und Entsorgung von technischen Artefakten beziehen, eine große Formenvielfalt auf. Mit dem Instrumentarium der Governanceanalyse lassen sich horizontale, vertikale wie auch hybride Koordinationsstrukturen erfassen. Die Unterscheidung zwischen Hierarchie (Staat), Netzwerk und Markt hat sich dabei als weitgehend konsensfähig herausgestellt, auch wenn damit nur einige wenige, aber besonders relevante Formen von Governance hervorgehoben werden. Eine interessante Alternative, die sich auf innerstaatliche Verhältnisse konzentriert, haben Hollingsworth und Boyer (1997) vorgelegt[11]. Sie unterscheiden neben der Dimension der Koordinationsformen mit horizontaler oder vertikaler Machtverteilung als zweite Dimension die Handlungsmotive der Akteure, die sich entweder auf den individuellen Nutzen (Gewinn) oder

Horizontale, vertikale und hybride Koordinationsstrukturen

---

11 Hier zitiert nach Boyer 2005: 23.

Abbildung 13 Koordinationsformen

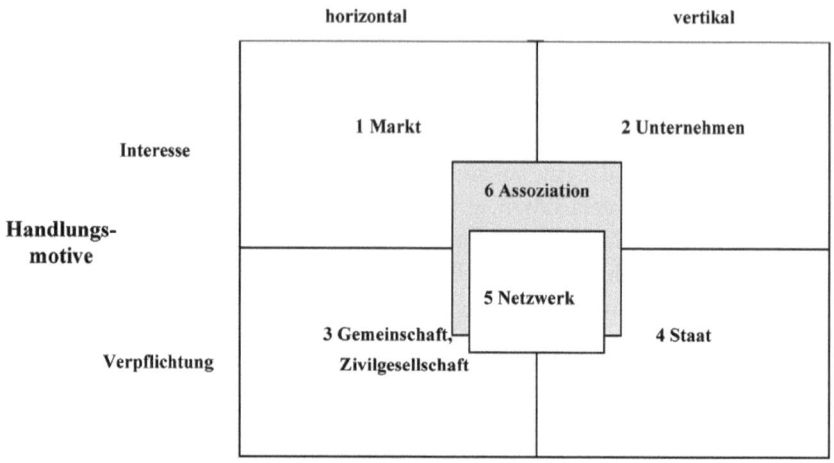

Quelle: Hollingsworth und Boyer 1997; Boyer 2005, 23.

auf kollektive Güter beziehen. Mit dieser Dimensionierung gelangen sie zu vier Grundformen der Koordination: Markt, Unternehmen, Zivilgesellschaft, Staat, die durch zwei Hybridformen: Netzwerk und Assoziation, ergänzt werden (vgl. Abbildung 13).

Instrumentelle Nutzung von Governanceformen

Alle Formen von Governance lassen sich instrumentell nutzen. Die Regierungen können prüfen, mit welchen Governanceformen sie ihre Ziele am besten erreichen können. Jede Form, jedes Instrument, hat Vor- und Nachteile. Im Bereich der Klimagovernance wird beispielsweise gegenwärtig leidenschaftlich diskutiert, ob das Klimaproblem wirksamer mit der Etablierung von Märkten für den Handel mit Emissionszertifikaten, der Erhebung von Klimasteuern oder dem staatliche Erlass von Produktnormen bekämpft werden kann. Einfache Antworten verbieten sich, da neben den ökologischen und ökonomischen Kriterien auch soziale, politische und kulturelle Gesichtspunkte in die Bewertung einfließen. Vor allem ist, sobald bestimmte Instrumente (Governanceformen) politisch versperrt sind, wie beispielsweise in den Vereinigten Staaten die Institutionalisierung eines nationalen Marktes für Emissionszertifikate (Simonis 2011a), die pragmatische Suche nach alternativen Governanceformen (z. B. Klimasteuern oder Techniknormen) erforderlich.

Technology Governance steht also – von einer abstrakten Warte aus betrachtet – eine ganze Palette unterschiedlicher Koordinationsprinzipien und -strukturen für die Bearbeitung von Koordinationsproblemen zur Verfügung (vgl. Abbildung 13). Für die wissenschaftliche Analyse von politischer Technology Governance ergeben sich daher eine Reihe von Fragen:

- Wie lässt sich die Entstehung bestimmter Governanceformen erklären?
- Wie leistungsfähig sind diese Formen mit ihren je spezifischen Strukturen und Funktionsweisen bei der Bearbeitung von Governanceproblemen?
- Bestehen Möglichkeiten der Effektivitäts- und Effizienzsteigerung?
- Gibt es Problemfelder, die nicht oder unzureichend bearbeitet werden?
- Mit welchen Konsequenzen ist zu rechnen, falls Probleme unzureichend bewältigt werden und Governanceversagen eintreten könnte?

Fragen

Alle Bemühungen, diese und ähnliche Fragen zu beantworten, führen zur Kernproblematik von Technology Governance. Sowohl die Diagnose als auch die Therapie von Problemen der Technology Governance sind ohne die Nutzung wissenschaftlichen Wissens und wissenschaftlicher Untersuchungsmethoden nicht möglich, wobei zunehmend auf Probleme reagiert wird, die ihrerseits Folge der wissenschaftlich-technischen Zivilisation sind (Beck 1986, Beck 2007, Beck et al. 1996). Technology Governance ist ein reflexives Handlungsfeld (Politikfeld), dessen Treiber einerseits die problemlösenden Leistungen und andererseits die problemerzeugenden Folge- und Nebenwirkungen wissenschaftlich-technischer Innovationen sind (Voß et al. 2006). Für ihre Entstehung als reflexive Politikstruktur sind daher erstens sowohl die enormen Möglichkeiten (Chancen) wie zweitens die gleichzeitig anwachsenden – möglichen, vermeidbaren und tatsächlichen – Nebenwirkungen der wissenschaftlich-technologischen Innovationsdynamik der jeweiligen *emergent technologies,* als auch drittens die Nebenwirkungen (Unfallgefahren und Havarien, Erschöpfung von Ressourcen, Umweltverschmutzung und zunehmende Zerstörung der Biosphäre) der breitflächigen Nutzung moderner technischer Systeme verantwortlich.

Reflexives Handlungsfeld

Zur Vermeidung von Ressourcenverschwendung oder Selbstblockaden haben alle modernen Gesellschaften neben der Innovationsförderung auch regulative Strukturen und Verfahren der Technology Governance institutionalisiert. Allerdings – und damit ist ein wichtiger Forschungsgegenstand benannt – haben sich je nach gesellschaftlicher, kultureller und politischer Entwicklung und Integration in das globale Wettbewerbssystem sehr unterschiedliche Modelle mit in die wissenschaftlich-technologischen Abläufe eher schwach oder eher stark intervenierenden Regulierungsformen herausgebildet. Zu ermitteln, welche Governanceformen (z. B. Netzwerke) sich in Abhängigkeit von welchen Zielvorgaben (Prosperität, Nachhaltigkeit, Effizienz, Kapazitätsentwicklung, Schutz der Privatsphäre, Demokratieverträglichkeit) als besonders leistungsfähig oder riskant und voraussetzungsvoll erweisen, wird von der Forschung noch zu klären sein.

Regulative Strukturen und Verfahren

10.6 Leistungsfähigkeit

Unterschiedliche Fragestellungen

Analyse und Bewertung der Leistungsfähigkeit von Technology Governance nationaler Regimekomplexe sowie einzelner internationaler oder nationaler Regime hängen von der jeweiligen Fragestellung (Effektivität, Effizienz, Nebenwirkungen, Einfluss auf die Umwelt) ab und vor allem davon, hinsichtlich welcher Probleme nach der Leistungsfähigkeit gefragt wird. Schon der Vergleich der nationalen Governancesysteme zur Förderung von Innovationen und nationaler Innovationssysteme erweist sich als keine leichte Aufgabe, da die nationalen Fördersysteme sehr unterschiedlich strukturiert sind und beispielsweise unterschiedliche Technologien und Politikbereiche adressieren (Meyer-Krahmer 2005, Kaiser 2008, Legler und Krawczyk 2009). Trotz der großen Divergenzen zwischen den nationalen Regimekomplexen und bei für alle Länder in gleicher Weise geltenden schwachen Steuerungsvorgaben der internationalen Ebene kann die Diagnose gewagt werden, dass gegenwärtig die Leistungsfähigkeit von Technology Governance zur Bewältigung der globalen Umweltprobleme (Klima, Biodiversität, Ressourcenverbrauch) zu gering ist (von Weizsäcker und Desha 2010). Die Leistungsfähigkeit von Technology Governance muss erheblich gesteigert werden, damit auf dem Globus die Kinder und Enkelkinder der Mitte dieses Jahrhunderts zirka neun Milliarden Menschen noch lebenswerte Lebensbedingungen vorfinden. Technikfolgenabschätzung ist eines der Instrumente, das verstärkt genutzt werden könnte, um dieses Ziel zu erreichen.

Beratung zur Reduktion von Unsicherheit

Sofern weiterhin die Beobachtung richtig ist, dass sich in globalisierten Wissensgesellschaften die politisch-administrativen Systeme zunehmend mit technologischen Problemen befassen, da der ungestörte Normalbetrieb Entscheidungen verlangt, die sich mit jeweils ungewissen Folgen für Politik und Gesellschaft auf die Entwicklung, Anwendung und Entsorgung von Technologien beziehen, gewinnt zur Reduktion von Unsicherheit (Hronszky 2005) wissenschaftliche Technikberatung der Politik quantitativ und qualitativ an Bedeutung. Mehrere Typen von Entscheidungssituationen, in denen Beratung erforderlich ist, lassen sich unterscheiden: (1) die Nutzung von sozio-technischen Systemen im engeren und weiteren Staatsbetrieb; (2) die Förderung der Innovation (Entwicklung) neuer Technologien; (3) die Einführung und Verbreitung sozio-technischer Innovationen; (4) die Neubewertung bekannter Technologien wegen neuer Erkenntnisse über deren Nebenwirkungen. Bei jeder dieser Entscheidungssituationen ist wissenschaftliche Politikberatung von Nöten (Weingart und Lentsch 2008) und kann TA-Expertise als ein spezieller Typ der Politikberatung gefragt sein. Die Hypothese hat einige Plausibilität, dass sich mit zunehmender Ungewissheit über die Folgen der Nutzung neuer Technologien die Wahrscheinlichkeit einer steigenden Nachfrage nach TA als einer reflexiven Beratungsleistung erhöht (Grunwald 2008, Grunwald 2010). Eine Implikation dieser These wäre dann, dass gerade in technologisch führenden Staaten

TA-Aktivitäten im Rahmen der politischen Governance von Technologien verbreitet sind.

Ein wichtiger modifizierender Faktor dieser These besteht in der Ausprägung von TA-Kapazitäten und TA-Aktivitäten im jeweiligen gesellschaftlichen Umfeld der politisch-administrativen Systeme. Technology Governance findet in kapitalistischen Wettbewerbsgesellschaften vor allem in der Wirtschaft statt. Da die Entwicklung vieler neuer Technologien und Innovationen wissensbasiert erfolgt, hat Technology Governance im wissenschaftlich-technischen System, das seinerseits mit dem Innovationssystem der Wirtschaft eng verbunden ist, gleichfalls einen wichtigen Stellenwert. Schließlich dürfen die Governanceleistungen der gesellschaftlichen Kräfte, insbesondere der Zivilgesellschaft, nicht unbeachtet bleiben. Ohne die Interventionen der Neuen Sozialen Bewegungen in die sozio-technischen Regime[12], in die Wirtschaft und die Politik lassen sich die Verlaufsformen politischer TG in unterschiedlichen Ländern nicht erklären. Wir haben also folgende Situation (s. Abbildung 14): TG findet in mehreren

Spezifische Ausprägung von TA-Aktivitäten

Abbildung 14 Technikfolgenabschätzung als Ressource von Technology Governance

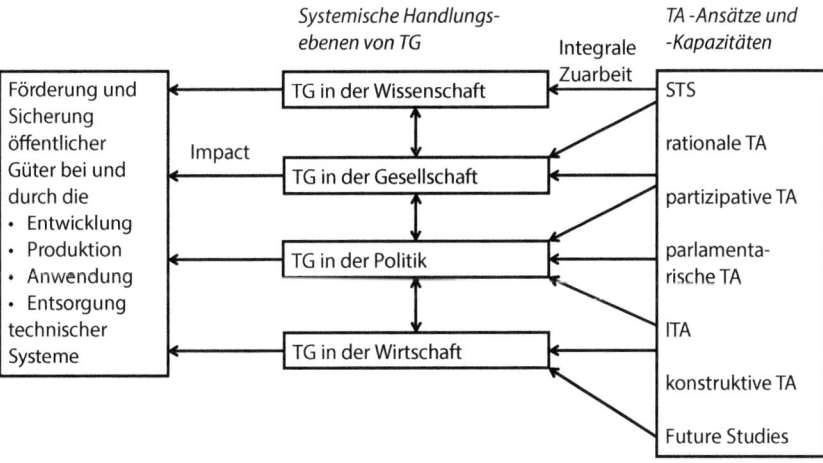

Quelle: Eigene Abbildung (STS = Science and Technology Studies; ITA = Innovations- und Technikanalyse)

---

12 Wir unterscheiden sozio-technische von politischen Regimen. Sozio-technische Regime strukturieren nach Geels (2004, 905) die Meta-Koordination zwischen unterschiedlichen funktionalen Regimen, dem technologischen, wissenschaftlich-technischen, politischen, sozio-kulturellen und dem ökonomischen Regime. Rip und Kemp (1998) definieren das Konzept des technologischen Regimes als „the rule-set or grammer embedded in a complex of engineering practices, production process technologies, product characteristics, skills and procedures, ways of handling relevant artefacts and persons, ways of definig problems; all of them embedded in institutions and infrastructures." (S. 340)

gesellschaftlichen Teilsystemen statt, die nicht, wie Luhmann (2008) argumentiert, als kommunikativ abgeschlossen und autopoietisch selbstbezogen konzipiert werden sollten, sondern die sich wechselseitig beeinflussen und in spezifischer Weise interdependent sind[13]. In jedem der gesellschaftlichen Teilsysteme werden Governanceentscheidungen getroffen, die Governanceprobleme lösen sollen, die in anderen Teilsystemen aber auch Governanceprobleme erzeugen können. Die Ambivalenz sozio-technischer Systeme bildet sich in dieser offenen Situation ab. Alle systemisch geprägten und institutionell koordinierten Entscheidungen haben einen Impact auf die jeweilig bearbeitete Governancethematik. Die Akteure der Teilsysteme definieren jeweils aus ihrer systemischen Perspektive ihre Governanceprobleme. Daher muss davon ausgegangen werden, dass es nur in Ausnahmefällen zwischen und auch innerhalb der Teilsysteme zu einer konsensualen Deutung von Governanceproblemen kommt. Dissonanz ist der Normalfall.

Rückwirkung der unterschiedlichen Problemdeutungen

Die Dissonanz der Problemdeutung wirkt auf die Akteure in den Teilsystemen zurück und erzeugt zusätzlichen Klärungsbedarf, u. a. im politischen System, das institutionell unter dem Zwang steht, mehrheitsfähige Entscheidungen mit Output-Legitimität[14] zu treffen. Erörtert unter einer funktionalistischen Perspektive, gelangen bei dieser Abwägungs- und Entscheidungskonstellation die Leistungen der TA-Akteure in den Blickpunkt. Die unterschiedlichen Formen von TA scheinen geeignet, zum Abbau von Dissonanzen – der widersprüchlichen Deutungen von Governanceproblemen im Zusammenhang mit der Entwicklung und Nutzung von Technologien – passende Beiträge zu leisten.

Materiale und prozedurale Komponente der Technikfolgenabschätzung

Das Instrument der Technikfolgenabschätzung besteht grundsätzlich aus zwei Elementen (Simonis 2001): einer materialen Komponente, mit der Sachverhalte geprüft werden, und einer prozeduralen Komponente, mit der die abgeklärten Sachverhalte in Prozesse der TG eingespeist und an Akteure der TG vermittelt werden. TA richtet sich an Adressaten, die in irgend einer Weise an Governanceprozessen beteiligt und die nicht sicher sind, wie sozio-technische Systeme genutzt und/oder angelegt (gestaltet) werden sollten, damit öffentliche Güter nicht beschädigt, sondern gefördert werden. Sofern sich „Science and Technology Studies" (STS), „Future Studies" und auch die rationale TA vorran-

---

13 Es bestehen zwei Typen von Interdependenzen: (1) hinsichtlich der Akteure. Die Akteure sehen sich differenziellen Anforderungen unterschiedlicher Teilsysteme ausgesetzt und müssen versuchen, konsistente Handlungsstrategien zu finden; (2) hinsichtlich der wechselseitigen Leistungen von Teilsystemen. Diese können Bestandsvoraussetzungen (z. B. Sicherheit, Recht) darstellen und/oder wichtigen Input für andere Teilsysteme (Geld, Wissen, Akzeptanz) liefern.
14 Output-Legitimität (Scharpf 1999) erwächst aus den Leistungen eines Governancesystems (u. a. seiner Effektivität und Effizienz). Neben der Output-Legitimität unterscheidet die Politikwissenschaft noch die Input-Legitimität, die durch demokratische Beteiligung und Deliberation erreicht wird, sowie die prozedurale Legitimität, die sich einstellt, wenn bei Entscheidungen die rechtlich geltenden Normen eingehalten werden (Luhmann 1989).

gig an die einschlägige Wissenschafts-Community oder an eine anonyme Öffentlichkeit (Leserschaft) ohne klaren Akteursbezug richten, bilden sie Grenzfälle, da von TA als einer praktischen Beratungswissenschaft ein expliziter Akteursbezug erwartet werden muss. Im Falle der partizipativen TA konkretisiert sich das Produkt, das an Entscheidungsträger zu vermitteln ist, in Ergebnisberichten über mögliche Konsensbildungsprozesse in unterschiedlich organisierten Beteiligungsgruppen. Falls diese direkt an Entscheidungsprozessen angekoppelt sind, kann auch partizipative TA, entsprechend der parlamentarischen und der konstruktiven TA, zu einem prozeduralen Bestandteil von Technology Governance werden.

Die verschiedenen Formen und Konzepte von TA beziehen sich auf je spezifische gesellschaftliche Teilsysteme[15] und sind mal mehr, mal weniger in TG-Prozesse integriert. Dabei finden wir sowohl zwischen den Nationalstaaten als auch den Politikfeldern, Wirtschaftsbranchen, gesellschaftlichen Nutzungskontexten und wissenschaftlichen Fachdebatten enorme Differenzen. Diese stehen hier nicht zur Debatte. Es geht vielmehr um ein analytisches Argument: TA mit ihren differenten Ausprägungen bezüglich der gesellschaftlichen Teilsysteme steht nicht außerhalb der Governanceprozesse von Technologien. Die TA-Community ist weder ein unbeteiligter Beobachter, der über die Chancen und Risiken von Technologien forscht, ohne auf den Lauf der Dinge einwirken zu wollen, noch ein wissender Steuermann, der in stürmischer See ein falsch orientiertes Schiff wieder auf Kurs bringt (Fach und Simonis 2000). Handlungsmächtige Adressaten werden von der TA-Forschung imaginiert und strategisch eingeplant oder sind die Auftraggeber, die Beratungsbedarf haben. Auf diese Konstellation hin ist TA zugeschnitten. Dennoch ist strittig, inwieweit sie in konkreten Beratungssituationen den in sie gesetzten Erwartungen entsprechen kann, zumal die Erwartungen der Adressaten in der Regel widersprüchlich sind. In welchem Umfang in der Praxis Forschungs- und Beratungsleistungen der systematischen Folgenabschätzung von Technologien unter Gemeinwohl orientierten Kriterien, wie Nachhaltigkeit, Vorsorge und Demokratieverträglichkeit, in TG-Prozesse einfließen, kann nur mit vergleichender sozialwissenschaftlicher Forschung ermittelt werden. Das wäre für Technikforscher eine lohnende Aufgabe.

TA ist Teil des Governanceprozesses von Technologie

Anmerkung
Die Inhalte dieses Beitrags fußen auf einer Reihe von Vorarbeiten des Autors, so vor allem Simonis 2011b und insbesondere Simonis 2012. Einige Passagen, insbesondere die Abbildungen, die hier nicht extra angemerkt wurden, überschneiden sich. Da die Beiträge völlig unterschiedliche Zuschnitte und Adressaten haben, lassen sich diese Überschneidungen rechtfertigen, zumal Simonis 2012 nur elektronisch verfügbar ist.

---

15 Diese Ausführungen schließen an Lingner (2010) an.

Literatur

Aichholzer, Georg Bora Alfons; Bröchler, Stephan; Decker, Michael; Latzer, Michael (Hg.) (2010): Technology Governance. Der Beitrag der Technikfolgenabschätzung. Berlin: edition sigma.

Banse, Gerhard; Grunwald, Armin; Hronszky, Imre; Nelson, Gordon (Hg.) (2011): On Prospective Technology Studies. KIT. Karlsruhe (KIT Scientific Reports, 7599).

Banse, Gerhard; Hronszky, Imre; Nelson, Gordon L. (Hg.) (2005): Rationality in an uncertain world. Berlin: edition sigma.

Beck, Ulrich (1986): Risikogesellschaft: Auf dem Weg in eine andere Moderne. Frankfurt/M.: Suhrkamp.

Beck, Ulrich (2006): Reflexive governance: politics in the global risk society. In: Jan-Peter Voß, Dierk Bauknecht und René Kemp (Hg.): Reflexive governance for sustainable development. Cheltenham, Glos, UK; Northampton, MA: Edward Elgar, S. 31–56.

Beck, Ulrich (2007): Weltrisikogesellschaft. Auf der Suche nach der verlorenen Sicherheit. Frankfurt a. M.: Suhrkamp.

Beck, Ulrich; Bonß, Wolfgang (Hg.) (2001): Die Modernisierung der Moderne. Frankfurt a. M.: Suhrkamp.

Beck, Ulrich; Giddens, Anthony; Lash, Scott (1996): Reflexive Modernisierung. Frankfurt a. M.: Suhrkamp.

Benz, Arthur (Hg.) (2007): Handbuch Governance. Theoretische Grundlagen und empirische Anwendungsfelder. Wiesbaden: VS Verlag für Sozialwissenschaften.

Benz, Arthur (2009): Politik in Mehrebenensystemen. Wiesbaden: VS Verlag für Sozialwissenschaften/GWV Fachverlage, Wiesbaden.

Benz, Arthur; Lütz, Susanne; Schimank, Uwe; Simonis, Georg (2007): Einleitung. In: Arthur Benz (Hg.): Handbuch Governance. Theoretische Grundlagen und empirische Anwendungsfelder. Wiesbaden: VS Verlag für Sozialwissenschaften, S. 9–25.

Blum, Sonja; Schubert, Klaus (2009): Politikfeldanalyse. Wiesbaden: VS Verlag für Sozialwissenschaften.

Böschen, Stefan (2012): Innovations-Risiko-Politik. Herausforderungen für die Systematisierung von Wissen. In: Michael Decker (Hg.): Der Systemblick auf Innovation. Technikfolgenabschätzung in der Technikgestaltung. Berlin: edition sigma, S. 73–81.

Boyer, Robert (2005): How and Why Capitalisms Differ. Max-Planck-Institut für Gesellschaftsforschung. Köln (MPIfG Discussions Paper 05/4). Online verfügbar unter http://www.mpifg.de/pu/mpifg_dp/dp05-4.pdf, zuletzt geprüft am 07.10.2012.

Breitmeier, Helmut (1997): Entstehung und Wandel des globalen Regimes zum Schutz der Ozonschicht. In: Thomas Gehring und Sebastian Oberthür (Hg.): Internationale Umweltregime. Umweltschutz durch Verhandlungen und Verträge. Opladen: Leske & Budrich, S. 27–44.

Bröchler, Stephan (2007): Technik. In: Arthur Benz (Hg.): Handbuch Governance. Theoretische Grundlagen und empirische Anwendungsfelder. Wiesbaden: VS Verlag für Sozialwissenschaften, S. 413–436.

Bröchler, Stephan (2008): Governance im Lichte der sozialwissenschaftlichen Technikforschung. In: Stephan Bröchler und Brigitte Biermann (Hg.): Politikwissenschaftliche Perspektiven. Wiesbaden: VS Verlag für Sozialwissenschaften, S. 45–56.

Bröchler, Stephan (2010): Technikfolgenabschätzung und Technology Governance. Steuerung und Koordination in der Governance-Perspektive. In: Georg Bora, Alfons Aichholzer, Stephan Bröchler, Michael Decker und Michael Latzer (Hg.): Technology Governance. Der Beitrag der Technikfolgenabschätzung. Berlin: edition sigma, S. 63–74.

Bröchler, Stephan; Biermann, Brigitte (Hg.) (2008): Politikwissenschaftliche Perspektiven. Wiesbaden: VS Verlag für Sozialwissenschaften.

Bundesministerium für Bildung und Forschung (2010): Bundesbericht Forschung und Innovation 2010. Bundesministerium für Bildung und Forschung (BMBF). Berlin. Online verfügbar unter http://www.bmbf.de/pub/bufi_2010.pdf, zuletzt geprüft am 07.10.2012.

Cantner, Uwe; Pyka, Andreas (2001): Classifying technology policy from an evolutionary perspective. In: *Research Policy* 30(5), S. 759–775.

Dasgupta, Partha; Stoneman, Paul (Hg.) (1987): Economic policy and technological performance. Cambridge u.a.: Cambridge University Press.

Decker, Michael (Hg.) (2012): Der Systemblick auf Innovation. Technikfolgenabschätzung in der Technikgestaltung. Berlin: edition sigma.

Deutsch, Karl W. (1969): Politische Kybernetik. Modelle und Perspektiven. Freiburg: Rombach.

Dolata, Ulrich (2006): Technologie- und Innovationspolitik im globalen Wettbewerb. Veränderte Rahmenbedingungen, institutionelle Transformation und politische Gestaltungsmöglichkeiten. In: *Zeitschrift für Politikwissenschaft* 16(2), S. 427–455.

Dolata, Ulrich (2011): Wandel durch Technik. Eine Theorie soziotechnischer Transformation. Frankfurt am Main: Campus.

Edler, Jakob; Kuhlmann, Stefan (2005): Towards One System? The European Research Area Initiative, the Integration of Research Systems and the Changing Leeway of National Policies. In: *Technikfolgenabschätzung – Theorie und Praxis* 14(1), S. 59–68.

Ergas, Henry (1987): The Importance of Technology Policy. In: Partha Dasgupta und Paul Stoneman (Hg.): Economic policy and technological performance. Cambridge u.a.: Cambridge University Press, S. 51–96.

Fach, Wolfgang; Simonis, Georg (2000): Die Welt des Autors. Eine Polemik. In: *Zeitschrift für Internationale Beziehungen* 7(2), S. 385–398.

Geels, Frank W. (2004): From sectoral systems of innovation to socio-technical systems. Insights about dynamics and change from sociology and institutional theory. In: *Research Policy* 33(6-7), S. 897–920.

Gehring, Thomas; Oberthür, Sebastian (Hg.) (1997): Internationale Umweltregime. Umweltschutz durch Verhandlungen und Verträge. Opladen: Leske & Budrich.

Grunwald, Armin (2008): Technik und Politikberatung. Philosophische Perspektiven. Frankfurt, M: Suhrkamp.

Grunwald, Armin (2010): Technikfolgenabschätzung – eine Einführung. 2. Aufl. Berlin: edition sigma.

Hollingsworth, Roger; Boyer, Robert (Hg.) (1997): Contemporary Capitalism: The Embeddedness of Institutions. Cambridge: University Press.

Hronszky, Imre (2005): Mapping and Managing Uncertainty and Indeterminacy in Future Society-Technology Relations. Remarks on Prospective Technology Analysis. In: Gerhard Banse, Imre Hronszky und Gordon L. Nelson (Hg.): Rationality in an uncertain world. Berlin: edition sigma, S. 37–57.

Jessop, Bob (2002): The Future of the Capitalist State. Cambridge: polity.

Kaiser, Robert (2008): High-Tech Policies: Institutionelle Determinanten staatlicher Innovationspolitik im internationalen Vergleich. In: *Zeitschrift für Politikwissenschaft* 18(1), S. 5–24.

Keohane, Robert O.; Victor, David G. (2010): The Regime Complex for Climate Change. Harvard Project on International Climate Agreements. Cambridge, Mass (Discussion Paper 2010-33). Online verfügbar unter http://belfercenter.ksg.harvard.edu/files/Keohane_Victor_Final_2.pdf, zuletzt geprüft am 07.10.2012.

Kubicek, Herbert; Seeger, Peter (Hg.) (1993): Perspektive Techniksteuerung. Interdisziplinäre Sichtweisen eines Schlüsselproblems entwickelter Industriegesellschaften. Berlin: edition sigma.

Kuhlmann, Stefan (2010): TA als Tanz: Zur Governance technologischer Innovation. Neue Aufgaben des Technology Assessment. In: Georg Bora, Alfons Aichholzer, Stephan Bröchler, Michael Decker und Michael Latzer (Hg.): Technology Governance. Der Beitrag der Technikfolgenabschätzung. Berlin: edition sigma, S. 41–57.

Legler, Harald; Krawczyk, Olaf (2009): FuE-Aktivitäten von Wirtschaft und Staat im internationalen Vergleich. Unter Mitarbeit von Mark Leidmann. Niedersächsisches Institut für Wirtschaftsforschung e.V. Hannover (Studien zum deutschen Innovationssystem, 1-2009). Online verfügbar unter http://www.e-fi.de/fileadmin/Studien/StuDIS2009/1_2009_FuE_Wirtschaft_Staat_NIW.pdf, zuletzt geprüft am 07.10.2012.

Lingner, Stephan (2010): Rationale Technikfolgenbeurteilung. Ein deliberativer Ansatz im Kontext von „Technology Governance". In: Georg Bora, Alfons Aichholzer, Stephan Bröchler, Michael Decker und Michael Latzer (Hg.): Technology Governance. Der Beitrag der Technikfolgenabschätzung. Berlin: edition sigma, S. 93–111.

Luhmann, Niklas (1989): Legitimation durch Verfahren. Frankfurt a.M.: Suhrkamp.

Luhmann, Niklas (2008): Ökologische Kommunikation. Kann die moderne Gesellschaft sich auf ökologische Gefährdungen einstellen? 5. Aufl. Wiesbaden: VS Verlag für Sozialwissenschaften.

Mayntz, Renate (Hg.) (2009): Über Governance. Institutionen und Prozesse politischer Regelung. Frankfurt, New York: Campus Verlag.

Mayntz, Renate (2009): Von politischer Steuerung zu Governance? Überlegungen zur Architektur von Innovationspolitik (2008). In: Renate Mayntz (Hg.): Über Governance. Institutionen und Prozesse politischer Regelung. Frankfurt, New York: Campus Verlag, S. 105–120.

Meyer-Krahmer, Frieder (2005): Handlungsspielräume und Modernisierungserfordernisse nationaler Technologie- und Innovationspolitik. In: *Technikfolgenabschätzung – Theorie und Praxis* 14 (1), S. 12–17.

Rader, Michael (2011): Prospective Technology Analysis for EU Level Governancfe of Research and Technological Development. Challenges, Problems and Possible Solutions. In: Gerhard Banse, Armin Grunwald, Imre Hronszky und Gordon Nelson (Hg.): On Prospective Technology Studies. Karlsruhe (KIT Scientific Reports, 7599), S. 167–176.

Rayner, Steve; Malone, Elizabeth L. (Hg.) (1998): Human Choice and Climate Change. Columbus, OH: Battelle Press.

Rip, Arie (2012): Futures of Technology Assessment. In: Michael Decker (Hg.): Der Systemblick auf Innovation. Technikfolgenabschätzung in der Technikgestaltung. Berlin: edition sigma, S. 73–81.

Rip, Arie; Kemp, René (1998): Technological Change. In: Steve Rayner und Elizabeth L. Malone (Hg.): Human Choice and Climate Change, Bd. 2. Columbus, OH: Battelle Press, S. 327–399.

Saalbach, Klaus-Peter (2008): Analyse der Wirkung des technischen Wandels auf die Politik am Beispiel der Gen- und Biotechnologie. Osnabrück: Dirk Koentopp.

Scharpf, Fritz W. (1999): Regieren in Europa. Effektiv und demokratisch? Frankfurt a. M.: Campus Verlag.

Schneider, Volker; Janning, Frank (2006): Politikfeldanalyse. Akteure, Diskurse und Netzwerke in der öffentlichen Politik. Wiesbaden: VS Verlag für Sozialwissenschaften.

Schüttemeyer, Suzanne S. (Hg.) (2011): Politik im Klimawandel. Keine Macht für gerechte Lösungen? Baden-Baden: Nomos.

Seeger, Peter; Kubicek, Herbert (1993): Techniksteuerung und Koordination der Technisierung als Themen sozialwissenschaftlicher Technikforschung – Eine Einführung. In: Herbert Kubicek und Peter Seeger (Hg.): Perspektive Techniksteuerung. Interdisziplinäre Sichtweisen eines Schlüsselproblems entwickelter Industriegesellschaften. Berlin: edition sigma, S. 9–37.

Simonis, Georg (1993): Macht und Ohnmacht staatlicher Techniksteuerung – können Politik und Staat den Kurs eines Technisierungsprozesses heute wirklich noch beeinflussen? In: Herbert Kubicek und Peter Seeger (Hg.): Perspektive Techniksteuerung. Interdisziplinäre Sichtweisen eines Schlüsselproblems entwickelter Industriegesellschaften. Berlin: edition sigma, S. 39–57.

Simonis, Georg (2001): Die TA-Landschaft in Deutschland – Potenziale reflexiver Techniksteuerung. In: Georg Simonis (Hg.): Politik und Technik. Analysen zum Verhältnis von technologischem, politischem und staatlichem Wandel am Anfang des 21. Jahrhunderts. Wiesbaden: Westdeutscher Verlag, S. 425–456.

Simonis, Georg (Hg.) (2001): Politik und Technik. Analysen zum Verhältnis von technologischem, politischem und staatlichem Wandel am Anfang des 21. Jahrhunderts. Wiesbaden: Westdt. Verl.

Simonis, Georg (2011a): Das Transformationspotenzial des Emissionshandels – analysiert am Beispiel der Waxman-Markey-Vorlage im US-Kongress. In: Suzanne S. Schüttemeyer (Hg.): Politik im Klimawandel. Keine Macht für gerechte Lösungen? Baden-Baden: Nomos, S. 159–193.

Simonis, Georg (2011b): Technology Governance als Gegenstand der Lehre. In: Marc Dusseldorp und Richard Beecroft (Hg.): Technikfolgen abschätzen lehren. Bildungspotenziale transdisziplinarer Methoden: VS Verlag für Sozialwissenschaften, S. 319–337.

Simonis, Georg (2012): Technikfolgenabschätzung als Ressource von Technology Governance. In: Stephan Bröchler, Georg Aichholzer und Petra Schaper-Rinkel (Hg.): Theorie und Praxis von Technology Governance. ITA-manu:script Sondernummer 12-02: Wien, S. 26–37. Online verfügbar unter http://hw.oeaw.ac.at/0xc1aa500d_0x002cdde7.pdf, zuletzt geprüft am 03.01.2013.

Streeck, Wolfgang (2009): Re-forming capitalism. Institutional change in the German political economy. Oxford, New York: Oxford University Press.

Streeck, Wolfgang; Thelen, Kathleen Ann (Hg.) (2005): Beyond continuity. Institutional change in advanced political economies. Oxford; New York: Oxford University Press.

Streeck, Wolfgang; Thelen, Kathleen Ann (2005): Introduction: Institutional Change in Advanced Political Economies. In: Wolfgang Streeck und Kathleen Ann Thelen (Hg.): Beyond continuity. Institutional change in advanced political economies. Oxford, New York: Oxford University Press, S. 1–39.

Voß, Jan-Peter; Bauknecht, Dierk; Kemp, René (Hg.) (2006): Reflexive governance for sustainable development. Cheltenham, Glos, UK; Northampton, MA: Edward Elgar.

Weingart, Peter; Lentsch, Justus (2008): Wissen, Beraten, Entscheiden. Form und Funktion wissenschaftlicher Politikberatung in Deutschland. Weilerswist: Velbrück.

Weizsäcker, Ernst Ulrich von; Desha, Cheryl (2010): Faktor Fünf. Die Formel für nachhaltiges Wachstum. München: Droemer.

Werle, Raymund (2001): Liberalisierung und politische Techniksteuerung. In: Georg Simonis (Hg.): Politik und Technik. Analysen zum Verhältnis von technologischem, politischem und staatlichem Wandel am Anfang des 21. Jahrhunderts. Wiesbaden: Westdt. Verl, S. 407–424.

Weyer, Johannes (2005): Staatliche Förderung von Großtechnikprojekten. Ein dysfunktionaler Anachronismus im Zeitalter der Globalisierung? In: *Technikfolgenabschätzung – Theorie und Praxis* 14(1), S. 18–25.

Autorinnen und Autoren

Eric Aarden ist wissenschaftlicher Mitarbeiter am Institut für Politische Wissenschaft der RWTH Aachen mit dem Schwerpunkt Zukunftsforschung.

Gabriele Abels ist Politikwissenschaftlerin und Professorin für Politische Systeme Deutschlands und der EU sowie Europäische Integration an der Eberhard Karls-Universität Tübingen.

Daniel Barben ist Sozialwissenschaftler und Professor für Politische Wissenschaft an der RWTH Aachen mit dem Schwerpunkt Zukunftsforschung.

Alfons Bora ist Soziologe und Professor für Technikfolgenabschätzung an der Universität Bielefeld

Arnim von Gleich ist Biologe und Politikwissenschaftler und Professor im Lehrgebiet Technikgestaltung und Technologieentwicklung im Fachbereich Produktionstechnik der Universität Bremen

Armin Grunwald ist Physiker und Philosoph, Professor für Technikphilosophie und Technikethik an der Universität Karlsruhe, Leiter des Instituts für Technikfolgenabschätzung und Systemanalyse (ITAS) sowie des Büros für Technikfolgen-Abschätzung beim Deutschen Bundestag.

Stefan Kuhlmann ist Politikwissenschaftler und Professor of Foundations of Science, Technology and Society an der University of Twente, Enschede (NL).

Stephan Lingner ist Geologe und stellvertretender Direktor der Europäischen Akademie zur Erforschung von Folgen wissenschaftliche-technischer Entwicklungen in Bad Neuenahr-Ahrweiler.

Ortwin Renn ist Professor für Umwelt und Techniksoziologie an der Universität Stuttgart und Direktor des Interdisziplinären Forschungsschwerpunkts Risiko und Nachhaltige Technikentwicklung am Internationalen Zentrum für Kultur- und Technikforschung ZIRN.

Georg Simonis ist Politikwissenschaftler und Professor im Ruhestand für Internationale Politik an der FernUniversität in Hagen.

Axel Zweck ist Chemiker und Sozialwissenschaftler, Leiter der Abteilung ‚Zukünftige Technologien Consulting' der VDI-Technologiezentrum GmbH und Honorarprofessor für Soziologie an der RWTH Aachen.

MIX
Papier aus verantwortungsvollen Quellen
Paper from responsible sources
FSC® C105338

If you have any concerns about our products,
you can contact us on
ProductSafety@springernature.com

In case Publisher is established outside the EU,
the EU authorized representative is:
Springer Nature Customer Service Center GmbH
Europaplatz 3, 69115 Heidelberg, Germany

Printed by Libri Plureos GmbH
in Hamburg, Germany